Kommentar zur Verordnung über die Arbeitszeit

vom 21. Dezember 1923

in der Fassung der Bekanntmachung vom 14. April 1927

Von

Dr. Arthur Nikisch
Privatdozent an der Technischen Hochschule
Dresden

Springer-Verlag Berlin Heidelberg GmbH 1929

ISBN 978-3-662-27060-8 ISBN 978-3-662-28539-8 (eBook)
DOI 10.1007/978-3-662-28539-8

Vorwort

In der vorliegenden Arbeit habe ich zum ersten Male versucht, die rechtlichen Wirkungen des öffentlichen Arbeitszeitschutzes aus dem Wesen des Anstellungsvertrags abzuleiten. Zu diesem Zwecke war es notwendig, einleitenderweise wenigstens die Hauptzüge anzudeuten, die dem Anstellungsvertrag sein eigentümliches Gepräge geben. Ich bedauere, daß es nicht möglich ist, eine in Vorbereitung befindliche monographische Darstellung des Anstellungsvertrags gleichzeitig zu veröffentlichen, glaube aber, daß das an dieser Stelle Gegebene für sich allein genügt, um die Ansichten des Verfassers verständlich zu machen, wenn es auch vielleicht eine abschließende Beurteilung noch nicht ermöglicht. Im übrigen hoffe ich, daß nicht nur die grundlegenden Betrachtungen, sondern auch die Behandlung mancher Einzelfragen die Herausgabe dieses Kommentars auch angesichts der zahlreichen schon vorhandenen Erläuterungswerke in den Augen des Lesers rechtfertigen werden. Die bevorstehende Änderung des Arbeitszeitrechts durch das Arbeitsschutzgesetz wurde nicht als ausreichender Grund betrachtet, von einer Veröffentlichung im jetzigen Zeitpunkt abzusehen. Einmal läßt sich heute noch in keiner Weise übersehen, wann das neue Gesetz in Kraft treten wird. Außerdem wird sich die kommende Regelung, wie die Vorarbeiten erkennen lassen, sowohl im Aufbau wie in vielen Einzelheiten eng an das geltende Recht anlehnen, so daß ein großer Teil der Arbeit auch später seinen Wert behalten wird, der Rest ohne Schwierigkeit umgestaltet werden kann. Dagegen erschien es allerdings zweckmäßig, die Erläuterung auf die Arbeitszeitverordnung vom 21. 12. 23/14. 4. 27 und damit auf die allgemeinen Vorschriften über die Arbeitsdauer zu beschränken.

Die Arbeit ist als Beitrag für das von Kaskel geplante Handbuch des Arbeitsrechts gedacht und wird später darin Aufnahme finden.

Dresden, den 10. September 1928.

Arthur Nikisch.

Inhaltsverzeichnis.

Abkürzungen

AZVO.	= Verordnung über die Arbeitszeit vom 21. 12. 1923 in der Fassung der Bekanntmachung vom 14. 4. 1927 (RGBl. I, S. 110).
ArbAZAO.	= Anordnung über die Regelung der Arbeitszeit gewerblicher Arbeiter vom 23. 11. 1918/17. 12. 1918 (RGBl. S. 1334, 1436).
AngAZVO.	= Verordnung über die Regelung der Arbeitszeit der Angestellten während der Zeit der wirtschaftlichen Demobilmachung vom 18. 3. 1919 (RGBl. S. 315).
Erdmann	= G. Erdmann: Die Verordnung über die Arbeitszeit, 4. Auflage. Berlin: Otto Elsner 1928.
Klehmet I	= Gerhard Klehmet: Arbeitszeitrecht. Berlin: Franz Vahlen 1924 (Das neue Arbeitsrecht, 7. Band).
Klehmet II	= Gerhard Klehmet: Gesetz zur Abänderung der Arbeitszeitverordnung vom 14. April 1927. Berlin: Franz Vahlen 1927 (Das neue Arbeitsrecht, Band 7a).
Leipart-Nörpel	= Th. Leipart und Cl. Nörpel: Die gesetzliche Regelung der Arbeitszeit nach dem Stand vom 1. Mai 1927. Berlin: Verlagsgesellschaft des ADGB. 1927.
Potthoff	= Heinz Potthoff: Kommentar zur Arbeitszeitverordnung. Berlin-Zehlendorf: Sieben-Stäbe-Verlag 1927.
Rohmer	= G. Rohmer: Die Verordnung über die Arbeitszeit. München: C. H. Becksche Verlagsbuchhandlung 1927.
Syrup I	= Friedrich Syrup: Verordnung über die Arbeitszeit. Berlin: Verlag von Reimar Hobbing 1924 (Bücherei des Arbeitsrechts, Band 4).
Syrup II	= Friedrich Syrup: Regelung der Arbeitszeit nach dem Gesetze vom 14. April 1927. Berlin: Reimar Hobbing 1927 (Bücherei des Arbeitsrechts, Neue Folge, Band 4).

Einleitung

I. Die rechtliche Bedeutung des Arbeitszeitschutzes

1. Die gesetzlichen Vorschriften über die Dauer der Arbeitszeit wollen den Arbeitnehmer vor den Gefahren und Nachteilen schützen, die eine unangemessen lange Arbeitsdauer für ihn einschließt. Wenn die Arbeitszeit übermäßig ausgedehnt wird, so besteht die Gefahr, daß die zwischen den einzelnen Arbeitstagen liegenden Ruhezeiten nicht ausreichen, um die in der Arbeit verbrauchten Kräfte wiederherzustellen. Dadurch würde aber die Substanz der Arbeitskraft, die das wertvollste Gut des Arbeitnehmers darstellt, angegriffen werden. Diese Gefahr ist um so größer, je anstrengender und daher kraftverbrauchender die zu leistende Arbeit ist. Auf diesen Erwägungen beruht der hygienische Arbeitszeitschutz. Daneben aber soll dem Arbeitnehmer auch ohne Rücksicht auf die etwaige Abnutzung seiner Arbeitskraft dasjenige Maß an Freizeit gewährleistet werden, das er braucht, um am kulturellen Leben seines Volkes teilnehmen zu können. Der Arbeitszeitschutz kommt daher auch solchen Arbeitnehmern zugute, bei denen nach der Art ihrer Beschäftigung eine übermäßige Inanspruchnahme der Arbeitskraft auch bei verhältnismäßig langer Arbeitszeit nicht zu befürchten wäre. Insoweit spricht man von kulturellem Arbeitszeitschutz.

2. Der Arbeitszeitschutz bedeutet nicht, daß dem einzelnen Vorschriften darüber gemacht werden, wie lange er arbeiten darf. Wer ohne rechtliche Verpflichtung, also ohne einem anderen ein Recht auf seine Arbeitsleistung eingeräumt zu haben, seine Arbeitskraft betätigt, wie z. B. der frei schaffende Künstler oder Gelehrte, unterliegt dabei keinerlei Beschränkungen. Die den Arbeitszeitschutz enthaltenden Rechtssätze richten sich vielmehr an denjenigen, der fremde Arbeitskraft für seine Zwecke verwendet, indem sie ihm verbieten, von dieser fremden Arbeitskraft für längere Zeit Gebrauch zu machen, als das Gesetz es im Interesse des Arbeitnehmers für zulässig erklärt. Auf diese Weise entsteht eine öffentlich-rechtliche Verpflichtung des Arbeitgebers gegenüber dem Staate, eine über das gesetzlich zulässige Maß hinausgehende Beschäftigung des Arbeitnehmers zu unterlassen. Der Arbeitnehmer seinerseits wird hierdurch zwar nur mittelbar, aber auf die denkbar wirksamste

Art vor übermäßiger Inanspruchnahme seiner Arbeitskraft geschützt, da der Staat die Einhaltung der genannten Verpflichtung durch den Arbeitgeber überwacht und ihre Verletzung mit Strafe bedroht.

3. Der Arbeitszeitschutz will verhindern, daß die Arbeitskraft des Arbeitnehmers in zeitlicher Hinsicht, d. h. durch übermäßige Ausdehnung der Arbeitszeit, allzu stark ausgenutzt wird. Er kann infolgedessen auch nur dort Platz greifen, wo die Leistung des Arbeitnehmers zeitlich bestimmt ist wie beim Dienstvertrag. Näheres bei Nikisch: Die Grundformen des Arbeitsvertrags und der Anstellungsvertrag, Berlin 1926, S. 43ff. Wer sich nicht zu zeitbestimmter Arbeit verpflichtet, sondern die Herstellung eines Arbeitsergebnisses verspricht, wie der Unternehmer beim Werkvertrag, hat seine Verpflichtung erfüllt, sobald der zugesagte Arbeitserfolg eingetreten ist. Die Dauer der dafür benötigten Arbeitsleistung ist nicht Gegenstand der vertraglichen Abmachung. Sie kann mit Bezug auf das gleiche Arbeitsergebnis starken Schwankungen unterliegen, je nach der Geschicklichkeit, den persönlichen und sächlichen Hilfsmitteln des Unternehmers und sonstigen Begleitumständen. Auch hat es der Unternehmer meistens in der Hand, das zu leistende Arbeitspensum so zu verteilen, daß überlange Arbeitszeiten vermieden werden. Irgendwelchen Weisungen des Arbeitgebers hinsichtlich der Arbeitsdauer ist er nicht unterworfen. Infolgedessen können gesetzliche Bestimmungen, die sich gerade auf die Dauer der Arbeitszeit beziehen und dem Arbeitgeber nach dieser Richtung Beschränkungen auferlegen, hier keine Anwendung finden. Die auf Grund eines Werkvertrags zu leistende Arbeit untersteht dem Arbeitszeitschutz nicht.

4. Zeitbestimmte Arbeit, die hiernach der alleinige Gegenstand des Arbeitszeitschutzes ist, kann in zwei grundlegend verschiedenen Formen vorkommen.

a) Der Arbeitnehmer verpflichtet sich zu einer oder mehreren zeitlich bestimmten Arbeitsleistungen. In der Ausführung dieser Arbeit, also in der Betätigung der Arbeitskraft während der vertraglich vorgesehenen Zeit, besteht die Erfüllung des Vertrags von seiten des Arbeitnehmers. Soweit in solchen Fällen das öffentliche Arbeitszeitrecht überhaupt Anwendung findet, was mit Rücksicht auf seinen persönlichen Geltungsbereich (vgl. Anm. 2 zu § 1) nicht allzu häufig vorkommen wird, besteht seine Wirkung darin, daß der Vertrag, der den Arbeitnehmer zu einer gesetzlich unzulässigen Arbeitsdauer verpflichtet, weil gegen das Gesetz verstoßend, ungültig ist (§ 134 BGB.). Außerdem würde sich der Arbeitgeber durch Annahme der verbotenen Leistung strafbar machen.

b) Praktisch ungleich wichtiger ist die zweite Form des Dienstvertrages, die seit langem im Sprachgebrauch des täglichen Lebens, neuerdings auch mehr und mehr in der wissenschaftlichen Literatur, die Bezeichnung Anstellungsvertrag erhalten hat (vgl. außer meiner oben 3 angeführten Schrift E. Jacobi: Grundlehren des Arbeitsrechts, Leipzig 1927, S. 48, 58; Sinzheimer: Grundzüge des Arbeitsrechts, 2. Aufl., S. 117). Das Wesen des Anstellungsvertrags besteht darin, daß sich bei ihm der Arbeitnehmer nicht zu einzelnen bestimmten Arbeitsleistungen, weder zu erfolgbestimmten noch zu zeitbestimmten, sondern daß er sich verpflichtet, seine Arbeitskraft dem Arbeitgeber zur Verfügung zu stellen. Diese Verpflichtung ist grundsätzlich verschieden von dem Versprechen einer Arbeitsleistung. Sie ist nicht gerichtet auf Arbeit, Betätigung der Arbeitskraft, sondern auf Bereitstellung der Arbeitskraft, und wird demgemäß auch nicht erfüllt durch Leistung von Arbeit, sondern durch Herstellung und Aufrechterhaltung eines Zustandes, bei dem der Arbeitgeber tatsächlich und rechtlich in der Lage ist, über die Arbeitskraft des Arbeitnehmers zu verfügen. Die Erfüllung des Vertrags beginnt also mit dem „Dienstantritt" und dauert ohne Unterbrechung fort, solange der Arbeitnehmer „in Stellung" ist. Der Vertrag befindet sich im Zustande der Erfüllung, auch wenn nicht gerade gearbeitet wird, solange nur die Arbeitskraft des Arbeitnehmers dem Arbeitgeber zur Verfügung steht. Erst auf dem Boden dieses Dauerschuldverhältnisses erwachsen die Verpflichtungen des Arbeitnehmers zu den einzelnen Arbeitsleistungen.

5. Solange der Anstellungsvertrag sich im Zustande der Erfüllung befindet, solange also der Arbeitnehmer „in Stellung" ist, kann der Arbeitgeber über seine Arbeitskraft verfügen. Über fremde Arbeitskraft verfügen heißt aber in erster Linie, dem Träger der Arbeitskraft die Dauer der Arbeitsleistung vorschreiben. Durch den Anstellungsvertrag hat der Arbeitgeber den Anspruch auf Bereitstellung der fremden Arbeitskraft erworben. Sobald und solange dieser Anspruch erfüllt wird, hat der Arbeitgeber das Recht, von der ihm zur Verfügung gestellten Arbeitskraft Gebrauch zu machen. Das tut er, indem er dem Arbeitnehmer vorschreibt, welche Arbeiten er zu leisten und wie lange und wann er seine Arbeitskraft zu betätigen hat. Und zwar trifft der Arbeitgeber diese Anordnungen einseitig, durch Dienstbefehl auf Grund des Herrschaftsrechts, das er durch den Anstellungsvertrag und seine Erfüllung erworben hat. Solange sich der Anstellungsvertrag im Zustande der Erfüllung befindet, erzeugt der einseitige Befehl des Arbeitgebers, der dem Arbeitnehmer die von ihm zu leistende Arbeit und — was hier allein interessiert — die Dauer seiner Arbeitsleistung vorschreibt, auf seiten des Arbeitnehmers die Verpflichtung, diesen Anordnungen nachzukommen.

6. Der Arbeitgeber kann in der Ausübung dieses Herrschaftsrechts beschränkt sein. Derartige Beschränkungen ergeben sich schon aus allgemeinen Rechtsgrundsätzen. Abgesehen davon, daß der Arbeitgeber sein auf dem Anstellungsverhältnis beruhendes Herrschaftsrecht nicht lediglich zu dem Zwecke ausüben darf, dem Arbeitnehmer Schaden zuzufügen (§ 226 BGB.), kommt namentlich § 242 BGB. in Betracht,

dessen Grundgedanke auch hier angewendet werden muß, wo dem Schuldner (Arbeitnehmer) die von ihm zu bewirkende Leistung vom Gläubiger (Arbeitgeber) einseitig auferlegt werden kann. Arbeitsleistungen von einer Dauer, die unter Berücksichtigung der Verkehrssitte gegen Treu und Glauben verstoßen würde, können vom Arbeitgeber nicht verlangt werden, eine dahingehende Anordnung des Arbeitgebers wäre für den Arbeitnehmer nicht rechtsverbindlich. Abgesehen hiervon aber ist der Arbeitnehmer verpflichtet, den Anordnungen des Arbeitgebers auch hinsichtlich der Arbeitsdauer nachzukommen, solange nicht ein besonderer Rechtsgrund vorhanden ist, der dieser Verpflichtung entgegensteht.

a) Das Verfügungsrecht des Arbeitgebers kann in bezug auf die Arbeitsdauer schon im Anstellungsvertrage selbst beschränkt worden sein. Es ist etwa vereinbart worden, daß der Arbeitgeber die Dauer der Arbeitszeit nicht über 10 Stunden täglich soll ausdehnen dürfen. Weitergehende Anordnungen des Arbeitgebers wären dann schon auf Grund dieser Bestimmung unverbindlich. Dem Wesen des Anstellungsvertrages widerspricht eine solche vertragliche Abmachung nicht, da sie die dem Arbeitnehmer obliegende Arbeitsleistung nicht positiv dem Umfange nach festlegt, sondern nur in negativer Weise die Grenze zieht, über die hinaus der Arbeitgeber von der zu seiner Verfügung stehenden Arbeitskraft keinen Gebrauch machen darf. Tatsächlich kommen aber derartige Bestimmungen im einzelnen Anstellungsvertrage nur äußerst selten vor.

b) Viel häufiger, ja allgemein üblich, ist es dagegen, daß die Tarifverträge unter den allgemeinen Arbeitsbedingungen auch die Arbeitszeit regeln und dabei in derselben Weise wie unter a) für den einzelnen Anstellungsvertrag ausgeführt wurde, die zulässige Dauer der Arbeitszeit nach oben begrenzen. Daß diese Tarifbestimmungen dem Arbeitnehmer die positive Verpflichtung auferlegen, die im Tarifvertrage vorgesehene Arbeitszeit einzuhalten, ist ein weitverbreiteter Irrtum. Die Verpflichtung des Arbeitnehmers, die Anordnungen des Arbeitgebers in bezug auf die Arbeitsdauer zu befolgen, ist dem Anstellungsvertrag wesentlich, sie braucht nicht besonders hervorgehoben zu werden. Wenn daher bei der Regelung der Arbeitsbedingungen eine bestimmte Zahl von Arbeitsstunden (z. B. 52 wöchentlich) vereinbart wird, so kann das nur bedeuten, daß der Arbeitgeber eine weitergehende Arbeitsleistung vom Arbeitnehmer nicht soll verlangen können, daß sein Verfügungsrecht also durch tarifliche Festsetzung einer Höchstzahl von Arbeitsstunden begrenzt ist.

c) Der Schutz des Arbeitnehmers gegen eine zu weitgehende Ausnutzung seiner Arbeitskraft könnte durch derartige tarifvertragliche Abmachungen genügend gewährleistet erscheinen. Da jedoch Inhalt und Ausbreitung der Tarifverträge durch das wechselnde Stärkeverhältnis der sozialen Parteien beeinflußt wird und ein ausreichender Schutz der Arbeitskraft eine das Allgemeininteresse aufs stärkste berührende Angelegenheit ist, hat sich eine gesetzliche Regelung der Arbeitszeit als unentbehrlich erwiesen. Neben den Arbeitszeitschutz, den sich die Arbeitnehmer im Wege des Tarifvertrags zu erzwingen gewußt haben, tritt daher verstärkend und ergänzend der öffentlich-rechtliche Schutz durch staatlichen Rechtssatz. Inhaltlich deckt sich dieser, wie aus den vorangehenden Bemerkungen ersichtlich ist, mit dem privatrechtlichen Arbeitszeitschutz, der auf Verträgen (Anstellungsvertrag, Tarifvertrag) beruht. Dem Arbeitgeber wird verboten, von der Arbeitskraft des Arbeitnehmers über eine bestimmte Zeitdauer hinaus Gebrauch zu machen (s. oben 2.). Er wird also in der Ausübung seines durch den Anstellungsvertrag erworbenen Verfügungsrechts beschränkt. Der öffentlich-rechtlichen Natur dieses Verbots entsprechend wird aber der Arbeitgeber hier dem Staate gegenüber verpflichtet, eine verbotswidrige Beschäftigung des Arbeitnehmers zu unterlassen, und die Einhaltung dieser Unterlassungspflicht wird von staatlichen Behörden überwacht, ihre Verletzung mit Strafe bedroht. Der Staat begnügt sich also nicht damit, die Anordnung einer längeren Arbeitsdauer lediglich dem Arbeitnehmer gegenüber ihrer verpflichtenden Wirkung zu entkleiden. Da aber der Arbeitgeber rechtswirksam keine Anordnungen treffen kann, die einer gesetzlichen Vorschrift zuwiderlaufen (§ 134 BGB.), ist der Arbeitnehmer auch nicht verpflichtet, einer Anweisung Folge zu leisten, die auf eine längere als die gesetzlich zulässige Arbeitsdauer abzielt, auch wenn der Vertrag derartige Einschränkungen nicht vorsieht. Indem der Staat die Einhaltung der Arbeitszeitbestimmungen überwacht und ihre Übertretung bestraft, sichert er die Durchführung des Arbeitszeitschutzes auch dort, wo sich der Arbeitnehmer trotz Fehlens einer privatrechtlichen Verpflichtung zu verbotener Mehrarbeit bereitfinden ließe.

7. Im Hinblick auf den Anstellungsvertrag schränkt hiernach der gesetzliche Arbeitszeitschutz die Ausübung des auf dem Vertrag beruhenden Herrschaftsrechts des Arbeitgebers ein. Arbeitszeiten von einer nach dem Gesetz unzulässigen Dauer kann der Arbeitgeber rechtswirksam nicht vorschreiben, mag der Anstellungsvertrag in dieser Beziehung dem Arbeitgeber überhaupt keine Beschränkungen auferlegen oder eine längere als die gesetzliche Höchstdauer für zulässig erklären. Nur eine scheinbare Ausnahme von diesem Grundsatze bedeutet es, wenn § 5 AZVO. bestimmt, daß durch Tarifvertrag die Arbeitszeit über die gesetzlichen Grenzen ausgedehnt werden darf. Das Gesetz hat an dieser Stelle den Tarifparteien (und nur ihnen) eine Lockerung des gesetzlichen Arbeitszeitschutzes gestattet und ihnen innerhalb gewisser Grenzen (vgl. § 9 AZVO.) die Bestimmung der zulässigen Arbeitsdauer überlassen. Damit ist jedoch nicht die Festsetzung einer gesetzlich unzulässigen Arbeitszeit sanktioniert, sondern lediglich eine gesetzliche Ausnahme von der Regel des § 1 AZVO. zugelassen worden. Die von den Tarifparteien vereinbarte Höchstarbeits-

zeit wird gleichzeitig als gesetzliche Höchstarbeitszeit anerkannt (vgl. Anm. 1 zu § 5).

Dagegen ist es umgekehrt sehr wohl möglich, daß im Anstellungsvertrag oder — was praktisch allein in Frage kommen wird — im Tarifvertrag das Verfügungsrecht des Arbeitgebers stärker eingeschränkt wird als das Gesetz dies tut. Durch Tarifvertrag kann die „regelmäßige Arbeitszeit" der Arbeitszeitverordnung unter 8 Stunden täglich und 48 Stunden wöchentlich herabgesetzt werden. Es kann ferner vereinbart werden, daß in Fällen, in denen die Arbeitszeitverordnung ausnahmsweise eine längere Arbeitszeit zuläßt (vgl. §§ 3, 4, 10 AZVO.), hiervon nicht oder nicht in vollem Umfange oder nur unter bestimmten Voraussetzungen Gebrauch gemacht werden darf. Zugunsten des Arbeitnehmers ist die Vertragsfreiheit nicht beschränkt. Anordnungen des Arbeitgebers, die einer solchen Vertragsbestimmung zuwiderlaufen, sind privatrechtlich für den Arbeitnehmer nicht verbindlich, wenn auch ihre Befolgung für den Arbeitgeber ohne strafrechtliche Folgen bleibt, solange sie sich im Rahmen der Verordnung halten.

8. Aus dem Wesen des Anstellungsvertrages ergibt sich auch die Lösung der bekannten Streitfrage, ob der Arbeitnehmer zur Mehrarbeit verpflichtet ist, wenn der Arbeitgeber von den ihm durch die Verordnung unmittelbar (§ 1 Satz 3, §§ 3, 4, 10) oder nach behördlicher Genehmigung (§§ 2, 6) eingeräumten Mehrarbeitsmöglichkeiten Gebrauch machen will. Vgl. Angaben über Schrifttum und Rechtsprechung bei Jäkel: Die gesetzliche Regelung der Arbeitszeit, Berlin 1926, S. 68, Anm. 17, und unten in Anm. 6 zu § 3. Das auf dem Anstellungsvertrage beruhende Recht des Arbeitgebers, über die Arbeitskraft des Arbeitnehmers zu verfügen und damit auch die Arbeitsdauer zu bestimmen, ist grundsätzlich unbeschränkt. Beschränkungen können sich nur aus allgemeinen gesetzlichen oder besonderen vertraglichen oder gesetzlichen Vorschriften ergeben (vgl. oben 6). Allgemeine gesetzliche Bestimmungen (§§ 226, 242 BGB.) werden in den hier in Betracht kommenden Fällen der Mehrarbeit wohl niemals entgegenstehen. Die besonderen gesetzlichen Beschränkungen, soweit sie auf der Arbeitszeitverordnung und nicht auf sonstigen Gesetzen, z. B. der Gewerbeordnung, beruhen, sind bei dem vorausgesetzten Tatbestand entweder ganz aufgehoben (so im Falle des § 10 AZVO.) oder gemildert. Infolgedessen kann der Arbeitgeber von seinem Verfügungsrechte nunmehr in dem von der Arbeitszeitverordnung gestatteten erweiterten Umfange Gebrauch machen. Er macht sich dadurch nicht nur nicht strafbar, sondern seine Anordnungen sind auch für den Arbeitnehmer rechtsverbindlich. Mit einem Vorbehalt freilich: indem die Arbeitszeitverordnung die Mehrarbeit zuläßt, beseitigt sie nur das gesetzliche Verbot, das den Arbeitgeber an der vollen Ausübung seines Rechts hinderte. Etwaige vertragliche Beschränkungen werden davon nicht berührt. Sie

können dem Arbeitgeber deshalb unter Umständen bei der Ausnutzung der gesetzlichen Mehrarbeitsmöglichkeiten im Wege stehen. Wo indessen derartige Vertragsbestimmungen nicht bestehen, wie es beim Fehlen eines Tarifvertrags die Regel ist, kann sich das Verfügungsrecht des Arbeitgebers bis zu der erweiterten Grenze, welche die Arbeitszeitverordnung auch für die Ausnahme zieht, ungehemmt — oder gehemmt lediglich durch anderweitige gesetzliche Schutzbestimmungen — entfalten.

Die hieraus sich ergebende Verpflichtung des Arbeitnehmers, den auf Mehrarbeit gerichteten Anordnungen des Arbeitgebers bei Vermeidung der Folgen einer Vertragsverletzung nachzukommen, beruht unzweifelhaft auf dem Anstellungsvertrage und nicht unmittelbar auf der Arbeitszeitverordnung. Die Vorschriften des Arbeitszeitschutzes verbieten nur dem Arbeitgeber die Beschäftigung des Arbeitnehmers über eine bestimmte Grenze hinaus, sie gebieten nicht dem Arbeitnehmer, bis zu dieser Grenze zu arbeiten. Insofern sind die Vertreter der sog. öffentlichrechtlichen Theorie im Recht. In den seltenen Fällen, in denen sich ein Arbeitnehmer, der den gesetzlichen Arbeitszeitschutz genießt, zu einer *Arbeitsleistung von bestimmter Dauer* verpflichtet hat, ist daher regelmäßig eine besondere zusätzliche Vereinbarung zwischen den Vertragsparteien nötig, wenn die Arbeitsleistung über jene zunächst vorgesehene Dauer hinaus erstreckt werden soll. Ohne eine solche Vereinbarung ist der Arbeitnehmer zu einer Mehrleistung nicht verpflichtet. Daß das Gesetz der Mehrarbeit nicht entgegensteht, ändert hieran nichts. Es ist zwar denkbar, daß eine *ganz geringfügige* Überschreitung der vertraglichen Arbeitsdauer vom Arbeitnehmer nach Treu und Glauben nicht verweigert werden darf (§ 242 BGB.). Doch wird man in der Annahme einer solchen Verpflichtung nicht zu weit gehen dürfen. Zu einer vertraglich nicht vorgesehenen Mehrarbeit von erheblichem Umfange ist der Arbeitnehmer niemals verpflichtet, nicht einmal angesichts einer offenbaren Notlage des Arbeitgebers.

Ganz anders liegen dagegen die Verhältnisse bei dem praktisch fast allein vorkommenden *Anstellungsvertrage*. Hier ist es unrichtig, nach einem *besonderen* Verpflichtungsgrund für die Mehrarbeit zu suchen, weil dabei verkannt wird, daß diese Verpflichtung sich *ohne weiteres* aus dem Anstellungsverhältnis ergibt. Vielmehr muß umgekehrt, wenn die Verpflichtung bestritten wird, die besondere vertragliche Abmachung nachgewiesen werden, die den Arbeitgeber in der Ausübung seines Verfügungsrechts beschränkt. Im Ergebnis wird sich die hier gewonnene Auslegung in vielen Fällen daher mit der sog. privatrechtlichen Theorie decken. Sie vermeidet aber den gegen jene mit Recht erhobenen Vorwurf, daß eine Arbeitszwangspflicht aufgestellt und geschlossene Verträge mißachtet werden. Daß sie allein dem Zwecke der Verordnung und den praktischen Bedürfnissen gerecht wird, kann ernsthaft nicht geleugnet werden.

9. Die Bedeutung des Anstellungsvertrages für das wirtschaftliche Leben (nicht nur der neueren Zeit) ist ungeheuer groß. Sie überwiegt die aller anderen Arbeitsverträge, namentlich die des einfachen Dienstvertrags, bei dem eine zeitbestimmte Arbeitsleistung versprochen wird. Die Verträge der „Arbeiter" und „Angestellten", also der Arbeitnehmer im Sinne des Arbeitsrechts, sind mit ganz geringen Ausnahmen durchweg Anstellungsverträge. Im Mittelpunkt alles Wirtschaftslebens steht der Betrieb, die Vereinigung von sächlichen und persönlichen Mitteln zur fortgesetzten Verfolgung eines bestimmten Zwecks (vgl. Jacobi: Betrieb und Unternehmen als Rechtsbegriffe, Leipzig 1926, S. 9). Gütererzeugung, Handel und Verkehr, aber auch die regelmäßige Befriedigung rein geistiger Bedürfnisse vollziehen sich in der Form des Betriebs. In kleinsten Verhältnissen wird die eigene Arbeitskraft dessen, der „betreibt", des Betriebsinhabers, unter Umständen als persönliches Betriebsmittel genügen. Regelmäßig ist er auf fremde Arbeitskräfte angewiesen. Stehen sie ihm nicht in ausreichender Zahl auf andere Weise, z. B. kraft familienrechtlichen Verhältnisses, zu Gebote, so wird er sie „anstellen", d. h. er wird sich die Verfügung über ihre Arbeitskraft sichern müssen. Ebenso wie die Führung des Betriebs verlangt, daß sein Inhaber über die sächlichen Betriebsmittel eine Sachherrschaft ausüben kann, die freilich nicht notwendig Eigentum zu sein braucht, ebenso muß er über die persönlichen Arbeitskräfte verfügen, d. h. sie je nach den Bedürfnissen des Betriebs verwenden können. Diese Möglichkeit besitzt er aber nicht, wenn er sich von den einzelnen Arbeitnehmern ganz bestimmte, zeitlich abgegrenzte Arbeitsleistungen versprechen läßt. Ausnahmsweise und in ganz besonders gelagerten Verhältnissen mag mit solchen Verträgen, die als einfache Dienstverträge anzusprechen wären, auszukommen sein. In der überwiegenden Mehrzahl der Fälle ist eine geordnete Betriebsführung mit ihren stets wechselnden Bedürfnissen auf dieser Grundlage nicht möglich. Die Praxis hat denn auch von jeher mit jenem Herrschaftsrecht des Arbeitgebers gerechnet, das auf dem Anstellungsvertrage beruht und ihm gestattet, die Arbeitsdauer festzusetzen. Am deutlichsten tritt das beim Vertrag des häuslichen und landwirtschaftlichen Gesindes seit dem Mittelalter bis in die neueste Zeit in Erscheinung. Aber auch bei den frühen gewerblichen Arbeitsverhältnissen bis weit in das Zeitalter der Industrie hinein ist es unverkennbar. Erst seit den letzten Jahrzehnten wird die richtige Erkenntnis durch die mannigfachen gesetzlichen, neuerdings auch tarifvertraglichen Arbeitszeitbeschränkungen etwas erschwert. Wenn der Arbeitgeber von der Arbeitskraft des Arbeitnehmers nur bis zu einer bestimmten, verhältnismäßig niedrig bemessenen Grenze Gebrauch machen darf und die ihm gestattete Arbeitsdauer dann auch regelmäßig voll ausnutzt, wird leicht der Anschein erweckt, als habe sich der Arbeitnehmer auch nur zu einer Arbeitsleistung gerade von diesem zeit-

lichen Umfange verpflichtet. Der richtige Sachverhalt wird aber sofort klar, wenn man Arbeitsverhältnisse ins Auge faßt, für die der gesetzliche Arbeitszeitschutz nicht gilt und die meistens auch tarifvertraglich nicht geregelt sind, also etwa die Verträge der leitenden Angestellten und der Hausgehilfen. Und wenn bei den übrigen Arbeitnehmern die Arbeitszeit verlegt wird (z. B. durch Teilung der Belegschaft in zwei Schichten), wenn der gesetzliche Arbeitszeitschutz zurücktritt oder ganz wegfällt (vgl. oben 8) oder wenn der Arbeitgeber von der ihm zur Verfügung stehenden Arbeitskraft auch während der zugelassenen Zeit keinen oder nicht den vollen Gebrauch macht, dann zeigt sich auch bei ihnen mit voller Deutlichkeit, was nach der ganzen Rechtsentwicklung ohnedies nicht zweifelhaft sein kann: daß sie sich nicht zu bestimmten Arbeitsleistungen, sondern zur Bereitstellung ihrer Arbeitskraft verpflichtet haben und daß die Festsetzung der Arbeitsleistung auch in zeitlicher Hinsicht dem Arbeitgeber zusteht, der damit ein durch den Anstellungsvertrag erworbenes Herrschaftsrecht ausübt.

10. Die überwiegende Bedeutung des Anstellungsvertrags gerade bei den der Arbeitszeitverordnung unterstehenden Arbeitsverhältnissen und das fast völlige Zurücktreten des einfachen Dienstvertrags dürften es rechtfertigen, wenn bei der Darstellung des Arbeitszeitrechts das Hauptgewicht auf die Klärung der Rechtsverhältnisse gelegt wird, die sich aus der gesetzlichen Regelung der Arbeitszeit für den Anstellungsvertrag ergeben. Die abweichende Beurteilung für den einfachen Dienstvertrag ergibt sich aus den einleitenden Bemerkungen von selbst. Diese Behandlungsweise scheint mir um so mehr am Platze, als dabei am deutlichsten die Gegensätzlichkeit zu den bisherigen Erläuterungswerken hervortritt, in denen Wesen und Bedeutung des Anstellungsvertrages durchweg für die Auslegung der Arbeitszeitverordnung nicht verwertet worden sind.

II. Die geschichtliche Entwicklung des gesetzlichen Arbeitszeitschutzes

1. Vor dem Kriege bestand ein allgemeiner gesetzlicher Arbeitszeitschutz in Deutschland nicht. Nur für bestimmte, besonders schutzbedürftige Arbeitnehmergruppen war die Dauer der Arbeitszeit gesetzlich begrenzt. Die Gewerbeordnung enthielt Bestimmungen für jugendliche und weibliche gewerbliche Arbeiter (§ 135 fg. GO.), das Kinderschutzgesetz vom 30. 3. 1903 schränkte die Zulässigkeit der Beschäftigung von Kindern ein. Für erwachsene männliche Arbeitnehmer bestand keine allgemeine gesetzliche Regelung, doch konnte in gesundheitsschädlichen Betrieben auch für sie durch besondere Verordnung ein hygienischer Höchstarbeitstag eingeführt werden (§ 120 f. GO.).

2. Unmittelbar nach Kriegsende wurde durch den Aufruf des Rats der Volksbeauftragten vom 12. 11. 1918 die Einführung des allge-

meinen kulturellen Achtstundentags versprochen. Da die Verhältnisse für eine endgültige Regelung nicht reif waren, erließ man zunächst zwei Demobilmachungsverordnungen: die Anordnung über die Regelung der Arbeitszeit gewerblicher Arbeiter vom 23. 11./17. 12. 1918 (ArbAZAO.) und die Verordnung über die Regelung der Arbeitszeit der Angestellten während der Zeit der wirtschaftlichen Demobilmachung vom 18. 3. 1919 (AngAZVO.). Durch sie wurde für die große Masse der Arbeitnehmer der „starre" Achtstundentag durchgeführt. Längere Beschäftigung war nur in seltenen Ausnahmefällen zugelassen. Nicht von der Regelung ergriffen wurden namentlich die Arbeitnehmer in der Seeschiffahrt, Landwirtschaft und Hauswirtschaft sowie die leitenden und höher bezahlten Angestellten. Für Bäckereien und Konditoreien wurde eine besondere Verordnung vom 23. 11. 1918 erlassen.

3. Abseits von dieser gesetzlichen Regelung hatten die Spitzenverbände der Arbeitgeber und Arbeitnehmer in ihrem Abkommen vom 15. 11. 1918 vereinbart, daß das Höchstmaß der täglichen regelmäßigen Arbeitszeit für alle Betriebe 8 Stunden betragen solle. Freilich waren sich die Verbände, wie in einem Schreiben ihres Zentralausschusses zum Ausdruck kommt, darüber klar, daß diese Vereinbarung auf die Dauer nur durchgeführt werden könne, wenn der Achtstundentag für alle Kulturländer durch internationale Vereinbarung festgelegt würde.

4. Die Geltung der Demobilmachungsverordnungen war wiederholt, zuletzt bis zum 17. 11. 1923 verlängert worden. In der Zwischenzeit hatte man eine endgültige gesetzliche Regelung vorbereitet. Noch bevor diese zum Abschluß gekommen war, machten jedoch die Verhältnisse am Ende der Inflationszeit eine sofortige Neuregelung notwendig, die dem Bedürfnis der Wirtschaft nach Steigerung und Verbilligung der Produktion entgegenkam. Eine nochmalige Verlängerung der Demobilmachungsverordnung wurde vom Reichstag abgelehnt. Dagegen erließ die Reichsregierung auf Grund des Ermächtigungsgesetzes vom 8. 12. 1923 die Verordnung über die Arbeitszeit vom 21. 12. 1923 (AZVO.), durch welche die Demobilmachungsverordnungen mit Wirkung vom 1. 1. 1924 an teilweise wieder in Kraft gesetzt wurden, gleichzeitig aber zahlreiche Ausnahmen von dem auch jetzt noch aufrechterhaltenen Grundsatze des Achtstundentags zugelassen wurden. Für Krankenpflegeanstalten erging eine besondere Verordnung vom 13. 2. 1924.

5. Auch die Arbeitszeitverordnung war von vornherein nur als eine vorläufige Regelung gedacht, die dazu beitragen sollte, den Wiederaufbau der deutschen Wirtschaft zu erleichtern. Nach Eintritt normaler Verhältnisse wollte man zu einer strengeren Durchführung des Achtstundentags zurückkehren. Dabei sollte die endgültige Regelung der Arbeitszeit in Deutschland die Möglichkeit geben, das im Jahre 1919, freilich ohne Mitwirkung Deutschlands, in Washington beschlossene Arbeitszeit-

übereinkommen, das als internationale Grundlage für die Einführung des Achtstundentags in allen Kulturländern gedacht war, zu ratifizieren. Dieser Plan ließ sich jedoch infolge der unsicheren Wirtschaftslage und der großen Schwierigkeiten der Materie nur langsam verwirklichen. Die Regierung legte Wert darauf, das gesamte Recht des Arbeitnehmerschutzes, von dem das Arbeitszeitrecht nur einen Ausschnitt bildet und das zur Zeit an einer außerordentlichen Unübersichtlichkeit leidet, in einem einheitlichen Gesetze zusammenzufassen. Der Entwurf dieses „Arbeitsschutzgesetzes" (Entw.) ist Ende 1926 nebst Begründung veröffentlicht worden (37. Sonderheft zum Reichsarbeitsblatt, Berlin bei Reimar Hobbing). Bald darauf begannen die Beratungen im Vorläufigen Reichswirtschaftsrat, die im Sommer 1928 abgeschlossen wurden. Auch der Reichsrat hat sich bereits mit dem Gesetzentwurf beschäftigt und ihn in zahlreichen, allerdings meist nicht sehr wesentlichen Punkten geändert. Die vom Reichsrat beschlossene Fassung ist im 44. Sonderheft zum Reichsarbeitsblatt (Berlin 1928) abgedruckt worden. Die Regierung beabsichtigt, den Entwurf nunmehr dem Reichstag vorzulegen. Seine Beratung dürfte gleich zu Beginn der Wintersession 1928/29 in Angriff genommen werden.

6. Die starke Arbeitslosigkeit des Jahres 1926 hatte die Gewerkschaften veranlaßt, im Oktober 1926 die sofortige Wiederherstellung des strengen Achtstundentages zu fordern, die angesichts des nur langsamen Fortschreitens der Arbeiten am Arbeitsschutzgesetz in Form eines Notgesetzes zu erfolgen habe. Trotz der gegen eine solche Zwischenregelung erhobenen Bedenken wurde nach langen Verhandlungen das Gesetz zur Abänderung der Arbeitszeitverordnung vom 14. 4. 1927 (Arbeitszeitnotgesetz) erlassen, das am 1. 5. 1927 in Kraft getreten ist. In der durch dieses Gesetz geänderten Fassung ist die Arbeitszeitverordnung unter dem 14. 4. 1927 neu veröffentlicht worden (RGBl. I, S. 110). Die wichtigsten Neuerungen bestanden in der Einführung eines obligatorischen Lohnzuschlags für Mehrarbeit und in der Streichung des früheren § 11, Abs. 3, der freiwillige Mehrarbeit unter gewissen Voraussetzungen straflos ließ. Dagegen sind die Mehrarbeitsmöglichkeiten gegenüber der älteren Fassung nicht nennenswert eingeschränkt worden. Stärker als in diesem Gesetze haben sich die auf Wiederherstellung des strengen Achtstundentags gerichteten Bestrebungen in der Praxis der Schlichtungsbehörden bemerkbar gemacht. Die tarifvertragliche Zulassung einer regelmäßigen Arbeitszeit von mehr als 8 Stunden ist heute wieder zur Ausnahme geworden. Aufgabe des Arbeitsschutzgesetzes wird es sein, bei Anerkennung dieses Zustandes diejenigen Erleichterungen zü gewähren, die für eine geordnete und wirtschaftliche Betriebsführung nicht zu entbehren sind.

Verordnung über die Arbeitszeit vom 21. Dezember 1923 in der Fassung der Bekanntmachung vom 14. April 1927

§ 1

Die Anordnung über die Regelung der Arbeitszeit gewerblicher Arbeiter vom $\frac{\text{23. November 1918}}{\text{17. Dezember 1918}}$ — RGBl. S. 1334/1436 — und die Verordnung über die Regelung der Arbeitszeit der Angestellten während der Zeit der wirtschaftlichen Demobilmachung vom 18. März 1919 — RGBl. S. 315 — erhalten mit den nachstehenden Änderungen und Ergänzungen von neuem Gesetzeskraft[1]. Insbesondere darf bei den in Ziffer I der Anordnung vom 23. November 1918 und in den §§ 11 ff. der Verordnung vom 18. März 1919 bezeichneten Arbeitnehmern[2] die regelmäßige werktägliche Arbeitszeit, ausschließlich der Pausen, die Dauer von 8 Stunden nicht überschreiten[3–6]. Jedoch kann der an einzelnen Werktagen für den Betrieb oder eine Betriebsabteilung[8] eintretende Ausfall von Arbeitsstunden nach Anhörung der gesetzlichen Betriebsvertretung[9] durch Mehrarbeit an den übrigen Werktagen der gleichen oder der folgenden Woche ausgeglichen werden[7 10–14].

1 Über die Entstehung der AZVO. siehe die Einleitung. Obgleich die AZVO. eine grundlegende Änderung des gesamten Arbeitszeitrechts im Sinne einer Lockerung der früheren „starren" Regelung durch zahlreiche Ausnahmen von dem Grundsatz des Achtstundentages bringt, knüpft sie formell an die beiden älteren Arbeitszeitverordnungen vom $\frac{\text{23. Dezember 1918}}{\text{17. November 1918}}$ und vom 18. 3. 1919 (ArbAZAO. und AngAZVO.) an, die von neuem Gesetzeskraft erhalten, nachdem sie am 17. 11. 1923 durch Zeitablauf außer Kraft getreten waren. Doch werden durch § 14 AZVO. zahlreiche Bestimmungen der genannten Verordnungen außer Kraft gesetzt. Es wurde also zunächst einmal die Grundlage des Achtstundentags, die vorübergehend gefehlt hatte, wieder hergestellt, weil es, wie es in der Regierungsbegründung (RABl. 1924 AT., S. 16) heißt, in einer Zeit allgemeiner Not nicht zu verantworten wäre, jede Begrenzung der Arbeitszeit fallen zu lassen und die Arbeitnehmerschaft dem freien Spiel der Kräfte auszuliefern. Auf der anderen Seite aber sollten — und das ist der Grundgedanke der AZVO. — „wesentliche Hem-

mungen für die freie und kraftvolle Betätigung des Arbeitswillens mit dem Ziele einer Förderung und Verbilligung der Gütererzeugung beseitigt" werden. Diesem Zwecke dient die elastischere Gestaltung der Arbeitszeit, wie sie die AZVO. ermöglicht.

[2] Die Anknüpfung an die älteren Verordnungen, welche die AZVO. vom 21. 12. 1923 äußerlich nur als eine Novelle zu jenen erscheinen läßt, machte eine nochmalige Festsetzung des persönlichen Geltungsbereichs der AZVO. überflüssig. Diese gilt für denselben Kreis von Arbeitnehmern, der von der ArbAZAO. und der AngAZVO. betroffen wird.

A. Nach Ziffer I ArbAZAO. umfaßt die Regelung der Arbeitszeit die gewerblichen Arbeiter in allen gewerblichen Betrieben einschließlich des Bergbaus, in den Betrieben des Reichs, des Staates (d. h. der Länder), der Gemeinden und Gemeindeverbände, auch wenn sie nicht zur Gewinnerzielung betrieben werden, sowie in landwirtschaftlichen Nebenbetrieben gewerblicher Art.

1. Der Begriff des gewerblichen Arbeiters bestimmt sich nach Titel VII GO. Die ArbAZAO. und damit auch die AZVO. hat, wie sich ganz deutlich aus § 11 Nr. 2 AngAZVO. ergibt, den weiteren, durch die neueren Gesetze überholten Begriff des Arbeiters im Sinne der GO. verwendet, so daß auch Betriebsbeamte, Werkmeister und Techniker zu den gewerblichen Arbeitern zählen und damit der ArbAZAO. zu unterstellen sind (vgl. Syrup I, S. 35, Rohmer, Vorbem. S. 4, Potthoff II, B 5 b zu § 1). Praktisch von Bedeutung ist das namentlich deshalb, weil die genannten Gruppen infolgedessen auch dann der Arbeitszeitregelung unterliegen, wenn es sich um leitende Angestellte handelt, für welche die Bestimmungen der AZVO. nach § 12 Nr. 2 AngAZVO. sonst nicht gelten würden. Aus dem gleichen Grunde sind auch Lehrlinge zu den gewerblichen Arbeitern zu rechnen.

2. Die Arbeiter müssen in bestimmten Betrieben beschäftigt sein, und zwar kommen nach Ziffer I ArbAZAO. in Betracht:

a) gewerbliche Betriebe einschließlich des Bergbaus, der als zur Urproduktion gehörig der GO. nicht untersteht. Über den Begriff des gewerblichen Betriebs vgl. die Kommentare zur GO., insbesondere v. Landmann-Rohmer, 7. Aufl., Band I, S. 32f., Band II, S. 176. Ausgenommen von der Regelung sind darnach vor allem die Land- und Forstwirtschaft (s. aber unter c), für die aber in der vorläufigen Landarbeitsordnung vom 24. 1. 1919 (RGBl. S. 111) einige Arbeitszeitbestimmungen privatrechtlicher Art enthalten sind, die Seeschiffahrt und die Hauswirtschaft. Für Bäckereien, Konditoreien und die ihnen gleichgestellten Anlagen bewendet es bei der BäckAZVO. vom 23. 11. 1918 (RGBl. S. 1329).

b) Reichs-, Staats- und Gemeindebetriebe, auch wenn sie nicht unter die GO. fallen, ja nicht einmal der Gewinnerzielung dienen, z. B. städtische Gas-, Wasser- und Elektrizitätswerke, Schlachthäuser, staatliche Bergwerke, Porzellanmanufakturen, Reichsdruckerei usw. Trotz des Wortlauts wird man auch die Betriebe sonstiger öffentlich-rechtlicher Körperschaften hierherzuziehen haben, vgl. § 13 AngAZVO. (ebenso Rohmer, S. 6; a. M. Syrup I, S. 46, Klehmet I, Anm. 18 zu § 1).

c) landwirtschaftliche Nebenbetriebe gewerblicher Art, in denen die „Urprodukte des landwirtschaftlichen Hauptbetriebs über die erforderliche Verarbeitung innerhalb des Agrarbetriebs hinaus weiterverarbeitet werden" (Syrup I,

S. 40). z. B. Zuckerfabriken, Branntweinbrennereien, Stärkefabriken usw. (vgl. Klehmet I, Anm. 16a zu § 1).

B. Die AngAZVO. gilt für die in § 11 das. aufgeführten Gruppen von Angestellten. Ihr Geltungsbereich deckt sich also nicht mit dem des AVG. Außerdem sind durch § 12 AngAZVO. gewisse Ausnahmen festgesetzt worden. Hiernach erstreckt sich die Regelung auf folgende Gruppen:

1. Angestellte, die mit kaufmännischen Diensten beschäftigt werden, insbesondere Handlungsgehilfen. Die Dienste brauchen also nicht notwendig in einem Handelsgewerbe geleistet zu werden, doch kommen in erster Linie Handlungsgehilfen im Sinne des § 59 HGB. in Betracht.

2. Angestellte, die mit technischen Diensten beschäftigt werden, mit Ausnahme der Betriebsbeamten, Techniker und Werkmeister, die unter die ArbAZAO. fallen (vgl. oben A 1).

3. Bureauangestellte, die mit Schreib-, Rechen- oder ähnlichen Arbeiten beschäftigt werden oder für Bureaus niedere oder nur mechanische Dienste leisten (z. B. Bureaudiener, Boten usw.). Gleichgültig ist die Art der Bureaus, so daß auch die Kanzleien der Rechtsanwälte, Notare und Patentanwälte, die Bureaus von Vereinen, Anstalten, Versicherungsträgern und öffentlichen Verwaltungen hierher gehören.

4. Die Lehrlinge, die zu ihrer Ausbildung in einem der zu 1 bis 3 genannten Berufe beschäftigt werden, also nicht die bloßen Volontäre.

5. Trotz Zugehörigkeit zu einer der unter 1 bis 4 genannten Gruppen sind folgende Angestellte von der Regelung ausgenommen (§ 12 AngAZVO.):

a) Generalbevollmächtigte und die im Handels- oder Genossenschaftsregister eingetragenen Vertreter eines Unternehmens, also außer den gesetzlichen Vertretern einer Aktiengesellschaft, Gesellschaft mit beschränkter Haftung, Genossenschaft, namentlich auch die Prokuristen;

b) sonstige Angestellte in leitender Stellung, wenn sie entweder Vorgesetzte von in der Regel mindestens 20 Angestellten oder 50 Arbeitnehmern sind, oder wenn ihr Jahresarbeitsverdienst die im AVG. für die Versicherungspflicht bestimmte Höchstgrenze des Jahresarbeitsverdienstes (zur Zeit 8400 RM.) übersteigt;

c) Angestellte in Betrieben der Land- und Forstwirtschaft einschließlich der Nebenbetriebe, auch solcher gewerblicher Art;

d) Assistenten und Eleven in Apotheken.

6. Welcher Art der Betrieb oder das Bureau ist, in dem der Angestellte beschäftigt wird, ist gleichgültig, soweit nicht die oben unter 5c und d genannten Ausnahmen Platz greifen. Die Regelung gilt für öffentliche und private Betriebe oder Verwaltungen, ohne Rücksicht auf eine etwaige Gewinnabsicht (§ 13 AngAZVO.). Daß Hausangestellte nicht darunter fallen, ergibt sich schon aus § 11.

C. Die Arbeitszeitverordnung gilt hiernach nur für Arbeiter und Angestellte. Wer weder Arbeiter noch Angestellter, also nicht Arbeitnehmer im Sinne des Arbeitsrechts ist, genießt nicht den Schutz der Verordnung. Ohne daß auf diesen umstrittenen Begriff hier näher eingegangen werden könnte, sind namentlich folgende Personen als nicht unter die AZVO. fallend auszuscheiden:

1. Personen, welche die Herbeiführung eines Arbeitsergebnisses übernommen haben (Werkunternehmer), also weder zu einer Arbeitsleistung von bestimmter

Dauer verpflichtet sind noch einem andern die Verfügung über ihre Arbeitskraft eingeräumt haben. Darüber das Nähere in der Einleitung S. 2.

2. Personen, über deren Arbeitskraft zwar ein anderer verfügt, aber nicht auf Grund eines Anstellungsvertrags, sondern auf Grund eines anderen umfassenden Rechtsverhältnisses, z. B. kraft familienrechtlicher Gewalt (§§ 1356 Abs. 2, 1617 BGB.), verwaltungsrechtlichen Zwangs (Strafgefangene, Arbeitshäusler, Fürsorgezöglinge) oder öffentlicher Dienstpflicht (Beamte, Soldaten). Ihre Rechtsstellung bestimmt sich nach jenem anders gearteten Gewaltverhältnis. Wegen der Beamten vgl. § 14 AngAZVO. § 13 AZVO.

3. Hausgewerbetreibende — oft auch Heimarbeiter genannt —, da sie ihrem Auftraggeber, dem „Verleger", nicht ihre Arbeitskraft zur Verfügung stellen, ja sich meist nicht einmal zur Leistung von Arbeit verpflichten, sondern lediglich ihre Arbeitserzeugnisse an ihn absetzen (vgl. Kaskel: Arbeitsrecht, 3. Aufl., S. 70f.). Daß sie nicht unter die AZVO. fallen, ergibt sich positiv-rechtlich schon aus § 119b GO., wo sie den gewerblichen Arbeitern nur hinsichtlich der §§ 114a bis 119a GO. gleichgestellt sind. Nicht zu verwechseln sind sie mit den sog. Außenarbeitern. Über diese vgl. unten Anm. 4a.

[3] Die ArbAZAO. und AngAZVO. regeln nicht nur die zulässige Dauer der Arbeitszeit, sondern enthalten auch noch eine Reihe weiterer Bestimmungen, die mit der Arbeitszeitfrage zusammenhängen. Da die AZVO. sich lediglich mit der Arbeitsdauer beschäftigt und ihr wesentlicher materieller Inhalt in der Festsetzung von Ausnahmen vom Grundsatze des Achtstundentags besteht, erschien es zweckmäßig, diesen Grundsatz selbst in der AZVO. nochmals ausdrücklich zu wiederholen, was im § 1 Satz 2 geschehen ist. Damit wurden die fast gleichlautenden Bestimmungen in Ziffer II Satz 1 ArbAZAO. und § 1 Satz 1 AngAZVO. überflüssig und sind gestrichen worden (§ 14).

[4] Die Vorschrift beschränkt die Dauer der regelmäßigen werktäglichen Arbeitszeit ausschließlich der Pausen auf 8 Stunden.

a) Arbeitszeit ist nicht die Zeit, in der der Arbeitnehmer tatsächlich arbeitet, seine Arbeitskraft betätigt, auch nicht die Zeit, in der seine Arbeitskraft zur Verfügung des Arbeitgebers steht (a. M. Potthoff, S. 38), denn das tut sie bei angestellten Arbeitnehmern auch außerhalb der Arbeitszeit, solange das Anstellungsverhältnis tatsächlich besteht. Vielmehr versteht die Verordnung unter Arbeitszeit die Zeit, in der der Arbeitgeber von der ihm zur Verfügung stehenden Arbeitskraft des Arbeitnehmers Gebrauch macht. Das tut er nicht nur, solange der Arbeitnehmer die ihm übertragenen Arbeiten ausführt, sondern auch solange dieser sich auf sein Geheiß an der Arbeitsstätte oder in ihrer unmittelbaren Nähe zur jederzeitigen sofortigen Aufnahme der Arbeit bereithält. Daß es auf die Arbeitsleistung nicht ankommt, ergibt sich schon daraus, daß § 2 die bloße Arbeitsbereitschaft grundsätzlich der Arbeit in bezug auf die zulässige Dauer gleichstellt. Abgesehen davon wäre die Berücksichtigung jeder zufälligen und vorübergehenden Arbeitsunterbrechung praktisch undurchführbar. Lediglich die Pausen sind in Abzug zu bringen (siehe unten d). In die Arbeitszeit fällt daher auch das Warten auf Material oder Werkzeuge, ferner die Zeit, in der die Arbeitnehmer wegen einer Betriebsstörung zwar nicht arbeiten können, sich aber zu sofortiger Aufnahme der Arbeit an der Arbeitsstätte bereithalten (ebenso Potthoff, S. 38).

Daraus ergibt sich, daß der Weg zu und von der Arbeitsstätte nicht zur Arbeitszeit gehört (Kaskel: Arbeitsrecht, 3. Aufl., S. 115), was auch für Reisen gilt, die der Arbeitnehmer machen muß, um an den Arbeitsort zu gelangen (Monteure). Dagegen werden Wege, die innerhalb der Arbeitsstätte zurückgelegt werden müssen, zur Arbeitszeit gerechnet. Nur eine Anwendung dieser Regel enthält § 8 Abs. 2 AZVO. (vgl. auch § 4 vorl. LAO.).

Zweifelhaft ist, ob bei Feststellung der Arbeitsdauer auch die außerhalb des Betriebes geleistete Arbeit zu berücksichtigen ist, wenn sie nicht an bestimmte, vom Arbeitgeber festgesetzte Stunden gebunden ist. In Betracht kommt dabei namentlich die Arbeit der sog. Außenarbeiter, die aus Raummangel oder ähnlichen Gründen ganz oder teilweise in der eigenen Behausung beschäftigt werden. Rein logisch betrachtet, müßte die Frage bejaht werden. Wenn das Gesetz dem Arbeitgeber in der Verfügung über die Arbeitskraft des Arbeitnehmers zeitliche Beschränkungen auferlegt, so ist es unwesentlich, ob der Arbeitgeber die Dauer der Arbeitszeit unmittelbar vorschreibt oder dem Arbeitnehmer Arbeiten überträgt, zu deren Bewältigung er die gesetzlich zulässige Arbeitsdauer notwendigerweise überschreiten muß (vgl. Potthoff, NZfA. 1925, Sp. 692, und Kommentar, S. 28 unter 4Ae). Zweifel können nur dadurch entstehen, daß § 137 GO. ausdrücklich verbietet, Arbeiterinnen und jugendlichen Arbeitern, die bereits die gesetzlich zulässige Arbeitszeit hindurch im Betriebe beschäftigt waren, noch Arbeit mit nach Hause zu geben. Daraus muß wohl geschlossen werden, daß der Gesetzgeber im übrigen die häusliche Arbeit keinen Beschränkungen unterwerfen wollte (so Kaskel: Arbeitsrecht, 3. Aufl., S. 216, Syrup I, S. 58). Eine Klarstellung im Arbeitsschutzgesetz ist daher zu empfehlen, wobei eine dem § 137a Abs. 2 GO. entsprechende Bestimmung über das zulässige Quantum der zu Hause zu verrichtenden Arbeit zu treffen wäre.

Daß die Zeit, in der ein schulpflichtiger Arbeitnehmer die Fortbildungsschule besucht, nicht als Arbeitszeit gelten kann, versteht sich von selbst. Sie ist aber, solange keine ausdrückliche gesetzliche Vorschrift darüber besteht, auch nicht auf die zulässige Höchstarbeitszeit anzurechnen (RAM. vom 4. 8. 1924, RABl. 1924 AT., S. 318, OLG. Dresden vom 21. 12. 1921, NZfA. 1922, Sp. 455 und vom 8. 3. 1922, JW. 51, S. 57=NZfA. 1922, Sp. 698). Der Entwurf § 21 will sie allerdings für das Höchstmaß der zulässigen Arbeitszeitverlängerung bei jugendlichen Arbeitnehmern berücksichtigen. Über die Nachholung der durch Schulbesuch versäumten Arbeitszeit siehe unten Anm. 8 zu § 1.

b) Die regelmäßige tägliche Arbeitszeit darf 8 Stunden nicht überschreiten. Die Wendung ist mißverständlich. Unter der „regelmäßigen" Arbeitszeit könnte die Arbeitszeit verstanden werden, die normalerweise — d. h. wenn nicht besondere Ausnahmefälle vorübergehender Natur vorliegen — im Betriebe gilt, und die Vorschrift dann so aufgefaßt werden, daß diese normale Arbeitszeit die Achtstundengrenze niemals überschreiten dürfe (so anscheinend Leipart-Nörpel, S. 13f.), während nur gelegentliche Ausnahmen ohne weiteres zulässig seien. Daß das nicht der Sinn der Bestimmung sein kann, geht schon daraus hervor, daß auf der einen Seite §§ 5 und 6 der Verordnung eine von § 1 Satz 2 und 3 abweichende Regelung durch Tarifvertrag oder behördliche Anordnung vorsehen, damit also auch eine Ausdehnung der normalen Arbeitszeit über 8 Stunden täglich zulassen, während auf der anderen Seite die längere Beschäftigung der Arbeitnehmer an 30 der Wahl des Arbeitgebers überlassenen Tagen nach § 3 AZVO. stets nur vorübergehenden Charakter haben kann und trotzdem nur kraft besonderer Ausnahmevorschrift zulässig ist. Die „regelmäßige" Arbeitszeit des § 1 Satz 2 ist also nicht die Arbeitszeit, die im Betrieb, sondern die Arbeitszeit, die nach dem Gesetz die Regel ist. Die Vorschrift besagt, daß, soweit die Verordnung selbst keine Ausnahme zuläßt, die Arbeitszeit im Einklang mit der gesetzlichen Regel 8 Stunden täglich auch nicht vorübergehend überschreiten darf. Ob die für den Einzelfall zutreffende Ausnahmebestimmung eine Verlängerung der normalen Arbeitszeit des Betriebes oder nur eine gelegentliche Überschreitung derselben gestattet, ist ihrem Inhalt zu entnehmen (vgl. Erdmann, Anm. 2 zu § 1).

c) Da die Verordnung sich nur mit der werktäglichen Arbeitszeit beschäftigt, unterliegt Arbeit an Sonn- und Festtagen (im Sinne von § 105a GO.) den Beschränkungen hinsichtlich der Arbeitsdauer nicht. Sie ist auch nicht auf die zulässige Dauer der Werktagsarbeit anzurechnen.

d) Pausen sind planmäßige Unterbrechungen der täglichen Arbeitszeit. Wo die Unterbrechung zwischen den einzelnen Arbeitstagen liegt, spricht das Gesetz von Ruhezeiten (vgl. §§ 136 Abs. 3, 137 Abs. 4 GO.). Sie sind teilweise gesetzlich vorgeschrieben (§§ 136, 137 GO., § 2 AngAZVO., Ziffer V ArbAZAO.) und müssen in der obligatorischen Arbeitsordnung festgesetzt werden (§§ 134b Abs. 1 Nr. 1, 139k Abs. 1 GO.). Die Pause steht im Gegensatz sowohl zur Arbeit als auch zur Arbeitsbereitschaft. Der Arbeitnehmer braucht während der Pause nicht zur jederzeitigen sofortigen Aufnahme der Arbeit bereit zu sein. Er kann daher, soweit keine entgegenstehende Anordnung besteht, während der Pause die Arbeitsstätte verlassen (arg. § 137 Abs. 5 GO., § 2 AngAZVO.). Grundsätzlich and. Ans. Warncke, AR. 1927, Sp. 1016. Soweit den Arbeitnehmern das Verbleiben an der Arbeitsstätte vorgeschrieben ist, soll damit lediglich die pünktliche Wiederaufnahme der Arbeit gesichert werden. Daß der Arbeitnehmer notfalls auch während der Pause zur Arbeit herangezogen werden kann, ist keine Eigentümlichkeit der Pause, sondern gilt auch für die eigentlichen Ruhezeiten. Daß die Pausen nicht zur Arbeitszeit rechnen, ergibt sich hiernach schon aus der Natur der Sache. Das Gegenteil muß ausdrücklich bestimmt werden, wie dies in Ziffer IV ArbAZAO. geschehen ist.

[5] Die Arbeitszeit darf 8 Stunden täglich nicht überschreiten. Das bedeutet selbstverständlich nicht, daß die unter die Verordnung fallenden Arbeitnehmer nicht länger als 8 Stunden täglich arbeiten dürfen. Vielmehr steht es dem Arbeitnehmer frei, seine Arbeitskraft solange zu betätigen, als er es für gut befindet. Das gilt vor allem für Arbeit im eigenen Hause für den eigenen Bedarf, aber auch für selbständige Erwerbsarbeit, die der Arbeitnehmer neben seiner Tätigkeit in fremden Diensten leistet. Derartige gewerbliche Nebenarbeit, mit der die Arbeitnehmer den selbständigen Gewerbetreibenden „ins Handwerk pfuschen" (Pfusch- oder Schwarzarbeit), mag unerwünscht und, wenn sie im Gewerbezweige des Arbeitgebers vor sich geht, auch vertragswidrig sein, — mit den gesetzlichen Beschränkungen der Arbeitszeit hat sie nichts zu tun.

Der Sinn der Vorschrift ist vielmehr der, daß dem Arbeitgeber gesetzlich verboten wird, den Arbeitnehmer länger als 8 Stunden täglich zu beschäftigen (Kaskel: Arbeitsrecht, 3. Aufl., S. 213, Klehmet I, Anm. 6 zu § 1, Potthoff II, 2a zu § 1, S. 27). Daraus ergibt sich für den praktisch wichtigsten Fall, daß der Arbeitnehmer zur Leistung von Diensten angestellt ist, folgende Rechtslage:

Durch den Anstellungsvertrag verpflichtet sich der Arbeitnehmer, seine Arbeitskraft dem Arbeitgeber zur Verfügung zu stellen (vgl. Einleitung S. 3). Hat er diese Verpflichtung durch Antritt seiner Stellung erfüllt, so ist der Arbeitgeber nunmehr rechtlich in der Lage, in Ausübung seines Verfügungsrechts auch die Zeitdauer zu bestimmen, in der er von der Arbeitskraft des Arbeitnehmers Gebrauch machen will. Er ist dabei grundsätzlich unbeschränkt, soweit nicht besondere vertragliche oder allgemeine gesetzliche (§§ 242, 226 BGB.) Beschränkungen bestehen. Die AZVO. hat nun zum Schutze des Arbeitnehmers eine Grenze festgesetzt, über die hinaus die Arbeitsdauer nicht ausgedehnt werden darf. Eine Anordnung des Arbeitgebers, die dem Arbeitnehmer eine längere als die gesetzlich zulässige Arbeitszeit vorschreibt, wäre insoweit für den Arbeitnehmer unverbindlich, da sie gegen ein gesetzliches Verbot verstieße (§ 134 BGB.). Ihre Nichtbefolgung wäre keine Vertragsverletzung, dagegen würde ihre Befolgung den Arbeitgeber strafbar machen (§ 11 AZVO.). Hieraus ergibt sich weiter, daß überall dort, wo das Gesetz die dem Arbeitgeber gezogenen Schranken aufhebt oder weiter hinausrückt, das Verfügungsrecht des Arbeitgebers an Umfang gewinnt und seine innerhalb dieser weiteren Grenzen erteilten Anordnungen über die Dauer der Arbeitszeit auch vom Arbeitnehmer befolgt werden müssen (vgl. unten die Erläuterungen zu §§ 3, 5, 6 und 10).

6 Die Verordnung verbietet dem Arbeitgeber, den Arbeitnehmer über die gesetzlich zugelassene Dauer hinaus zu beschäftigen. Der Arbeitgeber darf also von der Arbeitskraft des Arbeitnehmers nicht länger Gebrauch machen, als das Gesetz zuläßt. Hält der Arbeitgeber diese Grenzen ein, so verstößt es nicht gegen die Verordnung, wenn die gesetzliche Arbeitszeit deshalb überschritten wird, weil ein anderer Arbeitgeber den Arbeitnehmer bereits am gleichen Tage beschäftigt hat. Ebenso Kaskel: Arbeitsrecht, 3. Aufl., S. 216, Wölbling-Riese, Anm. 6 zu § 1, Neitzel, RABl. 1925, S. 715. Die gegenteilige Meinung, die u. a. von Potthoff, NZfA. 1925, Sp. 689f. und Anm. IV 5a zu § 1, Rohmer, Anm. 4a zu § 1, Klehmet I, Anm. 4 zu § 1, Erdmann, Anm. 2 zu § 1 vertreten wird, legt dem Arbeitgeber im Ergebnis die Verpflichtung auf, dafür zu sorgen, daß der Arbeitnehmer nicht länger beschäftigt wird, als die Verordnung es zuläßt. Etwas Derartiges kann aus den Worten der Verordnung nicht herausgelesen werden. Man muß vielmehr annehmen, daß der Arbeitgeber dem Gesetze genügt, wenn er die Beschäftigung nicht über das zulässige Maß ausdehnt. Ergibt sich freilich, daß die Arbeit beim zweiten Arbeitgeber auf Veranlassung des ersten Arbeitgebers geleistet wird oder umgekehrt, so sind die Arbeitszeiten zusammenzurechnen, weil dann in Wahrheit nur ein einziges Beschäftigungsverhältnis vorliegt (vgl. die Beispiele bei Potthoff, NZfA. 1925, Sp. 692). Bei der hier vertretenen Ansicht erübrigt sich eine Untersuchung darüber, inwieweit Arbeitsverhältnisse, die nicht unter die AZVO., sondern z. B. unter die BäckVO., KrankAnst.VO. usw. fallen, bei Berechnung der Arbeitsdauer zu berücksichtigen sind (vgl. darüber Potthoff, a. a. O., S. 696f.). Der Entwurf § 9 Abs. 2 will bei einer ständigen erheblichen Beschäftigung des Arbeitnehmers durch mehrere Arbeitgeber die Dauer der hauptsächlichen Beschäftigung auf die Arbeitszeit bei den übrigen Arbeitgebern, evtl. die frühere auf die spätere anrechnen. Der Fall kann bei der großen Masse der Arbeitnehmer schon deshalb nicht praktisch werden, weil ein Arbeitnehmer, der einem bestimmten Arbeitgeber die Verfügung über seine Arbeitskraft eingeräumt hat, nicht gleichzeitig

von einem andern Arbeitgeber ständig in erheblichem Maße beschäftigt werden kann.

7 Bei strenger Durchführung des Grundsatzes vom Achtstundentage wäre eine Überschreitung der 8 stündigen Arbeitszeit auch dann nicht zulässig, wenn es sich dabei nur um eine Verschiebung zwischen den einzelnen Arbeitstagen handelte, sodaß, auf einen längeren Zeitraum umgerechnet, die durchschnittliche Arbeitszeit trotzdem innerhalb der Achtstundengrenze bliebe. Ein derartig starres System würde wirtschaftlich höchst nachteilig wirken, aber auch den Interessen der Arbeitnehmer mindestens insoweit nicht entsprechen, als der allgemein angestrebte frühere Arbeitsschluß an den Sonnabenden durch entsprechend längere Arbeit an den übrigen Werktagen nicht zu erreichen wäre. Schon die ArbAZAO. sah daher in Ziffer II Satz 2 eine Verteilung der durch eine vereinbarte Verkürzung der Arbeitszeit an den Vorabenden der Sonn- und Feiertage ausgefallenen Arbeitsstunden auf die übrigen Werktage vor. Erheblich weiter ging § 7 Abs. 2 AngAZVO., der es der tariflichen Vereinbarung überließ, die 8 stündige Tagesarbeitszeit durch die 48 stündige Wochenarbeitszeit oder die 96 stündige Doppelwochenarbeitszeit zu ersetzen. § 1 Satz 3 AZVO. läßt ganz allgemein den Ausgleich der an einzelnen Werktagen ausgefallenen oder ausfallenden Arbeitsstunden durch Mehrarbeit an den übrigen Werktagen der gleichen oder folgenden Woche zu.

Darin liegt ein Doppeltes:

a) falls durch unvorhergesehene Störungen der Arbeitgeber an der vollen Ausnutzung der gesetzlich zugelassenen 8 stündigen Arbeitszeit an einzelnen Werktagen behindert ist, kann er diesen Ausfall durch entsprechende Mehrarbeit an den übrigen Werktagen der gleichen oder folgenden Woche ausgleichen;

b) er kann aber weiterhin die Arbeitszeit von vornherein so verteilen, daß die Arbeitsdauer an den einzelnen Werktagen verschieden lang ist, sofern nur im Durchschnitt der Woche oder Doppelwoche auf den Werktag nicht mehr als 8 Stunden entfallen. Damit ist also der schon früher für die Arbeitszeitverkürzung an den Vorabenden der Feiertage zugelassene Ausnahmefall verallgemeinert worden.

Während im Falle a) die Verschiebung der Arbeitszeit eine durch außergewöhnliche Umstände bedingte Ausnahme darstellt, wird es sich im Falle b) fast immer um die regelmäßige Arbeitszeit handeln. Aber auch der innere Grund für die Zulassung des Ausgleichs ist beide Male ein anderer. Im Falle a) sollen Produktionsausfälle verhindert oder gemildert werden, indem dem Arbeitgeber gestattet wird, sie nachträglich durch Mehrarbeit wettzumachen, im Falle b) soll die Verteilung der Arbeitsstunden von Anfang an beweglicher gestaltet werden (so auch die amtl. Begründung zu § 1), was sowohl im Interesse der Arbeitgeber als auch der Arbeitnehmer liegt. Für den Arbeitgeber kann es zur Ersparung von Unkosten vorteilhaft sein, den Betrieb an einzelnen Tagen nur verkürzt oder gar nicht laufen zu lassen, für die Arbeitnehmer kann dasselbe im Hinblick auf die Einteilung der Freizeit oder auf besonders weite Anmarschwege wünschenswert sein (vgl. Klehmet I, S. 23 f.). Beiden Fällen ist gemeinsam, daß die Mehrarbeit auf Grund des Ausgleichs im Höchstfalle dem Ausfall gleichkommen darf, zu dessen Ausgleich sie geleistet wird (vgl. OLG. Dresden vom 11. 2. 1925, Lißts Ztschr. f. Strafrecht 1925, S. 307). Da auf der anderen Seite der Ausgleich nur innerhalb der gleichen oder folgenden Woche zulässig ist, kann man davon sprechen, daß § 1 Satz 3 AZVO. den Grundsatz der 48StundenWoche bzw. 96Stundendoppelwoche eingeführt habe.

Zu beachten ist, daß die Mehrarbeit nach § 1 Satz 3 immer durch einen Ausfall von Arbeitsstunden veranlaßt sein muß. Der Arbeitsausfall muß also das Primäre sein. Daher ist es nicht zulässig, bei vorübergehender Arbeitshäufung Mehrarbeit nach § 1 Satz 3 anzuordnen und diese in der folgenden Woche durch entsprechende Verkürzung der Arbeitszeit auszugleichen.

Daß ein Ausgleich nach § 1 Satz 3 nicht zulässig ist, wenn Arbeit infolge eines Wochenfeiertages ausgefallen ist, betont mit Recht RAG. vom 14. 3. 1928, BenshSamml. Bd. II, Nr. 68 (RAG.), S. 236.

[8] Der Ausfall von Arbeitsstunden muß für den ganzen Betrieb oder eine Betriebsabteilung eingetreten sein, um ausgeglichen werden zu können. Unter einer „Betriebsabteilung" hat man in Übereinstimmung mit dem für das Betriebsräterecht ausgebildeten gleichen Begriffe einen Teil des Betriebs zu verstehen, der im Rahmen des Gesamtbetriebs bestimmte Teilzwecke verfolgt (vgl. Flatow, Anm. 9 zu § 85 BRG., E. Jacobi: Betrieb und Unternehmen, S. 14 und JW. 1925, S. 187). Nicht ausgleichsfähig ist also der Ausfall bei einzelnen Arbeitnehmern (z. B. infolge Krankheit, Zuspätkommens), sie müßten denn als einzige im Betrieb oder der Betriebsabteilung beschäftigt werden. Hieraus geht hervor, daß im allgemeinen auch die durch den Besuch der Fortbildungsschule versäumten Arbeitsstunden nicht auf Grund des § 1 Satz 3, sondern nur im Rahmen der allgemeinen Arbeitszeit nachgeholt werden können (ebenso RAM. vom 4. 8. 1924, RABl. 1924 AT., S. 318). Ist aber der Ausfall für den Betrieb oder eine Abteilung eingetreten, so braucht sich nicht auch der Ausgleich auf den ganzen Betrieb oder die ganze Abteilung zu erstrecken, vielmehr darf der Arbeitgeber, wenn ihm dies genügt, auch einzelne Arbeitnehmer oder Gruppen zur Mehrarbeit heranziehen (Potthoff III, 4b zu § 1). Auf der anderen Seite können auch solche Arbeitnehmer am Ausgleich teilnehmen, die erst nach dem Arbeitsausfall in den Betrieb oder die Betriebsabteilung eingetreten sind. Denn die Verordnung stellt nicht auf den einzelnen Arbeitnehmer ab, sondern läßt den Ausgleich für den Betrieb oder die Abteilung als solche zu. Der Ausgleich ist also auch zulässig, soweit der Ausfall ausnahmsweise nicht gerade in der Person jedes einzelnen Arbeitnehmers eingetreten war, der die Mehrarbeit zu leisten hat.

[9] Der Ausgleich wird vom Arbeitgeber einseitig angeordnet. Daß er hierzu berechtigt ist, folgt aus seinem Direktionsrecht, kraft dessen er im Rahmen der (hier erweiterten) gesetzlichen Schranken Dauer und Lage der Arbeitszeit bestimmt. Eine Beschränkung ist nur insofern vorgeschrieben, als der Arbeitgeber vor der Anordnung die gesetzliche Betriebsvertretung zu hören hat. Die „Anhörung" bedeutet, daß der gesetzlichen Betriebsvertretung Gelegenheit zu geben ist, etwaige Bedenken gegen die Maßnahme vorzutragen. Es handelt sich dabei jedoch um eine bloße „Erörterungsbefugnis" (entsprechend § 74 BRG.), die Zustimmung der Betriebsvertretung ist also nicht erforderlich. Widerspricht sie, so ist der Arbeitgeber gleichwohl nicht behindert, die Anordnung zu treffen. Andererseits ist die Anhörung dort, wo eine gesetzliche Betriebsvertretung besteht, Voraussetzung für die Zulässigkeit und damit auch für die privatrechtliche Wirksamkeit der Anordnung. Fehlt es an einer Betriebsvertretung, so fällt das Erfordernis der Anhörung fort, ohne daß die Anordnung deshalb unzulässig und unwirksam

würde, wobei es gleichgültig ist, ob es sich um einen Betrieb handelt, für den gesetzlich keine Betriebsvertretung vorgesehen ist oder ob die an sich notwendige Vertretung aus irgendeinem Grunde nicht zustandegekommen ist. Selbst wenn der Arbeitgeber in einem Falle, wo er den Wahlvorstand zu bestellen hat, die Bestellung versäumt hätte, dürfte man mangels einer ausdrücklichen Vorschrift dem Arbeitgeber nicht die Ausübung eines Rechts verwehren, das nur für den Normalfall an die vorherige Anhörung der Betriebsvertretung gebunden ist (vgl. Erdmann, Anm. 4 zu § 1).

10 Die Anhörung der bestehenden gesetzlichen Betriebsvertretung ist Voraussetzung für die Wirksamkeit der Anordnung und weiter dafür, daß ihre Durchführung den Arbeitgeber nicht strafbar macht. Steht die öffentlich-rechtliche Zulässigkeit der Anordnung fest, so ist die privatrechtliche Verpflichtung der Arbeitnehmer, der Anordnung auch zu folgen, ohne weiteres gegeben. Hat der Arbeitnehmer sich verpflichtet, dem Arbeitgeber die Verfügung über seine Arbeitskraft einzuräumen, ist er also im Dienste des Arbeitgebers angestellt, so bestimmt der Arbeitgeber rechtsverbindlich die Dauer und Lage der Arbeitszeit innerhalb der gesetzlichen Schranken. Sind in besonderen Fällen die Grenzen, innerhalb deren der Arbeitgeber sein Bestimmungsrecht ausüben darf, erweitert und sind im Einzelfalle die gesetzlichen Voraussetzungen für die Anwendung einer solchen Ausnahmevorschrift erfüllt, so folgt die privatrechtliche Verbindlichkeit der Anordnung des Arbeitgebers ganz von selbst aus dem Inhalt des Anstellungsvertrags. Die oft erörterte Frage, inwieweit der Arbeitnehmer auch verpflichtet sei, den vom Arbeitgeber in gesetzlich zulässiger Weise angeordneten Ausgleich für ausgefallene Arbeitsstunden zu leisten (vgl. namentlich Potthoff III, 5 zu § 1), erledigt sich durch den Hinweis auf den Inhalt der Verpflichtung, die dem Arbeitnehmer aus dem Anstellungsvertrage obliegt und die gerade nicht auf einzelne, der Dauer nach ein für allemal bestimmte Arbeitsleistungen gerichtet ist. Im Ergebnis ebenso Erdmann, Anm. 5 zu § 1; Rohmer, Anm. 4 zu § 1; Neitzel, RABl. 1925 NAT., S. 714 Rechtsspalte.

11 § 1 Satz 3 handelt, wie bereits bemerkt wurde, nicht nur vom Ausgleich für einen unvorhergesehenen Ausfall von Arbeitsstunden, sondern betrifft auch die planmäßige Verschiebung der Arbeitszeit an den einzelnen Werktagen. Für diese ist aber in § 134b Abs. 1 Nr. 1, 139k GO. für arbeitsordnungspflichtige Betriebe, durch Ziffer VIII ArbAZAO. und § 3 AngAZVO. allgemein vorgeschrieben, daß sie zwischen dem Arbeitgeber und der Betriebsvertretung, nach Ziffer VIII und § 3 l. c. hilfsweise mit der Arbeiterschaft oder Angestelltenschaft, vertreten durch von der Mehrheit gewählte Mitglieder (§ 15 Abs. 1 der 2. AusfVO. zur SchlVO. vom 30. 10. 1923) zu vereinbaren ist. Gleichwohl besteht kein Widerspruch zwischen § 1 Satz 3 AZVO., der nur eine Anhörung der Betriebsvertretung vorschreibt, und den genannten Vorschriften. Denn jene beziehen sich nicht auf die Dauer der Arbeitszeit, sondern auf Beginn und Ende, also auf die zeitliche Lage derselben. Der Arbeitgeber kann also zunächst einseitig die Verteilung der verfügbaren Arbeitsstunden auf die einzelnen Werktage vornehmen, wobei er die Betriebsvertretung lediglich anzuhören hat. Erst wenn es sich darum handelt, den regelmäßigen Arbeitsbeginn, die Pausen sowie das Ende der Arbeitszeit festzusetzen, bedarf es einer Betriebsvereinbarung, wobei, falls es zu keiner Einigung kommt, der Schlichtungsausschuß eine bindende Entscheidung treffen kann (§§ 75, 80 BRG.). Daß

dabei die Dauer der Arbeitszeit nicht in Frage steht, geht auch aus § 75 Abs. 1 Satz 3 BRG. hervor. (Ebenso Syrup I, S. 59f., Erdmann, Anm. 3 zu § 1, Neitzel, RABl. 1925 NAT., S. 714 Linksspalte, wohl auch Klehmet I, Anm. 6 zu § 1; a. M. Potthoff, Anm. 6 zu § 1). Da die Anordnung des Arbeitgebers über die Dauer der Arbeitszeit beim Vorliegen der Voraussetzungen des § 1 Satz 3 AZVO. rechtsverbindlich ist, muß angenommen werden, daß bis zum Zustandekommen einer Betriebsvereinbarung oder eines Schiedsspruchs über die zeitliche Lage auch insoweit die Bestimmung des Arbeitgebers maßgebend ist, da andernfalls die Anordnung nicht durchführbar wäre (ebenso Syrup I, S. 60, Anm. 9, Erdmann, Anm. 3 zu § 1 a. E.). Handelt es sich um den Ausgleich vorübergehend ausgefallener Arbeitsstunden, so kommt eine Betriebsvereinbarung überhaupt nicht in Betracht, da diese nur Beginn und Ende der regelmäßigen Arbeitszeit zu regeln hat.

12 Auf den Grund, aus dem die Arbeitsstunden ausgefallen sind, kommt es nicht an. Daß es sich bei Anwendung der Vorschrift ebensogut um eine planmäßige Verteilung der Normalarbeitszeit wie um den Ausgleich vorübergehend ausgefallener Arbeitsstunden handeln kann, wurde schon hervorgehoben (vgl. oben Anm. 7). Unter den Fällen der zweiten Art sind hervorzuheben der Ausfall infolge von Betriebsstörungen und infolge von Streik.

a) Daß die durch Betriebsstörungen ausgefallenen Arbeitsstunden auf Grund von § 1 Satz 3 AZVO. nachgeholt werden dürfen, wird allgemein anerkannt (vgl. Erdmann, Anm. 3 zu § 1, Potthoff III, 2 c, aa. zu § 1). Die hierdurch dem Arbeitgeber gesetzlich eingeräumte Befugnis, den durch die Betriebsstörung verursachten Schaden durch entsprechend stärkere Ausnutzung der Arbeitskraft der Arbeitnehmer an anderen Tagen wenigstens teilweise wettzumachen, würde aber praktisch illusorisch werden, wenn man auf die Fälle der Betriebsstörung mit der jetzt wohl herrschenden Meinung den § 615 BGB. anwenden wollte. Denn käme der Arbeitgeber, der seine Arbeitnehmer infolge von Maschinenschaden, Strommangel usw. vorübergehend nicht beschäftigen kann, in Annahmeverzug, so wären die Arbeitnehmer nach § 615 BGB. zur Nachleistung der ausgefallenen Arbeit nicht verpflichtet, könnten also die ausgleichsweise angeordnete Mehrarbeit, ohne sich einer Vertragsverletzung schuldig zu machen, ablehnen. Damit wäre die Absicht der Verordnung zweifellos vereitelt. Dieses unbefriedigende Ergebnis beruht aber auf einer unrichtigen Grundanschauung. Da beim Anstellungsvertrage die vom Arbeitnehmer geschuldete Leistung darin besteht, daß er seine Arbeitskraft dem Arbeitgeber zur Verfügung stellt, und da diese Leistung auch dann erfüllt wird, wenn der Arbeitgeber aus irgendwelchen Gründen die ihm zur Verfügung stehende Arbeitskraft nicht verwerten kann oder will, ist hier von Annahmeverzug keine Rede. Denn dieser setzt immer voraus, daß die geschuldete Leistung zwar angeboten, aber nicht erbracht wird. In Wirklichkeit verhält es sich deshalb so, daß der Arbeitgeber während wie nach der Betriebsstörung über die Arbeitskraft des Arbeitnehmers innerhalb der gesetzlichen Schranken zu verfügen berechtigt ist, und von diesem Verfügungsrecht nach Wegfall der Störung mit gesetzlicher Ermächtigung einen verstärkten Gebrauch macht, weil er die Arbeitskraft während der Störung nicht ausnutzen konnte. Daß der Arbeitnehmer dieser Anordnung auch zu folgen hat, ist schon oben ausgeführt worden (vgl. hierzu Einleitung S. 6fg.). Wegen der Bezahlung der Mehrarbeit siehe unten Anm. 15.

b) Die strittige Frage, ob auch der durch einen Streik der Arbeitnehmer des Betriebs oder einer Betriebsabteilung verursachte Ausfall von Arbeitsstunden durch Mehrarbeit ausgeglichen werden darf, ist zu bejahen (ebenso Erdmann, Anm. 3 zu § 1, Klehmet I, S. 24, Potthoff, S. 33, Neitzel, RABl. 1925 NAT., S. 714, Jäkel, S. 40f.; a. M. Syrup I, S. 58, Leipart-Nörpel, Anm. 3 zu § 1). Da die Verordnung die Gründe, die zum Ausfall von Arbeitszeit führen, nicht unterscheidet und also für unerheblich erklärt, ist es nicht angängig, den Fall des Streiks auszunehmen. Das würde auch zu dem unerfreulichen Ergebnis führen können, daß bei Teilstreiks die arbeitswilligen Arbeitnehmer, die aus betriebstechnischen Gründen während des Streiks nicht beschäftigt werden können, zur ausgleichenden Mehrarbeit herangezogen werden könnten, nicht aber die Streikenden selbst (vgl. Jäkel, S. 41). Der Ausgleich ist auch dann zulässig, wenn die Arbeitnehmer infolge des Streiks entlassen worden waren und später wieder eingestellt worden sind, obgleich in diesem Falle ein neuer Arbeitsvertrag geschlossen wird. Denn die Verordnung stellt, wie schon oben Anm. 8 bemerkt, nicht auf den einzelnen Arbeitnehmer und seinen privatrechtlichen Vertrag ab, sondern lediglich auf den Betrieb. Hat sich der Arbeitgeber im Friedensabkommen verpflichtet, von seiner Befugnis nach § 1 Satz 3 AZVO. keinen Gebrauch zu machen, so wird hiervon zwar die Zulässigkeit nach der Verordnung nicht berührt, doch ist dadurch die privatrechtliche Verpflichtung des Arbeitnehmers zur Leistung einer solchen Mehrarbeit eingeschränkt.

13 Daß infolge des Ausgleichs die 8stündige Arbeitszeit an einzelnen Tagen überschritten wird, folgt aus der Natur der Sache. Die Verordnung enthält aber keine Bestimmung darüber, bis zu welcher Höchstgrenze die Mehrarbeit ausgedehnt werden darf. Das ist durch die neue Fassung des § 9 AZVO. gegen jeden Zweifel klargestellt. Die dort für Arbeitszeitüberschreitungen festgesetzte Zehnstundengrenze gilt nicht in den Fällen des § 1 Satz 3 und des § 2. Offenbar ging man davon aus, daß überlange tägliche Arbeitszeiten praktisch ganz von selbst nicht vorkommen werden, weil eine eigentliche Arbeitsvermehrung nicht in Frage kommt und eine einigermaßen gleichmäßige Verteilung der Arbeitszeit meistens auch die zweckmäßigste ist. Theoretisch aber wäre es denkbar, daß in der einen Woche täglich 16 Stunden gearbeitet wird, während in der nächsten Woche die Arbeit ganz ausfällt. In den AusfBest. des RAM. zu § 1 Satz 3 werden die Aufsichtsbehörden angewiesen, auf die Vermeidung überlanger Arbeitszeiten zu achten. Auch könnte die Anordnung des Arbeitgebers unter Umständen, wenn sie einen Mißbrauch darstellt, nach den Grundsätzen des Privatrechts (§§ 157, 138, 226 BGB.) für den Arbeitnehmer unverbindlich sein (so richtig Klehmet I, S. 25).

Das vorstehende gilt aber uneingeschränkt nur für erwachsene männliche Arbeitnehmer, für die nicht gemäß § 120 e und f GO. besondere Bestimmungen erlassen sind. Denn nach § 9 Abs. 2 AZVO. bleiben die sonstigen gesetzlichen Vorschriften über den Schutz der Arbeitnehmer, insbesondere der weiblichen und der jugendlichen Arbeitnehmer, unberührt. Trotz § 1 Satz 3 AZVO. dürfen daher junge Leute zwischen 14 und 16 Jahren nicht länger als 10 Stunden täglich beschäftigt werden (§ 135 Abs. 3 GO.). Das gleiche gilt nach § 137 Abs. 2 GO. für Arbeiterinnen mit der weiteren Einschränkung, daß die Arbeitszeit an den Vorabenden der Sonn- und Festtage 8 Stunden nicht überschreiten darf. Freilich gelten diese Schutzvorschriften nach der GO. nur für Betriebe, in denen in der Regel mindestens

10 Arbeiter beschäftigt werden, sowie für die ihnen gleichgestellten Betriebe (§ 154, 154a GO.). Soweit auf Grund der §§ 120e und f GO. für erwachsene männliche Arbeiter in gesundheitsschädlichen Betrieben Arbeitszeitbeschränkungen erlassen worden sind (vgl. die Aufzählung bei Rohmer, Anm. 5 zu § 1), ist auch die Ausgleichsmöglichkeit gemäß § 1 Satz 3 AZVO. begrenzt (AusfBest. des RAM. zu § 1 Satz 3).

14 Streitig ist die Frage, ob § 1 Satz 3 auch anwendbar ist, wenn der Betrieb die volle zulässige Wochenarbeitszeit nicht ausnutzt, oder wenn die regelmäßige Arbeitszeit des Betriebes auf Grund der in der AZVO. vorgesehenen Ausnahmen, insbesondere auf Grund eines Tarifvertrags, 8 Stunden täglich und 48 Stunden wöchentlich übersteigt.

a) Wird in einem Betriebe Kurzarbeit (Arbeitsstreckung) eingeführt, weil die Belegschaft infolge Auftragsmangels oder aus ähnlichen Gründen nicht mehr voll beschäftigt werden kann und gleichwohl Entlassungen vermieden werden sollen, so fragt es sich, ob die auf diese Weise verminderte Wochenarbeitszeit auf die einzelnen Werktage auch so verteilt werden darf, daß an einigen Tagen länger als 8 Stunden gearbeitet wird, während die Arbeit an den anderen Tagen ganz ausfällt. Bei der Entscheidung muß der doppelte Zweck der Vorschrift des § 1 Satz 3 berücksichtigt werden (vgl. oben Anm. 7): sie soll, wie es in der amtlichen Begründung zu § 1 heißt, einmal in der Verteilung der Arbeitsstunden auf die einzelnen Werktage eine größere Beweglichkeit schaffen, indem neben dem Achtstundentage die 48 Stundenwoche eingeführt wird, und überdies den Ausgleich ausgefallener Arbeitsstunden zulassen. Nur im zweiten Falle kann die volle Ausnutzung der 48stündigen Wochenarbeitszeit bzw. der 96stündigen Doppelwochenarbeitszeit das gesetzgeberische Motiv gewesen sein. Dagegen besteht im ersten Falle die dem Arbeitgeber zugestandene Erleichterung nicht darin, daß er einen unvorhergesehenen Ausfall an Arbeitszeit aufholen darf, sondern darin, daß er die Arbeitszeit von vornherein so verteilen darf, wie es für den Betrieb am zweckmäßigsten ist. Dieser zweite Anwendungsfall ist aber ganz unabhängig davon, ob die wöchentliche Arbeitszeit 48 Stunden beträgt oder dahinter zurückbleibt. Gerade bei Kurzarbeit, die auch für den Arbeitgeber immer eine wirtschaftliche Belastung bedeutet, wird sogar auf eine möglichst rationelle Verteilung der verkürzten Arbeitszeit besonderer Wert zu legen sein. Die abweichende Absicht von Kaskel (Arb.R. 1924, Sp. 823, Arbeitsrecht, 3. Aufl., S. 218 Anm. 2) und Auerswald (AR. 1924, Sp. 829) beruht auf dem Irrtum, daß § 1 Satz 3 dem Arbeitgeber lediglich die Ausnutzung der vollen gesetzlich zulässigen Wochenarbeitszeit in den Fällen eines unvorhergesehenen Arbeitsausfalls ermöglichen wolle und eine planmäßige Verteilung nur im Hinblick auf die verkürzte Sonnabendarbeit zulasse. Daß das nicht der Sinn der Vorschrift ist, geht aber aus der amtlichen Begründung (siehe oben) deutlich hervor, auch ist eine solche Auslegung dem Wortlaut der Verordnung nicht zu entnehmen. Es ist auch nicht einzusehen, weshalb es unzulässig sein sollte, an 4 Tagen je 9 Stunden zu arbeiten, wenn es auf der anderen Seite gestattet ist, 4mal 12 Stunden zu arbeiten. Wie hier Erdmann im „Arbeitgeber" 1924, S. 341, und Kommentar Anm. 7 zu § 1, Fuchs, BlfArbR. 1925, Nr. 4 und Nr. 13, Oertmann in der „Sächs. Industrie" 1924, S. 737, SchlA. Gera vom 24. 7. 1924, „Sächs. Industrie" 1924, S. 634, GG. Greiz vom 5. 8. 1924, ebenda S. 736. A. M. außer Kaskel und Auerswald noch Potthoff, ArbR.

1924, Sp. 833, und Kommentar S. 33f., Jäkel, S. 42f. Unbestimmt RAM. vom 4. 9. 1924, RABl. 1924 AT., S. 363, wo mit unzulänglichen Gründen die beiden widersprechenden Ansichten gleichzeitig vertreten werden.

Richtet sich die Arbeitszeit des Betriebes nicht nach § 1 AZVO., sondern nach einem Tarifvertrag, der gemäß § 5 AZVO. eine längere als 8stündige Arbeitszeit vorsieht, so ist die Frage unter einem anderen Gesichtspunkt zu beurteilen. Darüber unter b).

b) Nach § 5 AZVO. kann die Arbeitszeit durch Tarifvertrag über die im § 1 festgesetzten Grenzen ausgedehnt werden. In diesem Falle treten, wie es in § 5 Abs. 1 ausdrücklich heißt, die Bestimmungen des Tarifvertrags an die Stelle der Vorschriften des § 1. Daraus folgt, daß der Ausgleich für ausfallende Arbeitsstunden dann nicht auf die Vorschrift des § 1 Satz 3 AZVO., sondern nur auf den Tarifvertrag gestützt werden kann. Es kommt also auf den Inhalt des Tarifvertrags an. Schreibt dieser z. B. vor, daß die tägliche Arbeitszeit 9 Stunden betragen soll oder bis auf 9 Stunden ausgedehnt werden kann, so ist damit die obere Grenze festgelegt, über die auch im Wege des Ausgleichs nicht hinausgegangen werden darf, gleichgültig ob es sich um einen vorübergehenden Arbeitsausfall oder um die Verteilung der regelmäßigen Arbeitszeit handelt. Läßt der Tarifvertrag die Überschreitung der von ihm für den Normalfall festgesetzten 9stündigen Arbeitszeit mit Zustimmung der Betriebsvertretung zu, so ist ausgleichsweise Mehrarbeit zwar möglich, aber, anders als nach § 1 Satz 3 AZVO., nicht an die bloße Anhörung, sondern an die Zustimmung der Betriebsvertretung gebunden. Erweitert der Tarifvertrag nicht die tägliche, sondern die zulässige wöchentliche Arbeitszeit beispielsweise auf 54 Stunden, so steht dem Ausgleich durch Mehrarbeit an einzelnen Tagen nichts im Wege, solange die 54stündige Wochenarbeitszeit nicht überschritten wird. Dabei ist aber zweierlei zu beachten. Einmal darf nach § 9 AZVO. die Arbeitszeit bei Anwendung der in den §§ 3 bis 7 bezeichneten Ausnahmen, also auch bei einer Verlängerung der Arbeitszeit durch Tarifvertrag, 10 Stunden täglich nicht überschreiten. Hier besteht also, auch wenn es sich nur um Mehrarbeit zum Ausgleich für ausgefallene Arbeitsstunden handelt, eine obere Grenze, die bei § 1 Satz 3 fehlt, was dadurch gerechtfertigt erscheint, daß die Gefahr überlanger Arbeitszeiten größer ist, wenn schon die regelmäßige Arbeitszeit über 8 Stunden hinausgeht. (RAM. vom 22. 5. 1924, RABl. 1924 AT., S. 264; vgl. Erdmann, Anm. 7 zu § 1; LAG. Frankfurt a. M. vom 24. 11. 1927, Bensh.Samml. Bd. II, S. 130, etwas anders Hueck in der Anmerkung zu diesem Urteil.) Zweitens bestimmen viele Tarifverträge, daß die Verteilung der regelmäßigen Arbeitszeit auf die einzelnen Werktage, nicht nur die Festsetzung von Beginn und Ende der täglichen Arbeitszeit, im Einvernehmen mit der Betriebsvertretung zu geschehen hat. In diesem Falle kann der Arbeitgeber die Verteilung nicht einseitig vornehmen, sondern muß eine Betriebsvereinbarung herbeiführen.

Bei Einführung von Kurzarbeit unter der Herrschaft eines Tarifvertrages, der eine Verlängerung der regelmäßigen gesetzlichen Arbeitszeit vorsieht, gilt grundsätzlich nichts anderes. Gestattet der Tarifvertrag also die tägliche Arbeitszeit auf 9 Stunden auszudehnen, so steht es dem Arbeitgeber im Falle der Kurzarbeit frei, z. B. an 3 Tagen je 9 Stunden arbeiten zu lassen, während die Arbeit an den übrigen Tagen ruht (a. M. Kaskel, Auerswald, Potthoff u. a., vgl. oben a); wie hier Erdmann im „Arbeitgeber" 1924, S. 342). Ist nach dem Tarifvertrag eine tägliche 10stündige Arbeitszeit zulässig, so könnte die verkürzte Wochenarbeitszeit von 30 Stunden auch auf 3 Tage zu 10 Stunden verteilt werden, und zwar selbst dann, wenn bisher bei 54 Stunden Wochenarbeitszeit täglich nur 9 Stunden gearbeitet worden wäre. Nur ist zu prüfen, ob nach dem Tarifvertrag der Arbeitgeber eine solche Verteilung einseitig vornehmen kann oder ob er dazu die Zustimmung der Betriebsvertretung braucht. Im zweiten Falle ist diese Zustimmung nicht nur Voraussetzung für die privatrechtliche Verpflichtung der Arbeitnehmer, die verlangte Mehrarbeit zu leisten, sondern auch für die öffentlich-rechtliche Zulässigkeit der Mehrarbeit nach der AZVO., da diese auf den Inhalt des Tarifvertrags und also auch auf die darin enthaltenen weiteren Erfordernisse für die Statthaftigkeit der Mehrarbeit abstellt.

15 Über die Bezahlung der nach § 1 Satz 3 zu leistenden Mehrarbeit ist in der Verordnung selbst nichts gesagt. Auch § 6a AZVO., der für bestimmte Fälle der Mehrarbeit dem Arbeitnehmer einen Anspruch auf eine Sondervergütung verleiht, bezieht sich nicht auf den Ausgleich nach § 1 Satz 3. Die Frage kann also nur nach dem Inhalt des Anstellungsvertrags beantwortet werden. Enthält dieser keine ausdrückliche Regelung, so wird man folgende Grundsätze anwenden müssen. Da es sich bei dem Ausgleich des § 1 Satz 3 nicht um eine effektive Mehrleistung, sondern nur um eine Verschiebung der Arbeitszeit innerhalb des gleichbleibenden Arbeitsquantums einer Woche oder Doppelwoche handelt, ist die Mehrarbeit des einzelnen Werktages im Hinblick auf den entsprechenden Arbeitsausfall nicht besonders zu vergüten. Bei Angestellten mit Monatsgehalt und ebenso bei Wochenlöhnern ist Gehalt und Lohn die Gegenleistung für die Bereitstellung ihrer Arbeitskraft während des Monats bzw. der Woche, wobei allerdings meist vorausgesetzt wird, daß die gesamte Arbeitszeit während dieses Zeitraumes ein bestimmtes normales Höchstmaß (nach § 6a AZVO. 48 Stunden wöchentlich oder 96 Stunden in der Doppelwoche) nicht übersteigt. Erst im Falle der Überschreitung dieser Grenze käme eine Sondervergütung in Frage. Grundsätzlich ebenso liegt die Sache aber auch bei Stundenlöhnern. Auch sie werden für die Bereitstellung ihrer Arbeitskraft bezahlt, nur wird hier der Lohn nach der Dauer der tatsächlichen Arbeitszeit berechnet. Doch darf der Arbeitgeber die Dauer der Arbeitszeit nicht willkürlich herabsetzen, vielmehr muß als stillschweigend vereinbart gelten, daß der Arbeitnehmer die der betriebsüblichen Arbeitszeit entsprechende Stundenzahl vergütet erhalten muß (vgl. RAG. vom 30. 4. 1928, Bensh. Samml. Bd. II Nr. 69 (RAG) S. 240, wo aber in m. E. unrichtiger Weise das gleiche Ergebnis aus der tarifvertraglichen Festsetzung der regelmäßigen Arbeitszeit abgeleitet wird). Dagegen ist die Verteilung der Arbeitsstunden auf die einzelnen Arbeitstage belanglos. Es ist also ungerechtfertigt, dem Stundenlöhner z. B. bei Betriebsstörungen sowohl die ausgefallenen Arbeitsstunden als auch die zum Ausgleich geleistete Mehrarbeit zu bezahlen. Auch auf § 615 BGB. kann ein solcher Anspruch nicht gestützt werden, denn ein Fall des Annahmeverzugs liegt gar nicht vor, wenn der Arbeitgeber von der ihm zur Verfügung stehenden Arbeitskraft des Arbeitnehmers keinen Gebrauch machen kann (vgl. oben Anm. 12a). Solange dem Arbeitgeber die Arbeitskraft des Arbeitnehmers zur Verfügung steht, wird der Vertrag erfüllt und ist daher auch die Gegenleistung zu entrichten. Die Gegenleistung besteht aber hier in der Bezahlung der geleisteten Arbeitsstunden, zu denen allerdings auch diejenige Zeit zu rechnen ist, in der sich der Arbeitnehmer auf Geheiß des Arbeit-

gebers zur jederzeitigen sofortigen Aufnahme der Arbeit bereithält. Solange diese Arbeitsstunden infolge des Ausgleichs nicht hinter der betriebsüblichen Arbeitszeit zurückbleiben, kommt eine Vergütung für die ausgefallene Zeit nicht in Frage. Ganz das entsprechende gilt für Akkordarbeiter, bei denen der Lohn nach dem Arbeitsergebnis berechnet wird. Sie erhalten einen Verdienstausfall erst dann vergütet, wenn sie auch im Wege des Ausgleichs nach § 1 Satz 3 AZVO. nicht während der vollen betriebsüblichen Arbeitszeit beschäftigt werden konnten.

Zu beachten ist freilich, daß nicht selten in Tarifverträgen ein Lohnzuschlag in allen Fällen vorgeschrieben ist, in denen die übliche tägliche Arbeitszeit überschritten wird, auch wenn sich die regelmäßige Wochenarbeitszeit nicht ändert. Wo das geschehen ist, richtet sich die Bezahlung der Mehrarbeit insoweit nach den tariflichen Bestimmungen.

§ 2

Für Gewerbezweige oder Gruppen von Arbeitnehmern[3], bei denen regelmäßig und in erheblichem Umfang[4] Arbeitsbereitschaft[1 2] vorliegt, kann durch Tarifvertrag oder, soweit ein solcher nicht besteht oder doch Arbeitsverhältnisse dieser Art nicht berücksichtigt, durch den Reichsarbeitsminister nach Anhörung der beteiligten wirtschaftlichen Vereinigungen der Arbeitgeber und Arbeitnehmer[5] eine vom § 1 Satz 2 und 3 abweichende Regelung getroffen werden[6–9].

1 Die Vorschrift trifft eine Sonderregelung für die Fälle, in denen der Arbeitnehmer während eines nicht unerheblichen Teils der Arbeitszeit zu bloßer Arbeitsbereitschaft verpflichtet ist. Da hier einer der Hauptgründe des Arbeitszeitschutzes, die Verhinderung einer übermäßigen Inanspruchnahme der Arbeitskraft des Arbeitnehmers, seine wesentliche Bedeutung verliert, erschien es gerechtfertigt, eine Ausdehnung der Arbeitszeit über das sonst zulässige Maß zu gestatten. (Daß daneben die gesetzliche Beschränkung der Arbeitsdauer auch eine angemessene Freizeit für den Arbeitnehmer sicherstellen soll, betonen Leipart-Nörpel, S. 17).

Der Begriff der Arbeitsbereitschaft bestimmt sich aus dem Gegensatze zur Arbeitstätigkeit auf der einen, zur Arbeitsruhe auf der anderen Seite. Auszugehen ist davon, daß die Arbeitskraft des angestellten Arbeitnehmers, der sich nicht nur zu bestimmten einzelnen Arbeitsleistungen verpflichtet hat, dem Arbeitgeber während der ganzen Zeit, in welcher der Vertrag sich im Zustande der Erfüllung befindet, zur Verfügung steht. Der Arbeitgeber macht aber von der Arbeitskraft des Arbeitnehmers nicht dauernd Gebrauch und der gesetzliche Arbeitszeitschutz legt ihm in dieser Beziehung bestimmte Beschränkungen auf. Soweit der Arbeitgeber von der Arbeitskraft des Arbeitnehmers keinen Gebrauch macht, befindet sich der Arbeitnehmer im Zustande der Arbeitsruhe. Das gilt auch für die Pausen (s. Anm. 4d zu § 1). Eine Inanspruchnahme der Arbeitskraft des Arbeitnehmers liegt aber nicht nur dann vor, wenn sich der Arbeitnehmer in Erfüllung seiner Dienstpflicht in Tätigkeit befindet, sondern auch, wenn er sich auf Geheiß des Arbeitgebers zur jederzeitigen sofortigen Aufnahme der Arbeit bereithalten muß. Der zweite Fall ist der der Arbeitsbereitschaft. Man kann sich den Sachverhalt durch einen Vergleich anschaulich machen. Wie eine Uhr sich nicht nur in dem Augenblick in Gebrauch befindet, wo sie der Besitzer aus der Tasche zieht, um die Zeit festzustellen, sondern auch solange er sie zu jederzeitiger sofortiger Verwendung bei sich trägt, so macht auch der Arbeitgeber von der Arbeitskraft des Arbeitnehmers nicht nur Gebrauch, solange er sie in Tätigkeit setzt, sondern auch während der Arbeitsbereitschaft im obigen Sinne. Dagegen steht die Uhr, die der Besitzer zu Hause aufbewahrt, zwar auch zu seiner Verfügung, sie ist aber nicht im Gebrauch, und beides läßt sich auch von der Arbeitskraft des Arbeitnehmers während der Arbeitsruhe sagen. Daraus ergibt sich ohne weiteres, daß die Zeit der Arbeitsbereitschaft grundsätzlich zur eigentlichen Arbeitszeit gehört. Arbeitstätigkeit und Arbeitsbereitschaft sind eben zwei verschiedene Formen, in denen der Arbeitgeber von der Arbeitskraft des Arbeitnehmers Gebrauch machen kann. Die gesetzlichen Arbeitszeitbeschränkungen gelten aber für jede Art der Verwendung fremder Arbeitskraft. § 2 AZVO. bestimmt denn auch nicht, daß die Zeit der Arbeitsbereitschaft nicht in die Arbeitszeit einzurechnen sei (abw. Kaskel: Arbeitsrecht, 3. Aufl., S. 213), sondern gestattet nur eine Ausdehnung der Arbeitszeit im Hinblick auf das Vorliegen bloßer Arbeitsbereitschaft.

2 Wenn der Arbeitnehmer im Zustande der Arbeitsbereitschaft imstande sein soll, seine Tätigkeit jederzeit und sofort aufzunehmen, so muß er für den Arbeitgeber mit Sicherheit jederzeit und sofort erreichbar sein. In der Regel wird man verlangen müssen, daß er sich am Arbeitsorte oder doch in seiner unmittelbaren Nähe aufhält. Doch kann sich der Arbeitgeber auch damit begnügen, daß der Arbeitnehmer an einem anderen Orte, z. B. in seiner Wohnung, auf telephonischen Anruf zur Verfügung steht. Anders als während der Ruhezeit bedeutet es eine Pflichtverletzung, wenn der Arbeitnehmer sich während der Arbeitsbereitschaft von dem vorgesehenen Orte entfernt, und zwar ist diese körperliche Präsenzpflicht für die Arbeitsbereitschaft, im Gegensatz zur Pause, begriffswesentlich.

Die Arbeitsbereitschaft erfordert aber auch eine gewisse geistige Präsenz (vgl. Kaskel: SchlWes. 1926, Sp. 75), die freilich im Einzelfalle sehr verschieden weit gehen kann. Stets ist zu verlangen, daß der Arbeitnehmer sich in einem Zustande befindet, der es ihm gestattet, die an ihn gerichtete Aufforderung, mit der Arbeit zu beginnen, wahrzunehmen. Was dazu gehört, richtet sich nach der Form, in der diese Aufforderung an ihn zu ergehen pflegt. Wird er durch ein Lichtsignal benachrichtigt, so muß er die Augen offen halten, hat er auf ein Klingelzeichen zu achten, so muß er es hören können, was vielleicht auch im Schlafe möglich ist. Es kann aber auch vorkommen, daß der Arbeitnehmer überhaupt nicht von außen in Kenntnis gesetzt wird, daß man seiner bedarf, sondern daß er selbst darauf zu achten hat, ob und wann sein Eingreifen erforderlich wird.. Diese Fälle spielen praktisch eine große Rolle. So hat z. B. der Kellner nicht nur zu warten, bis er vom Gaste gerufen wird, sondern muß selbst achtgeben, ob seine Dienste gebraucht werden und dann auch ohne Anruf tätig werden (vgl. Kaskel: SchlWes. 1926, S. 75fg.). Der Maschinenwärter, der etwaige Störungen zu beseitigen hat, muß selbst über den normalen Gang der Maschine wachen, um feststellen zu können, wann er einzugreifen hat. Der Nachtwächter muß auf verdächtige Geräusche achten usw. In diesen Fällen wird also der arbeitsbereite Arbeitnehmer nicht durch den Arbeitgeber oder seinen Vertreter, sondern durch die Natur der Sache, durch den Zustand der ihn umgebenden und in seinem Gesichts- und Gehörkreis liegenden Dinge zur Tätigkeit aufgefordert und daraus folgt, daß er diesen Dingen seine Aufmerksamkeit zuwenden muß (vgl. LG. Dortmund vom 25. 3. 1926, JW. 1927, S. 1533). Daraus ergibt sich aber eine Schwierigkeit bei der Abgrenzung dieser Fälle der Arbeitsbereitschaft von der eigentlichen Arbeitstätigkeit. Denn auch die Arbeit kann ganz oder teilweise in einer bloßen Kontrolltätigkeit, in der Beobachtung eines Vorgangs oder Zustandes bestehen und ist dann äußerlich von der Aufmerksamkeit, die in den genannten Fällen auch vom bloß arbeitsbereiten Arbeitnehmer verlangt wird, kaum zu unterscheiden. Man kann daher hier die Abgrenzung nur nach dem Maße der erforderlichen Achtsamkeit vornehmen. Arbeit liegt dann vor, wenn vom Arbeitnehmer eine Anspannung seiner geistigen Kräfte auf ein bestimmtes Ziel gefordert wird, bloße Arbeitsbereitschaft, wenn er die notwendige Aufmerksamkeit im Zustande geistiger Entspannung zu leisten imstande ist. So Kaskel: SchlWes. 1926, S. 76, zustimmend Mansfeld: NZfA., Sp. 605, LG. Dortmund vom 4. 2. 1926, NZfA. 1927, Sp. 57; LG. Dortmund vom 5. 3. 1926, JW. 1927, S. 1533. (Ähnlich unterscheidet § 13 Entw. zwischen „Beobachtung" und „dauernder angestrengter Aufmerksamkeit".) Daß auch eine solche im Entspannungszustande geleistete Achtsamkeit als Arbeitsbereitschaft im Sinne von § 2 AZVO. angesehen wird, ist unbedenklich, da diese Auslegung zweifellos dem Zweck der Vorschrift, für wenig anstrengende Tätigkeiten eine längere Arbeitsdauer zuzulassen, entspricht. Vgl. auch Begründung zum Entwurf S. 52: „Ausnahmsweise wird man auch solche Fälle unter den Begriff der Arbeitsbereitschaft fassen können, in denen dem Arbeitnehmer keine ihn voll in Anspruch nehmende Arbeit, sondern nur geringfügige Beobachtungspflichten obliegen". Wollte man den Begriff der Arbeitsbereitschaft auf diejenigen Fälle beschränken, in denen der Arbeitnehmer besonders zur Arbeit gerufen wird (so anscheinend Loewenthal: AR. 1927, Sp. 185fg.), so würde die Vorschrift nur auf eine verhältnismäßig kleine Zahl von Fällen anzuwenden sein; nicht einmal die Wächter würden darunter fallen.

Entscheidend für das Vorliegen von Arbeitsbereitschaft ist das Maß der erforderlichen Aufmerksamkeit, nicht das Maß der vom Arbeitnehmer übernommenen Verantwortung. Jeder Arbeitnehmer, der sich in Arbeitsbereitschaft befindet, ist verpflichtet, sofort in Tätigkeit zu treten, wenn es von ihm verlangt wird oder sonst notwendig erscheint, in diesem Sinne also für sein rechtzeitiges Eingreifen verantwortlich. Das gilt auch für diejenigen Arbeitnehmer, die während der Arbeitsbereitschaft keine Beobachtung zu leisten haben, und die Verantwortung kann auch bei ihnen eine große sein, z. B. bei Feuerwehrleuten. In den anderen Fällen kann die Größe der Verantwortung den Arbeitnehmer zu erhöhter Aufmerksamkeit nötigen, so daß vielleicht die Grenze der bloßen Arbeitsbereitschaft überschritten wird. Wo das nicht der Fall ist, ist die Verantwortung ohne Einfluß auf den Begriff der Arbeitsbereitschaft (vgl. Kaskel: SchlWes. 1926, S. 76, Mansfeld: NZfA. 1926, Sp. 606fg.; a. M. Schmaltz: AR. 1924, Sp. 923; Kühne: RABl. 1924, NAT. S. 154; Sinzheimer: Grundzüge S. 116).

Sachlich nicht gerechtfertigt ist auch die Einschränkung der Arbeitsbereitschaft auf solche Arbeitnehmer, die nicht unmittelbar an der Gütererzeugung beteiligt sind (dafür Klehmet: RABl. 1925, NAT. S. 463, ähnlich § 13 Entw. für die Maschinenwärter; dagegen Mansfeld: NZfA. 1926, Sp. 608, Erdmann, Anm. 1 zu § 2). Wenn die Verordnung bei Bemessung der Arbeitsdauer das Maß der geistigen und körperlichen Inanspruchnahme des Arbeitnehmers berücksichtigen will, so muß es belanglos sein, ob seine Tätigkeit sich innerhalb oder außerhalb des eigentlichen Produktionsprozesses abspielt.

3 Die Berücksichtigung der Arbeitsbereitschaft bei der Festsetzung der Arbeitszeit setzt eine besondere Regelung voraus. Nur wenn diese vorliegt, darf der Arbeitnehmer in Ermangelung sonstiger Ausnahmegründe über die in § 1 Satz 2 und 3 festgesetzte Arbeitszeit hinaus beschäftigt werden. (Abweichend hiervon soll nach § 13 Abs. 1 Entw. eine längere Arbeitszeit bei den dort genannten Arbeitnehmergruppen ohne weiteres zulässig sein.)

Die Sonderregelung nach § 2 kann entweder für ganze Gewerbezweige oder nur für einzelne Arbeitnehmergruppen getroffen werden. Daß in einem bestimmten Gewerbezweige sämtliche Arbeitnehmer regelmäßig und in erheblichem Umfange bloße Arbeitsbereitschaft zu leisten haben, wird kaum vorkommen. Man pflegt deshalb auch zur Feststellung der Arbeitsbereitschaft auf die Tätigkeit des Arbeitnehmers, nicht auf den Betrieb, in dem er beschäftigt ist, abzustellen, wobei etwa die Feuerwehrleute, Heilgehilfen, Wächter, Pförtner, Ausläufer, Kraftfahrzeugführer usw. hervorzuheben sind (vgl. § 13 Entw.). Da aber auch bei diesen Gruppen die Art wie ihre Arbeitskraft verwendet wird, je nach dem Gewerbezweige verschieden sein kann, empfiehlt es sich, die Regelung jedesmal für einzelne Arbeitnehmergruppen innerhalb eines bestimmten Gewerbezweiges zu treffen (vgl. Potthoff I, 3c zu § 2). Das ergibt sich übrigens meist ganz von selbst, wenn diese Arbeitsverhältnisse durch Tarifvertrag geregelt werden, der regelmäßig nur für einen bestimmten Gewerbezweig gilt und innerhalb dieses „beruflichen Geltungsbereichs" die Arbeitszeit der Arbeitnehmergruppen, auf welche die Voraussetzungen des § 2 zutreffen, besonders festsetzen kann. In jedem Falle muß die Regelung eine generelle sein, den Gewerbezweig oder die Gruppe als solche, nicht den einzelnen Arbeitnehmer betreffen. Es darf auch nicht dem Arbeitgeber überlassen werden, von Fall zu Fall zu entscheiden, ob beim einzelnen Arbeitnehmer in erheblichem Umfange Arbeitsbereitschaft vorliegt (so verfährt m. E. unzulässigerweise, der von Potthoff: AR. 1928, Sp. 150f., mitgeteilte Tarifvertrag für das Münchner Gasthausgewerbe). Dadurch kann es geschehen, daß eine Verlängerung der Arbeitszeit nach § 2 für den einzelnen Arbeitnehmer unzulässig ist, wenn zwar auf ihn selbst, nicht aber auf die Gruppe, zu der er gehört, die Voraussetzung des § 2 zutrifft.

4 Die Arbeitsbereitschaft muß regelmäßig und in erheblichem Umfange vorliegen, d. h. die Inanspruchnahme des Arbeitnehmers muß im regelmäßigen Verlauf der Dinge zu einem erheblichen Teile in bloßer Arbeitsbereitschaft bestehen. Gelegentliche zufällige Unterbrechungen der Arbeit berechtigen nicht zu einer Verlängerung der Arbeitszeit nach § 2 und würden auch durch die geforderte generelle Regelung gar nicht erfaßt werden können. Vielmehr muß das Vorkommen von bloßer Arbeitsbereitschaft, wie § 13 Abs. 4 Entw. es ausdrückt (vgl. auch Begründung dazu S. 52), im Wesen der zu leistenden Arbeit begründet sein. Trifft das aber zu, so kann von der nach § 2 verlängerten Arbeitszeit auch dann Gebrauch gemacht werden, wenn im Einzelfalle einmal die Dauer der bloßen Arbeitsbereitschaft gegenüber der Arbeitstätigkeit stark zurücktritt. Ob Arbeitsbereitschaft von erheblichem Umfange vorliegt, kann nur aus der Natur der dem Arbeitnehmer obliegenden Funktionen entnommen werden, wobei es nicht angängig ist, einen willkürlich gewählten Zeitraum, z. B. die tägliche Arbeitszeit

von 8 oder 10 Stunden, herauszugreifen und zu prüfen, ob in dieser Zeit die Arbeitstätigkeit oder die Arbeitsbereitschaft überwiegt. Besteht freilich die Funktion des Arbeitnehmers während der normalen Arbeitszeit regelmäßig in reiner Arbeitstätigkeit ohne wesentliche Arbeitsbereitschaft, so geht schon hieraus hervor, daß die Arbeitsbereitschaft nicht im Wesen der von ihm zu leistenden Arbeit liegen kann und daß deshalb eine Verlängerung der Arbeitszeit nach § 2 nicht in Frage kommt (im Ergebnis ebenso Kaskel: SchlWes. 1926, S. 76).

Übrigens wird es bei den hierher gehörigen Arbeitsverhältnissen häufig vorkommen, daß der Zustand der Arbeitsbereitschaft an Ausdehnung die Arbeitstätigkeit bei weitem übertrifft, so daß es nicht immer angebracht ist, von Unterbrechungen der Arbeit zu reden (so § 13 Abs. 4 Entw.), da vielmehr umgekehrt auch die Arbeit als Unterbrechung der Arbeitsbereitschaft erscheinen kann. (So unterscheidet auch Art. 3 der ital. Verordnung vom 15. 3. 1923 die unterbrochene Beschäftigung von der Tätigkeit, die in einfacher Aufmerksamkeit oder Überwachung besteht.)

5 Die „abweichende Regelung" nach § 2 kann auf zweierlei Art getroffen werden, durch Tarifvertrag oder durch Verordnung des Reichsarbeitsministers.

a) Über den Begriff des Tarifvertrags vgl. die Erläuterungen zur Tarifverordnung in diesem Handbuch. Der Tarifvertrag kann durch freie Vereinbarung oder durch verbindlichen Schiedsspruch zustande gekommen sein, es kann sich um einen Reichs-, Bezirks-, Orts- oder Firmentarif handeln. Zwar ist im allgemeinen nur der Reichstarif imstande, die Verhältnisse gewisser Arbeitnehmergruppen für einen ganzen Gewerbezweig (vgl. oben 2) zu regeln. Die Tarifverträge mit kleinerem räumlichen Geltungsbereich werden regelmäßig nur einen bestimmten Ausschnitt aus dem gesamten Gewerbe erfassen. Innerhalb desselben können sich infolgedessen sachlich nicht begründete lokale Verschiedenheiten für die gleichen Arbeitnehmergruppen ergeben. Das läßt sich jedoch nicht vermeiden, solange man überhaupt die Berücksichtigung der Arbeitsbereitschaft bei Festsetzung der Arbeitszeit von einer tariflichen Regelung abhängig macht. Dem Erfordernis der generellen Regelung (vgl. oben 3) muß aber stets, selbst beim Firmentarif, entsprochen werden.

Die Bedeutung der tariflichen Regelung für die hier in Frage kommenden Arbeitsverhältnisse besteht in folgendem: Da sich der angestellte Arbeitnehmer nicht zu einzelnen bestimmten Arbeitsleistungen verpflichtet, sondern dem Arbeitgeber die Verfügung über seine Arbeitskraft eingeräumt hat, so bestimmt der Arbeitgeber innerhalb der gesetzlichen Schranken einseitig die Dauer der Arbeitszeit mit der Wirkung, daß der Arbeitnehmer dieser Anordnung Folge zu leisten hat. Durch § 2 AZVO. ist nun den Tarifparteien die Möglichkeit gegeben, die Höchstgrenze für die Dauer der Arbeitszeit, wie sie im § 1 Satz 2 und 3 gezogen ist, hinauszurücken. Soweit sie hiervon Gebrauch gemacht haben, kann der Arbeitgeber sein Anordnungsrecht in dem so erweiterten Rahmen ausüben. Öffentlichrechtlich bedeutet das, daß der Arbeitgeber sich nicht nach Maßgabe des § 11 AZVO. strafbar macht, wenn er den Arbeitnehmer über die Normaldauer hinaus, aber innerhalb der tariflichen Grenzen, tatsächlich beschäftigt, privatrechtlich, daß der Arbeitnehmer verpflichtet ist, den Anordnungen des Arbeitgebers in bezug auf die Dauer der Arbeitszeit zu folgen, solange sie sich im Rahmen des Tarifvertrags halten, weil sie insoweit gesetzlich zulässig und also rechtswirksam sind. Der Verpflichtungsgrund für den einzelnen Arbeitnehmer, die längere Arbeitszeit einzuhalten, liegt also bereits in seinem Anstellungsvertrage, dessen auf Bereitstellung der ganzen Arbeitskraft gerichteter Inhalt sich hier, bei Erleichterung der sonst geltenden Arbeitszeitbeschränkungen, stärker auswirken kann. Ein besonderer Verpflichtungsgrund braucht deswegen nicht erst gesucht zu werden. Daß die tarifliche Verlängerung der Arbeitszeit nach § 2 möglicherweise lediglich öffentlich-rechtliche Bedeutung habe (vgl. Jacobi: Grundlehren des Arbeitsrechts, S. 214), kann hiernach nicht zugegeben werden, die privatrechtliche Wirkung ist vielmehr immer damit verbunden.

Tarifbestimmungen nach § 2 gehören in jedem Falle zum normativen Teil des Tarifvertrags, weil sie die Rechte und Pflichten der Parteien des Arbeitsvertrags betreffen. Sie können daher für allgemeinverbindlich erklärt werden (§ 2 TarVO.) und äußern dann die gleiche Wirkung auch auf die Arbeitsverträge der Außenseiter.

b) Außer durch Tarifvertrag kann die abweichende Regelung nach § 2 auch durch den Reichsarbeitsminister getroffen werden. Da es sich dabei um eine generelle, nicht auf den Einzelfall zugeschnittene Regelung handelt, hat die Maßnahme den Charakter einer Rechtsverordnung, zu deren Erlaß der Reichsarbeitsminister durch die AZVO. ermächtigt ist. Doch ist diese Form der Regelung an die Voraussetzung gebunden, daß ein Tarifvertrag für den Bereich der in Aussicht genommenen Verordnung entweder nicht besteht oder doch Arbeitsverhältnisse dieser Art nicht berücksichtigt. Das Verordnungsrecht des Reichsarbeitsministers wird also für einen bestimmten beruflichen oder räumlichen Bereich nicht dadurch ausgeschlossen, daß für den gleichen Beruf in einem andern Bezirk oder im gleichen Bezirk für einen andern Gewerbezweig eine tarifliche Regelung besteht (vgl. Syrup I, S. 64 Anm. 7). Die Verordnung braucht sich, wie hieraus hervorgeht, ebensowenig wie der Tarifvertrag auf einen ganzen Gewerbezweig oder eine ganze Arbeitnehmergruppe für das gesamte Reichsgebiet zu beziehen. Verordnungen für einzelne Betriebe, entsprechend den Firmentarifen, kommen freilich kaum in Frage (vgl. Rohmer, Anm. 3 zu § 2). Aus welchem Grunde ein Tarifvertrag nicht zustande gekommen ist oder die Fälle der Arbeitsbereitschaft nicht geregelt hat, ist belanglos. Besteht die Aussicht, daß eine tarifliche Regelung, wenn auch vielleicht nur im Wege des Schlichtungsverfahrens, demnächst getroffen werden wird, so wird der Reichsarbeitsminister von seinem Verordnungsrecht meist schon deshalb keinen Gebrauch machen, weil seine Regelung der späteren tariflichen Regelung weichen müßte (so mit Recht Syrup I, Anm. 9 zu § 2, Erdmann, Anm. 2 zu § 2, Potthoff III, 3e zu § 2). Doch können die Verhältnisse auch ein sofortiges Eingreifen des Reichsarbeitsministers verlangen. Jedenfalls brauchen die Möglichkeiten, einen Tarifvertrag zustandezubringen, nicht erschöpft zu sein, ehe der Reichsarbeitsminister tätig wird (Erdmann, Anm. 2 zu § 2, Potthoff III, 3c zu § 2).

Eine tarifliche Regelung fehlt nicht, sondern ist vorhanden, wenn aus dem Tarifvertrag hervorgeht, daß eine Verlängerung der Arbeitszeit mit Rücksicht auf das Vorliegen von Arbeitsbereitschaft nicht zugelassen werden sollte. In diesem Falle kann also nicht der Reichsarbeitsminister entgegen dem Willen der Tarifparteien eine abweichende Regelung treffen (so mit Recht Potthoff III, 3b zu § 2). Schweigt der Tarifvertrag über derartige Arbeitsverhältnisse, so ist es Auslegungsfrage, ob die Verlängerung der Arbeitsdauer damit negativ oder überhaupt nicht geregelt werden sollte.

Daß der Reichsarbeitsminister seine Verordnung nur auf Antrag erlassen könnte, ist nirgends bestimmt und deshalb nicht anzunehmen (a. M. Potthoff III, 3d zu § 2, und ähnlich Syrup I, Anm. 8 zu § 2). Auch § 13 Abs. 4 Entw. sieht einen solchen Antrag nicht vor.

Bevor der Reichsarbeitsminister die Verordnung erläßt, hat er die beteiligten wirtschaftlichen Vereinigungen der Arbeitgeber und Arbeitnehmer zu hören. Über diesen Begriff s. dieses Handbuch zu § 1 TarVO. Es handelt sich um Vereinigungen, deren Aufgabe in der Einwirkung auf die Löhne und sonstigen Arbeitsbedingungen besteht und die in ihrer Organisation und Zusammensetzung den damit verbundenen Anforderungen genügen. Beteiligt sind sie, wenn ihr räumlicher und beruflicher Bezirk von der Verordnung des Reichsarbeitsministers berührt werden würde (vgl. Syrup I, Anm. 11 zu § 2). Die Zustimmung der Vereinigungen zu der Verordnung ist nicht erforderlich.

Die Verordnungsbefugnis des Reichsarbeitsministers hat unter der Herrschaft der AZVO. keine praktische Bedeutung erlangt. Um so größer würde diese voraussichtlich nach § 13 Entw. werden, der eine Verlängerung der Arbeitszeit bei Arbeitsbereitschaft außer in den gesetzlich ausdrücklich geregelten Fällen nur für die vom Reichsarbeitsminister benannten Arbeitnehmergruppen zuläßt, die tarifliche Regelung also gänzlich ausschließt.

6 Die Verordnung läßt eine von § 1 Satz 2 und 3 abweichende Regelung der Arbeitszeit nur unter den im § 2 näher bezeichneten Voraussetzungen zu. Es fragt sich, ob und inwieweit das Vorliegen dieser Voraussetzungen allgemein oder für den Einzelfall gerichtlich nachgeprüft werden kann, wenn eine abweichende Regelung getroffen worden ist. Eine solche Nachprüfung käme sowohl für den Zivil- als auch für den Strafrichter in Frage. Für den Zivilrichter z. B., wenn ein Arbeitnehmer die Leistung der längeren Arbeitszeit mit der Behauptung verweigert, ein Fall von Arbeitsbereitschaft im Sinne des § 2 läge bei ihm nicht vor, so daß nunmehr seine vertragliche Verpflichtung festgestellt werden müßte; für den Strafrichter, wenn dem Arbeitgeber die Überschreitung der regelmäßigen gesetzlichen Arbeitszeit zur Last gelegt wird. Hat man es mit einer Verordnung des Reichsarbeitsministers zu tun, so kann sich die Nachprüfung nur darauf erstrecken, ob eine gültige Verordnung überhaupt vorliegt und ob die formellen Voraussetzungen für ihren Erlaß gegeben sind. Dazu gehört vor allem, daß eine tarifliche Regelung nicht besteht oder doch Arbeitsverhältnisse dieser Art nicht berücksichtigt, und daß vorher die beteiligten wirtschaftlichen Vereinigungen der Arbeitgeber und Arbeitnehmer gehört worden sind. Fehlt es an diesen Voraussetzungen, so würde der Reichsarbeitsminister die ihm erteilte Ermächtigung zur Aufstellung von Rechtssätzen überschreiten, was Nichtigkeit der Rechtsverordnung zur Folge hätte (vgl. Rohmer, Anm. 3 zu § 2, Potthoff, III 2b zu § 2). Dagegen hat das Gericht nicht darüber zu befinden, ob der Reichsarbeitsminister mit Recht angenommen hat, daß regelmäßig und in erheblichem Umfange Arbeitsbereitschaft vorliegt. Denn diese Frage ist vom Reichsarbeitsminister nach pflichtgemäßem Ermessen zu entscheiden und daher der gerichtlichen Nachprüfung entzogen. Ob die Arbeitsbereitschaft im Einzelfalle dem § 2 entspricht, ist angesichts der generellen Regelung ohnedies belanglos, vorausgesetzt, daß der Einzelfall überhaupt von der getroffenen Regelung ergriffen wird.

Entsprechendes muß aber auch für den Tarifvertrag gelten. Zwar ist hier nicht in gleichem Maße wie bei der Verordnung des Reichsarbeitsministers eine Gewähr für die objektiv richtige Beurteilung des zugrunde liegenden Sachverhalts gegeben. Doch geht die AZVO. hier und an andern Stellen, wo sie die Lockerung des öffentlich-rechtlichen Arbeitszeitschutzes durch tarifliche Vereinbarung zuläßt (vgl. §§ 5, 7), mit Recht davon aus, daß ein Mißbrauch durch die wirtschaftliche und soziale Ebenbürtigkeit der Tarifparteien im allgemeinen ausgeschlossen werden wird. Die Gerichte sind also auch hier auf die Nachprüfung beschränkt, ob ein gültiger Tarifvertrag vorliegt und ob darin die Ausdehnung der Arbeitszeit, soweit sie nicht schon durch § 5 AZVO. gedeckt ist, unter dem Gesichtspunkte der Arbeitsbereitschaft vorgenommen wurde. Nur in den praktisch kaum denkbaren Fällen, in denen ganz offensichtlich ein „agere in fraudem legis" seitens der Tarifparteien festzustellen ist, könnte die tarifliche Regelung für ungültig erklärt werden. Im übrigen hilft gegebenenfalls das behördliche Beanstandungsrecht nach § 5 Abs. 2 TarVO.

7 Eine obere Grenze, bis zu der die Arbeitszeit nach § 2 ausgedehnt werden darf, ist in der AZVO. nicht vorgesehen (vgl. AusfBest. zu § 2). Das ist durch die neue Fassung des § 9 jetzt gegen alle Zweifel klargestellt. Die Arbeitsbereitschaft ist zwar ebenso wie die Arbeitstätigkeit in die Arbeitszeit einzurechnen (s. oben 1; a. M. Erdmann, Anm. 4 zu § 2), diese selbst aber darf mit Rücksicht auf das Vorliegen von Arbeitsbereitschaft eine Ausdehnung erfahren, die gesetzlich im allgemeinen nicht begrenzt ist. Doch muß verlangt werden, daß die nach § 2 getroffene Regelung die Dauer der zulässigen (verlängerten) Arbeitszeit selbst festsetzt. Eine Bestimmung, wonach die Arbeitsbereitschaft in die Arbeitszeit nicht mit einzurechnen oder nur zu einem bestimmten Prozentsatz zu berücksichtigen sei, wäre unzulässig, weil in ihren Wirkungen nicht übersehbar (a. M. Mansfeld, NZfA. 1926, Sp. 609, scheinbar auch Erdmann, Anm. 4 zu § 2). Übrigens würde sie auch Anlaß zu fortgesetztem Streite geben.

Der Grundsatz, daß die Arbeitszeit des § 2 nach oben nicht begrenzt ist, erfährt jedoch folgende Einschränkungen:

a) Die allgemein gesetzlichen Vorschriften über den Schutz der Arbeitnehmer, insbesondere der weiblichen und jugendlichen Arbeitnehmer, bleiben auch in diesem Falle unberührt (§ 9 Abs. 2 AZVO. und AusfBest. zu § 2). Vgl. hierzu Anm. 13 zu § 1. Gerade hieran zeigt sich, daß auch die Arbeitsbereitschaft in die Arbeitszeit eingerechnet wird. Namentlich sind also die in §§ 135ff. GO. vorgeschriebenen Höchstarbeitszeiten auch beim Vorliegen von Arbeitsbereitschaft zu beachten;

b) Wenn die nach § 2 getroffene tarifliche Regelung mit dem Sinn des öffentlich-rechtlichen Arbeitnehmerschutzes nicht vereinbar und der Tarifvertrag auch nicht für allgemein verbindlich erklärt ist, so kann sie von der obersten Landesbehörde oder — wenn der Tarifvertrag für mehrere Länder gilt — vom Reichsarbeitsminister beanstandet werden. Wird sie nicht innerhalb einer festzusetzenden Frist geändert, so kann die oberste Landesbehörde oder der Reichsarbeitsminister selbst die zulässige Dauer der Arbeitszeit bestimmen (§ 5 Abs. 2, 4 AZVO.). Vorherige Anhörung der beteiligten wirtschaftlichen Vereinigungen der Arbeitgeber und Arbeitnehmer ist in diesem Fall nicht vorgeschrieben, aber zu empfehlen. Näheres über dieses Beanstandungsrecht s. Anm. 8 zu § 5.

8 Die mehrfach erörterte Frage, ob Arbeitsbereitschaft auch in den Arbeitspausen zulässig sei, ist schief gestellt. Während der Pausen befindet sich der Arbeitnehmer in Arbeitsruhe, die im Gegensatze nicht nur zu der eigentlichen Arbeitstätigkeit, sondern auch zur Arbeitsbereitschaft steht. Wird also vom Arbeitnehmer auch „während der Pausen" eine Arbeitsbereitschaft verlangt, so wird ihm in Wahrheit die Pause entzogen (A. M. Oertmann: Gutachten in der Arbeitsrechtlichen Beilage zu den Mitteilungen der Vereinigung der deutschen Arbeitgeberverbände 1927, Heft 11, S. 92; LG. Duisburg vom 12. 11. 1926, SchlWes. 1927, Sp. 151; LAG. Essen vom 19. 10. 1927, Bensh. Samml. Bd. I, Nr. 131 (LAG.), S. 370f., die zwischen Arbeitsbereitschaft während der Arbeitszeit und Arbeitsbereitschaft während der Pausen unterscheiden wollen). Ob das zulässig ist, hängt davon ab, ob dem Arbeitnehmer ein gesetzlicher oder vertraglicher Anspruch auf die Pause zusteht, was bei erwachsenen männlichen Arbeitern nicht der Fall zu sein braucht (vgl. aber § 134b Abs. 1 Nr. 1 GO.). Besteht ein solcher Anspruch, so ist es jedenfalls nicht zulässig, vom Arbeitnehmer während der Pause auch nur eine „allgemeine Beobachtung und Aufmerksamkeit", d. h. eben Arbeitsbereitschaft zu verlangen. Sieht freilich der maßgebende Tarifvertrag selbst „Pausen mit Arbeitsbereitschaft" vor (vgl. das im Urteil des LAG. Essen vom 19. 10. 1927, Bensh. Samml. Bd. I, S. 370, erwähnte Mehrarbeitsabkommen zum Rahmentarif für das Rheinisch-Westfälische Steinkohlenrevier), so ist damit zum Ausdruck gebracht, daß für die betreffenden Arbeitnehmer die Pause im Hinblick auf das Vorliegen bloßer Arbeitsbereitschaft wegfallen soll. Eine solche Regelung ist möglich, soweit kein gesetzlicher Anspruch auf die Pause besteht (vgl. Kaskel, SchlWes. 1926, S. 76, Mansfeld, NZfA. 1926, Sp. 609f.). Hervorzuheben ist noch, daß es dem Begriff der Pause nicht zuwiderläuft, wenn der Arbeitnehmer im Bedarfsfalle auf besondere Aufforderung hin die Pause unterbrechen und eine Arbeit ausführen muß. Denn das gilt auch für die eigentlichen Ruhezeiten. Nur darf er nicht verpflichtet sein, sich für ein solches sofortiges Eingreifen besonders bereitzuhalten und noch viel weniger, den Platz an seiner Maschine nicht zu verlassen. Denn damit wäre eben der Fall der Arbeitsbereitschaft gegeben.

9 Über die Bezahlung der Arbeitsbereitschaft bestimmt die AZVO. nichts. Der gesetzliche Anspruch auf Sondervergütung nach § 6a besteht nicht, wenn die regelmäßige Arbeitszeit auf Grund von § 2 verlängert worden ist. Die Vertragsparteien haben also freie Hand. Meistens wird der Tarifvertrag auch die Bezahlung regeln. Enthält er keine Sondervorschrift für die Fälle der Arbeitsbereitschaft, so haben die betreffenden Arbeitnehmer Anspruch auf den normalen Tariflohn. Doch kann eine Tarifbestimmung, wonach Arbeitsbereitschaft auch „während der Pausen" zu leisten ist (vgl. oben 8), darauf hindeuten, daß die Parteien für diese Zeit die Bezahlung ausschließen wollten. So im Ergebnis auch LAG. Essen vom 19.10.1927, Bensh. Samml. Bd. I, S. 370f.

§ 3[1]

Unbeschadet der im § 10 vorgesehenen Ausnahmen dürfen die Arbeitnehmer eines Betriebes oder einer Betriebsabteilung[2] nach Anhörung der gesetzlichen Betriebsvertretung[3] über die im § 1 Satz 2 und 3 vor-

geschriebene Höchstarbeitszeit hinaus an dreißig der Wahl des Arbeitgebers überlassenen Tagen im Jahre mit Mehrarbeit bis zu zwei Stunden[4] [5] beschäftigt werden[6–8].

[1] In Erweiterung einer schon früher in § 5 AngAZVO. enthaltenen Vorschrift gestattet § 3 dem Arbeitgeber, die Arbeitszeit an 30 seiner Wahl überlassenen Tagen im Jahre um höchstens zwei Stunden zu verlängern. Dadurch soll ihm eine gewisse Bewegungsfreiheit für solche Fälle gegeben werden, in denen ein Bedürfnis nach Mehrarbeit so plötzlich auftritt, daß sofort mit der Mehrarbeit begonnen werden muß, ein zeitraubendes Genehmigungsverfahren daher nicht erst durchgeführt werden kann (amtl. Begründung zu § 3). Es braucht sich nicht, wie im § 10, um außergewöhnliche Fälle zu handeln, vielmehr ist in § 3 hauptsächlich an plötzlichen Eingang eiliger Aufträge u. ä. zu denken. Daß ein berechtigtes wirtschaftliches Bedürfnis nach Mehrarbeit besteht, ist zwar in § 3 offenbar vorausgesetzt, von der Verordnung aber wohlweislich nicht zum Tatbestandsmerkmal gemacht worden, da sonst die Zulässigkeit der Mehrarbeit von dem (im Streitfalle gerichtlich nachzuprüfenden!) Vorliegen eines solchen Bedürfnisses abhinge. (Anders und wenig zweckmäßig § 14 Abs. 1 Entw.) Der Arbeitgeber braucht also, wenn er von der Mehrarbeit Gebrauch macht, ihre Notwendigkeit nicht nachzuweisen (ebenso Potthoff I, 1 zu § 3; LG. Braunschweig vom 22. 11. 1924, JW. 1925, S. 1904).

[2] Die Mehrarbeit ist nur für die Arbeitnehmer des ganzen Betriebs oder einer Betriebsabteilung zugelassen. Wenn es auch nicht unbedingt notwendig ist, daß jedesmal sämtliche Arbeitnehmer des Betriebs oder der Abteilung an der Mehrarbeit teilnehmen, so muß diese doch immer den Betrieb oder die Abteilung als solche betreffen. Einzelne Gruppen von Arbeitnehmern oder einzelne Arbeitnehmer, wenn sie nicht eine Abteilung bilden, dürfen mit Mehrarbeit nach § 3 nicht beschäftigt werden, auch nicht mit der Maßgabe, daß ihre Mehrarbeit dem Betrieb oder der Abteilung angerechnet wird. So mit Recht RAM. vom 2. 5. 1924, RABl. 1924 AT., S. 185, Klehmet I, Anm. 1; ungenau Syrup I, Anm. 2 zu § 3, Potthoff I, 3b zu § 3, die auch die (unzulässige!) Überarbeit eines einzigen Arbeitnehmers auf die 30 Tage anrechnen wollen. Wird die Mehrarbeit nur für eine einzelne Abteilung in Anspruch genommen, so sind die Mehrarbeitstage auch nur dieser Abteilung anzurechnen (RAM. vom 2. 5. 1924, RABl. 1924 AT., S. 185, Erdmann, Anm. 2, Syrup I, Anm. 2, Klehmet I, Anm. 3 zu § 3). Über den Begriff der Betriebsabteilung siehe Anm. 8 zu § 1. Die Behauptung Potthoffs I, 3c zu § 3, daß dieser Begriff hier besonders eng auszulegen sei und demnach z. B. das Kontorpersonal nicht nach § 3 länger beschäftigt werden dürfe, wenn das Fabrikpersonal schon an 30 Tagen Mehrarbeit geleistet habe, ist ungerechtfertigt.

[3] Voraussetzung für die öffentlichrechtliche Zulässigkeit der Mehrarbeit und damit auch für die privatrechtliche Wirksamkeit der darauf gerichteten Anordnungen des Arbeitgebers ist die vorherige Anhörung (nicht Zustimmung) der gesetzlichen Betriebsvertretung. Vgl. hierüber Anm. 9 zu § 1. Die Anhörung oder Zustimmung der einzelnen Arbeitnehmer ist weder erforderlich noch genügend (Potthoff I, 2c).

[4] Nach § 3 darf die in § 1 Satz 2 und 3 vorgeschriebene Höchstarbeitszeit an 30 Tagen im Jahre um höchstens 2 Stunden überschritten werden.

a) Die Auswahl der Tage ist dem Arbeitgeber überlassen, der sie beliebig verteilen, also auch die Mehrarbeit für 30 aufeinanderfolgende Tage anordnen kann (RAM. vom 8. 3. 1924, RZfA. 1924, Sp. 375). Zugrundezulegen ist das Kalenderjahr. Die Zahl von 30 Tagen darf auch dann nicht überschritten werden, wenn am einzelnen Tage die Mehrarbeitsmöglichkeit von 2 Stunden nicht voll ausgenutzt worden ist. (Abw. will § 14 Abs. 1 Entw. eine Mehrarbeit von 60 Stunden im Jahre gestatten.)

b) Die in § 1 Satz 2 und 3 vorgeschriebene Höchstarbeitszeit kann an diesen 30 Tagen täglich um höchstens 2 Stunden überschritten werden. Da nun schon nach § 1 Satz 3 die tägliche Arbeitszeit im Wege des Ausgleichs über 8 Stunden hinaus verlängert werden darf, würde in diesem Falle die zweistündige Mehrarbeit nach § 3 eine tägliche Arbeitszeit von mehr als 10 Stunden ergeben. § 9 AZVO. schreibt aber eine Höchstarbeitsdauer von 10 Stunden täglich auch bei Anwendung der Ausnahme des § 3 vor. Der Arbeitgeber wird infolgedessen neben dem Ausgleich nach § 1 Satz 3 die Mehrarbeitsmöglichkeit des § 3 in der Regel nicht voll ausnützen können. Von Bedeutung ist sie aber insofern, als sie die Grundlage für eine Ausnahmegenehmigung nach § 9 Abs. 1 Satz 1 Halbsatz 2 bilden kann. Näheres darüber siehe in den Erläuterungen zu § 9.

Auf der anderen Seite gestattet § 3 dem Arbeitgeber nur, die zweistündige Mehrarbeit an 30 Tagen der in § 1 Satz 2 und 3 vorgeschriebenen Höchstarbeitszeit, also der regelmäßigen gesetzlichen Arbeitszeit hinzuzufügen. Wird deshalb die regelmäßige Arbeitszeit von 8 Tagesstunden bzw. 48 Wochenstunden bereits auf Grund einer anderen Ausnahmebestimmung der Verordnung (z. B. nach §§ 4, 5 oder 6) überschritten, so darf die hiernach verlängerte Arbeitszeit nicht nochmals um die beiden Mehrarbeitsstunden des § 3 ausgedehnt werden (a. M. Potthoff I, 3d zu § 3). Das wird sich zwar in der Regel schon deshalb verbieten, weil § 9 AZVO. die Dauer der Arbeitszeit auch bei Anwendung der in den §§ 3—7 bezeichneten Ausnahmen mit 10 Stunden begrenzt. Da aber ausnahmsweise eine Überschreitung der Zehnstundengrenze zugelassen ist, kann der hervorgehobene Grundsatz auch praktisch bedeutsam werden.

Diese Feststellung, die sich aus dem Wortlaut des § 3 ergibt, darf aber nicht dahin mißverstanden werden, als ob § 3 nicht auch neben einer anderen Ausnahmebestimmung angewandt werden dürfe. Das Gegenteil ergibt sich für den Fall des Tarifvertrags aus der ausdrücklichen Bestimmung des § 5 Abs. 5 AZVO., muß aber aus allgemeinen Erwägungen auch sonst gelten. Ist die Mehrarbeit auf Grund des § 3 zulässig, so kann sich der Arbeitgeber auf diese Vorschrift stützen, auch wenn ihm gleichzeitig eine andere Ausnahmebestimmung Mehrarbeit von gleichem oder geringerem Umfange gestattet (namentlich der zweite Fall wird praktisch werden). Es genügt, daß überhaupt ein genügender Rechtsgrund für die Mehrarbeit vorliegt (vgl. Erdmann, Anm. 1 zu § 3, L. Richter: Rechtsgutachten zur Arbeitszeitfrage, herausgeg. vom Deutschen Textilarbeiterverband, Berlin 1928, S. 13f.). Darf also z. B. der Arbeitgeber die Arbeitnehmer auf Grund Tarifvertrags (§ 5) oder behördlicher Zulassung (§ 6) täglich 9 Stunden beschäftigen, so steht es ihm frei, die Arbeitszeit, unter Berufung auf § 3, zwar nicht auf 11, wohl aber bis auf 10 Stunden auszudehnen. Es kann ihm nicht verwehrt werden, von dem weitergehenden Rechte Gebrauch zu machen. Im Falle des Tarifvertrags wird freilich stets zu prüfen sein, ob dieser nicht die privatrechtliche Befugnis des Arbeitgebers zur Anordnung von Mehrarbeit auf das im Tarifvertrag vorgesehene Maß beschränken will. Wenn das zutrifft, so ist die Anordnung zur Leistung von übertariflicher Mehrarbeit trotz ihrer öffentlich-rechtlichen Zulässigkeit für den Arbeitnehmer nicht rechtsverbindlich. Das wird nicht berücksichtigt in den Urteilen AG. Osnabrück vom 18. 6. 1924, SchlWes. 1924, S. 121 und LG. Osnabrück vom 16. 10. 1924, SchlWes. 1924, S. 196. Wie hier Syrup I, S. 96 Anm. 1a; Potthoff II, 7c, d zu § 3; L. Richter a. a. O., S. 23f. Aus diesem Grunde hat die Mehrarbeit nach § 3 während des Bestehens eines Tarifvertrags regelmäßig wenig praktische Bedeutung. Vgl. die Erläuterungen zu § 5 Anm. 12. Sie dient dagegen häufig dem Zwecke, nach Ablauf eines Tarifvertrags, der eine längere Arbeitszeit vorsah, bis zum Inkrafttreten eines neuen Tarifvertrags einer Einbuße an Arbeitsstunden vorzubeugen (vgl. LG. Braunschweig vom 22. 11. 1924, JW. 1925, S.1904).

Liefert § 3 einen selbständigen Rechtsgrund für die Zulässigkeit von Mehrarbeit, so versteht es sich von selbst, daß Mehrarbeit, die auf Grund anderer Bestimmungen der AZVO. geleistet worden ist, auf die nach § 3 zulässige Mehrarbeit nicht anzurechnen ist. In bezug auf die nach § 1 Satz 3 zugelassene Mehrarbeit wird das in der amtlichen Begründung zu § 3 besonders hervorgehoben. Es muß aber auch sonst gelten. Hat der Arbeitgeber bisher lediglich auf Grund eines Tarifvertrages länger arbeiten lassen, so hat er von der Mehrarbeitsmöglichkeit des § 3 noch keinen Gebrauch gemacht und kann nunmehr nach Ablauf des Tarifvertrags auf § 3 zurückgreifen. Ebenso Erdmann, Anm. 1 zu § 3; LG. Braunschweig vom 22. 11. 1924, JW. 1925, S. 1904. Zu eng Syrup I, S. 98 Anm. 9, der nur in den Fällen der §§ 4, 9 Abs. 1 und 10 AZVO. die Anrechnung ausschließen will. Unrichtig LG. I Berlin vom 26. 11. 1925, NZfA. 1926, Sp. 763.

Gesetzlich zulässige Sonntagsarbeit ist auf die 30 Tage des § 3 gleichfalls nicht anzurechnen (AusfBest. zu § 3).

5 Für die Dauer der Mehrarbeit nach § 3 besteht eine doppelte Höchstgrenze. Einmal darf die nach § 1 Satz 2 und 3 vorgeschriebene Arbeitszeit am einzelnen Tage nur um höchstens 2 Stunden verlängert werden. Außerdem aber muß, sofern nicht eine besondere Ausnahmegenehmigung seitens der zuständigen Behörde erteilt wird, die Zehnstundengrenze eingehalten werden (§ 9 AZVO.). Beträgt die tägliche Arbeitszeit 8 Stunden, so fallen beide Grenzen zusammen. Wird aber innerhalb der 48-Stundenwoche oder der 96stündigen Doppelwoche an einzelnen Tagen gemäß § 1 Satz 3 länger gearbeitet, so steht die Zehnstundengrenze einer vollen Ausnutzung der beiden Mehrarbeitsstunden an diesen Tagen entgegen (vgl. oben Anm. 4). Genehmigt die Behörde aus dringenden Gründen des Gemeinwohls eine Überschreitung der 10 Stunden (§ 9), so ist zu beachten, daß die besonderen gesetzlichen Vorschriften über den Schutz der Arbeitnehmer, insbesondere der weiblichen und jugendlichen Arbeitnehmer, unberührt bleiben (§ 9 Abs. 2), was vor allem für gewerbliche Betriebe mit mindestens 10 Arbeitern bedeutsam sein kann (vgl. §§ 135ff. GO.).

6 Wegen der Frage, ob der Arbeitnehmer privatrechtlich verpflichtet ist, die Mehrarbeit nach § 3 zu leisten, wenn sie vom Arbeitgeber angeordnet wird, kann auf die Einleitung S. 6fg. verwiesen werden. Vgl. auch Anm. 5b zu § 1, Anm. 4a zu § 2. Darnach ist folgendes festzustellen: Die Verpflichtung des Arbeitnehmers kann nicht aus der AZVO. hergeleitet werden. Denn wenn es auch theoretisch denkbar wäre, daß das Gesetz unter bestimmten Voraussetzungen dem Arbeitnehmer eine Verpflichtung zur Mehrarbeit auferlegt, so müßte ein dahin-

gehender Wille des Gesetzes klar und deutlich zum Ausdruck gebracht sein. Das muß um so mehr verlangt werden, als eine derartige Regelung zum mindesten ungewöhnlich wäre und sich schlecht in den Rahmen einer Verordnung fügen würde, die dem öffentlich-rechtlichen Schutze der Arbeitnehmer dient. § 3 sagt aber nur, daß die Arbeitnehmer „mit Mehrheit beschäftigt werden dürfen". Von einer Verpflichtung ist keine Rede. Demgegenüber ist die etwas unklare Wendung in der amtlichen Begründung, daß es sich aus wirtschaftlichen Gründen als notwendig erwiesen habe, in einzelnen Beziehungen auch in das Verhältnis der Vertragsparteien zueinander regelnd einzugreifen, ohne Bedeutung, zumal völlig offen bleibt, in welchem Umfange das geschehen ist (vgl. Potthoff II, 1 zu § 3, Lutz Richter: Rechtsgutachten zur Arbeitszeitfrage, herausgeg. vom Deutschen Textilarbeiterverband, Berlin 1928, S. 18f., und dort Zitierte; Rohmer, Anm. 1 zu § 3; Syrup I S. 95; LG. I Berlin vom 12. 2. 1925, NZfA. 1925, Sp. 311; LG. Potsdam vom 9. 10. 1924, NZfA. 1925, Sp. 119; LG. I Berlin vom 26. 11. 1925, NZfA. 1926, Sp. 763; LAG. Görlitz vom 9. 2. 1928, Bensh. Samml. Bd. II, Nr. 41 (LAG.), S. 126; a. M. Klehmet I, Anm. 2 zu § 3 und NZfA. 1925, Sp. 257; LG. Hagen vom 4. 6. 1926, RABl. 1926 AT., S. 319; LG. Braunschweig vom 22. 1. 1924, JW. 1925, S. 1904; LG. Osnabrück vom 16. 10. 1924, SchlWes. 1924, S. 196; LAG. Essen vom 22. 10. 1927, Bensh. Samml. Bd. II, Nr. 40 (LAG.), S. 123).

Ob der Arbeitnehmer zur Mehrarbeit verpflichtet ist, kann demnach nur seinem Vertrage entnommen werden. Nun wird aber mindestens die große Mehrzahl aller Arbeitnehmer auf Grund eines Anstellungsvertrags beschäftigt, der sie verpflichtet, dem Arbeitgeber ihre Arbeitskraft für die ganze Dauer der Vertragszeit zur Verfügung zu stellen. Solange sich also der Arbeitnehmer „in Stellung" befindet, ist der Arbeitgeber berechtigt, die Dauer der Arbeitszeit einseitig festzusetzen. Beschränkt wird er in diesem Anordnungsrecht — abgesehen von den allgemeinen gesetzlichen Vorschriften (§§ 242, 226, 138 BGB.) — durch den öffentlich-rechtlichen Arbeitszeitschutz. Soweit eine Beschäftigung nach Dauer oder zeitlicher Lage verboten ist, sind die entsprechenden Anordnungen des Arbeitgebers privatrechtlich unwirksam (§ 134 BGB.). Daraus folgt, daß dort, wo die AZVO. eine Beschäftigung über die regelmäßige Arbeitszeit hinaus zuläßt, die Mehrarbeit auch wirksam angeordnet werden kann und daß der Arbeitnehmer zu ihrer Leistung vertraglich verpflichtet ist. Es ist also nicht notwendig, daß der Arbeitnehmer die Verpflichtung zur Mehrarbeit besonders übernommen hat, oder daß sie sich aus der Üblichkeit oder nach den Grundsätzen von Treu und Glauben ergibt (so Potthoff II, 3 und 4 zu § 3, AR. 1928, Sp. 118). Auch eine stillschweigende Vereinbarung braucht nicht vorzuliegen (für sie namentlich Kaskel: Arbeitsrecht, 3. Aufl., S. 114, 217, Meißinger: AR. 1927, Sp. 965, wohl auch Erdmann, Anm. 4 zu § 3), ganz abgesehen davon, daß sie häufig schwer zu erweisen sein wird. Alle diese Versuche, die Arbeitspflicht des Arbeitnehmers zu begründen, sind mit Ausnahme der ausdrücklichen Vereinbarung juristisch keineswegs einwandfrei. Wer sich nur zu einer bestimmten Arbeitsleistung oder zu einer Arbeitsleistung von bestimmter Dauer verpflichtet hat, wird im allgemeinen auch nach „Treu und Glauben" oder gemäß der Verkehrsüblichkeit nicht gehalten sein, mehr oder anderes zu leisten, als er versprochen hat. Nur wenn der Arbeitnehmer in Erfüllung des Anstellungsvertrages dem Arbeitgeber seine Arbeitskraft zur Verfügung gestellt hat, ist dieser berechtigt, von ihr innerhalb der gesetzlichen Schranken Gebrauch zu machen — dann allerdings auch ohne besonderen Verpflichtungsgrund, denn dieser liegt bereits in der Anstellung. Das von den Verfechtern der „privatrechtlichen Theorie" mit Recht für notwendig gehaltene Ergebnis läßt sich also auf diesem Wege, der den rechtlichen Inhalt der „Anstellung" gebührend berücksichtigt, erreichen, ohne daß man zu einer gewaltsamen und allgemeinen Rechtsgrundsätzen widersprechenden Auslegung der AZVO. genötigt wäre.

Ist der Arbeitnehmer hiernach verpflichtet, der Anordnung des Arbeitgebers Folge zu leisten, so bedeutet eine Verweigerung der Mehrarbeit eine Verletzung seiner Vertragspflichten, die zu fristloser Entlassung führen kann (vgl. besonders §§ 123 Abs. 1 Nr. 3, 133c Abs. 1 Nr. 3 GO., 72 Abs. 1 Nr. 2 HGB.).

7 Die Bezahlung der Mehrarbeitsstunden war in der ursprünglichen Fassung der AZVO. absichtlich nicht geregelt worden. Sie sollte der Vereinbarung zwischen den Beteiligten überlassen bleiben (vgl. amtl. Begründung Allgemeines Ziffer 3). Da § 3 sein Hauptanwendungsgebiet in tarifloser Zeit findet, kam es daher in erster Linie darauf an, ob im einzelnen Arbeitsvertrage eine Bestimmung für den Fall enthalten war, daß der Arbeitgeber Mehrarbeit verlangte. Fehlte sie, so mußte die Frage, ob dem Arbeitnehmer eine besondere Vergütung zustand, nach der Üblichkeit (§ 612 Abs. 2 BGB.) beurteilt werden. Bei Stundenlöhnern verstand es sich von selbst, daß sie die Mehrarbeitsstunde mindestens mit dem vereinbarten Stundenlohnsatze vergütet erhielten. Häufig wird aber darüber hinaus die Bezahlung eines Zuschlags als üblich anzusehen gewesen sein. Ein solcher Zuschlag ist nunmehr durch den auf Grund des sog. Arbeitszeitnotgesetzes in die Verordnung eingefügten § 6a gesetzlich vorgeschrieben. Für Mehrarbeitsstunden nach § 3 ist eine angemessene Vergütung über den Lohn für die regelmäßige Arbeitszeit hinaus zu zahlen, und zwar gilt, sofern die Beteiligten nicht nach dem Inkrafttreten des Arbeitszeitnotgesetzes, also nach dem 1. 5. 1927, eine andere Regelung vereinbaren oder besondere Umstände eine solche rechtfertigen, ein Zuschlag von 25% als angemessen. Auf diese Sondervergütung hat der Arbeitnehmer einen auf dem Gesetze beruhenden vertraglichen Anspruch. Näheres über die Berechnung des Zuschlags siehe § 6a.

8 Über die nach § 3 in Anspruch genommenen Mehrarbeitstage hat der Arbeitgeber ein Verzeichnis zu führen, in das die Zahl der an den einzelnen Tagen beschäftigten Arbeitnehmer, unter besonderer Angabe der Zahl der weiblichen und jugendlichen, und die Dauer ihrer Beschäftigung einzutragen sind. Dieses Verzeichnis ist den Aufsichtsbeamten auf Verlangen vorzulegen (AusfBest. zu § 3). Seinem Zwecke entspricht es, daß die näheren Angaben über die Mehrarbeit spätestens unmittelbar nach ihrer Vornahme eingetragen werden (RAM. vom 4. 8. 1924, RABl. 1924 AT., S. 318). Zuwiderhandlung gegen die Verpflichtung zur Führung des Verzeichnisses ist nach § 11 AZVO. strafbar.

§ 4

Die für den Gesamtbetrieb zulässige Dauer der Arbeitszeit kann nach Anhörung der gesetzlichen Betriebsvertretung[7] für weibliche und jugendliche Arbeitnehmer um höchstens eine Stunde, für männliche Arbeit-

nehmer über sechzehn Jahre um höchstens zwei Stunden täglich in folgenden Fällen überschritten werden[6] [8–11]:

1. bei Arbeiten zur Bewachung der Betriebsanlagen[1], zur Reinigung und Instandhaltung, durch die der regelmäßige Fortgang des eigenen oder eines fremden Betriebs bedingt ist[2],

2. bei Arbeiten, von denen die Wiederaufnahme oder Aufrechterhaltung des vollen Betriebs arbeitstechnisch abhängt[3],

3. bei Arbeiten zum Be- und Entladen von Schiffen im Hafen und zum Be- und Entladen sowie zum Verschieben von Eisenbahnwagen, soweit die Mehrarbeit zur Vermeidung oder Beseitigung von Verkehrsstockungen oder zur Innehaltung der gesetzten Ladefristen notwendig ist[4],

4. bei der Beaufsichtigung der vorstehend unter Nr. 1 bis 3 aufgeführten Arbeiten[5].

Die Vorschrift gestattet eine Ausdehnung der Arbeitszeit zur Vornahme bestimmter Arbeiten, die unter Ziffer 1 bis 4 aufgezählt sind. Abgesehen von Ziffer 3 handelt es sich um sog. Vorbereitungs- und Ergänzungsarbeiten, die während der allgemeinen Arbeitszeit des Betriebs nicht erledigt werden können, sei es, daß ihre Vornahme in dieser Zeit eine Störung oder Unterbrechung des regelmäßigen Betriebs zur Folge hätte, oder daß sie die Wiederaufnahme des vollen Betriebs vorbereiten sollen, ihr also vorangehen müssen, oder daß, wie bei der Bewachung, ein Bedürfnis für diese Arbeiten gerade während der Betriebsruhe in verstärktem Maße hervortritt (vgl. amtl. Begründung zu § 4, Potthoff III, 2 zu § 4). Da es dem Arbeitgeber regelmäßig nicht zugemutet werden kann, für diese Arbeiten besondere Arbeitskräfte einzustellen, zumal sie größtenteils von nur kurzer Dauer sind, ergibt sich die Notwendigkeit, für die damit beauftragten Arbeitnehmer eine längere Arbeitszeit zuzulassen (vgl. § 12 Entw.).

Die Verordnung kennt keinen allgemeinen Begriff der Vorbereitungs- und Ergänzungsarbeiten, sondern zählt die Arbeiten, für welche die Ausnahme gilt, einzeln auf.

1 Bewachung der Betriebsanlagen, also die Sorge für ihre äußere Sicherheit, wie sie den Wächtern, Pförtnern, Feuerwachen obliegt. Weder gehört hierher die Überwachung eines Arbeitsprozesses noch die Bewachung fremder Anlagen, Grundstücke usw., die den Gegenstand des Betriebes bildet, um dessen Arbeitnehmer es sich handelt (Wach- und Schließgesellschaften). Vgl. Potthoff III, 3b zu § 4. Der Begriff der „Betriebsanlage" ist hier weiter als in der StillVO. Er umfaßt die Gesamtheit der dem Betriebszweck dienenden räumlich verbundenen Sachen, auch soweit sie nicht unmittelbar für die Produktion bestimmt sind.

2 Reinigung und Instandhaltung der Betriebsanlagen, durch die der regelmäßige Fortgang des eigenen oder eines fremden Betriebes bedingt ist. Dem Gegenstande nach handelt es sich um Arbeiten, durch welche die Betriebsstätte sowie die Maschinen- und Feuerungsanlagen, die sonstige Apparatur und überhaupt die zur Führung des Betriebs erforderlichen Sachen (z. B. Wagen) von Schmutz gereinigt, instandgehalten oder wieder instandgesetzt werden sollen. Namentlich die erforderlichen Reparaturen gehören hierher. Rohstoffe sind keine „Betriebs-

anlagen", das Reinigen von Baumwolle in Spinnereien, von Lumpen in Papierfabriken fällt also nicht unter die Ausnahme (vgl. v. Landmann-Rohmer, Anm. 6 zu § 105c GO.). Ebensowenig das Reinigen oder Instandhalten fremder Betriebsanlagen, das den Gegenstand des eigenen Betriebs bildet (richtig Potthoff III, 3b zu § 4; zu weit Klehmet I, Anm. 4 und Rohmer, Anm. 2 zu § 4).

Der regelmäßige Fortgang des Betriebs hängt von der Vornahme dieser Arbeiten ab, wenn der Betrieb sonst nicht in der regelmäßigen Art oder in regelmäßigem Umfange, nur mit verminderter Arbeitnehmerzahl oder verminderter Ergiebigkeit, wieder aufgenommen oder fortgeführt werden könnte. Dabei kann es sich auch um einen fremden Betrieb handeln. Doch wird vorausgesetzt, daß es die Reinigung oder Instandhaltung der eigenen Betriebsanlagen ist, durch die der regelmäßige Fortgang des andern Betriebes bedingt ist. Syrup I, S. 100, Anm. 11, nennt als Beispiel Reparaturen in einer Kraftzentrale, die andere Betriebe mit Strom versorgt. Die weitere Auslegung, die auch Reinigung und Instandhaltung von fremden Betriebsanlagen hierher rechnet (so z. B. Klehmet I, Anm. 4, Rohmer, Anm. 2a zu § 4), mag zwar volkswirtschaftlich erwünscht sein, ist mit dem Grundgedanken des § 4 aber schwerlich in Einklang zu bringen. Sie würde auf eine Durchbrechung des Arbeitnehmerschutzes für ganze Gewerbe (z. B. Reparaturwerkstätten, Fensterputzinstitute usw.) hinauslaufen, während die Ausnahme des § 4 nur für einzelne Arbeitnehmer berechnet ist (so ausdrücklich auch die Begründung zum Entwurf S. 51).

3 Arbeiten, von denen die Wiederaufnahme oder Aufrechterhaltung des vollen Betriebs arbeitstechnisch abhängt, sind solche, bei deren Unterlassung die Wiederaufnahme oder Weiterführung des Betriebs nicht in vollem Umfange (nicht mit allen Arbeitnehmern oder nicht mit allen sächlichen Betriebsmitteln) möglich wäre oder sich verzögern würde (vgl. v. Landmann-Rohmer, Anm. 6 zu § 105c GO.). Ob die Arbeiten „produktiv" sind oder nicht, ist ohne Belang. Auch bei Arbeiten, die zum eigentlichen Produktionsprozeß gerechnet werden können, ist es denkbar, daß sie „arbeitstechnisch" vorgenommen werden müssen, bevor der volle Betrieb einsetzen kann. Trifft das zu, so können die damit beschäftigten Arbeitnehmer im Rahmen des § 4 entsprechend früher bestellt werden. Es kann dem Arbeitgeber nicht zugemutet werden, daß er einen Teil der Arbeitnehmer zunächst nicht oder nicht nutzbringend beschäftigt, bis jene Vorarbeiten erledigt sind (vgl. Klehmet I, Anm. 5 zu § 4. Zu eng Potthoff III, 3d und e zu § 4, auch Erdmann, Anm. 4 zu § 4). Im allgemeinen wird es sich indessen um solche Arbeiten handeln, die dem eigentlichen Produktionsprozeß vorangehen, wie Anheizen von Feuerungsanlagen usw.

4 Eine Sonderstellung nehmen die in Ziffer 3 genannten Arbeiten ein. Die Zulassung einer längeren Arbeitszeit ist bei ihnen nicht lediglich Rücksichten auf die ungestörte Fortführung des Einzelbetriebs, sondern sehr wesentlich volkswirtschaftlichen Erwägungen entsprungen. Das rasche Be- und Entladen von Schiffen und Eisenbahnwagen soll Verkehrsstockungen vermeiden oder beseitigen helfen und den Umlauf der Güterwagen beschleunigen. Aus diesem Grunde ist die Ausnahme nicht nur dort zugelassen, wo die Ladearbeiten lediglich den Gesamtbetrieb ergänzen, sie gilt vielmehr auch für die selbständigen Verkehrsunternehmungen und deren Hilfsbetriebe (Spediteure, Frachtführer). Hier kann die Vorschrift

also in der Tat die Natur einer Sonderregelung für ganze Gewerbezweige gewinnen (vgl. amtl. Begründung zu § 4).

Zu den Begriffen Schiffe, Hafen und Eisenbahnen vgl. Potthoff III, 4 zu § 4.

5 Die Ausnahmen gelten in gleicher Weise für solche Arbeitnehmer, die die genannten Arbeiten nicht selbst ausführen, sondern nur beaufsichtigen (Werkmeister, Betriebsbeamte).

Ob einer der Fälle vorliegt, in denen nach § 4 die für den Gesamtbetrieb zulässige Arbeitszeit überschritten werden darf, entscheidet im Streitfalle das Gericht, und zwar der Strafrichter, wenn der Arbeitgeber wegen Verletzung der Arbeitszeitvorschriften zur Verantwortung gezogen wird, der Zivilrichter, wenn die Verpflichtung des Arbeitnehmers zur Leistung der Mehrarbeit in Frage steht.

6 Über die Dauer der nach § 4 zugelassenen Mehrarbeit ist folgendes zu sagen:

a) Anders als nach § 3 kann die Mehrarbeit nicht nur an einer beschränkten Zahl von Tagen im Jahre, sondern nach Bedarf auch dauernd verlangt werden. Die amtliche Begründung zu § 4 hebt hervor, daß es sich um Arbeiten sowohl vorübergehender als auch regelmäßiger Art handeln kann. Das letztere wird namentlich für die Bewachungs-, Reinigungs- und die unter Ziffer 2 fallenden Arbeiten gelten.

b) Im Gegensatz zu den §§ 2, 3, 5—7 tritt die zulässige Mehrarbeit nicht zu der „regelmäßigen" gesetzlichen Arbeitszeit, wie sie im § 1 Satz 2 und 3 festgelegt ist, hinzu, sondern ist gedacht als eine Verlängerung der „für den Gesamtbetrieb zulässigen Dauer der Arbeitszeit". Gemeint ist die gesetzlich zulässige Dauer, die nach § 1 niemals unter 8 Stunden täglich bzw. 48 Stunden wöchentlich, auf Grund der verschiedenen gesetzlichen Ausnahmen aber auch darüber liegen kann. Beträgt z. B. die Arbeitszeit des Gesamtbetriebs gemäß Tarifvertrag (§ 5) oder behördlicher Zulassung (§ 6) täglich 9 Stunden, so tritt die Mehrarbeit des § 4 zu dieser Arbeitszeit hinzu. Der Grund für diese Regelung ist darin zu finden, daß die Arbeiten, für welche die Ausnahme des § 4 gilt, zum größten Teile (vgl. aber Anm. 4!) ihrer Natur nach außerhalb der für den gesamten Betrieb geltenden Arbeitszeit geleistet werden müssen, gleichgültig wie lang diese ist.

Ist die Arbeitszeit für den Gesamtbetrieb nicht einheitlich geregelt, so ist bei den einzelnen Arbeitnehmern von der für ihre Abteilung maßgebenden Arbeitszeit auszugehen (vgl. Potthoff I, 3 zu § 4).

c) Die Arbeitszeit des Gesamtbetriebs darf in den Fällen des § 4 überschritten werden

bei weiblichen und jugendlichen Arbeitnehmern um höchstens 1 Stunde;

bei männlichen Arbeitnehmern über 16 Jahren um höchstens 2 Stunden täglich.

Jugendliche Arbeitnehmer sind solche zwischen 14 und 16 Jahren (AusfBest. zu § 4), die also das 14., aber noch nicht das 16. Lebensjahr vollendet haben. Bei Kindern unter 14 Jahren darf die tägliche Arbeitszeit nach § 135 Abs. 2 GO. 6 Stunden täglich nicht überschreiten, für sie kommt eine Beschäftigung nach § 4 daher im allgemeinen ohnedies nicht in Betracht.

Die Mehrarbeit von 1 oder 2 Stunden tritt zu der für den Gesamtbetrieb geltenden Arbeitszeit hinzu. Beträgt diese also bereits 9 Stunden, so können auch Frauen und Jugendliche auf Grund des § 4 bis zu 10 Stunden beschäftigt werden (unrichtig Erdmann, Anm. 2 zu § 4).

d) Wie im Falle des § 3 besteht aber auch hier eine weitere Begrenzung der Arbeitszeit infolge der Bestimmung des § 9, daß auch bei Anwendung der Ausnahme des § 4 die Arbeitszeit täglich 10 Stunden nicht überschreiten darf. Daraus ergibt sich die Möglichkeit, daß der Arbeitgeber von der ihm nach § 4 gestatteten verlängerten Arbeitszeit nicht den vollen Gebrauch machen kann. Beträgt die tägliche Arbeitszeit des Gesamtbetriebs bereits mehr als 8 Stunden, so würde die Ausnutzung der beiden Mehrarbeitsstunden für erwachsene männliche Arbeitnehmer, beträgt sie mehr als 9 Stunden, so würde die Ausnutzung der einen Mehrarbeitsstunde für weibliche und jugendliche Arbeitnehmer eine Überschreitung der Zehnstundengrenze zur Folge haben.

e) Eine solche Überschreitung ist aber nach § 9 in gewissen Fällen zulässig. Ausnahmsweise kann sie von der zuständigen Behörde aus dringenden Gründen des Gemeinwohls für eine bestimmte Frist genehmigt werden. Handelt es sich um Vorbereitungs- und Ergänzungsarbeiten in dem engeren Sinne des § 9, so ist die Überschreitung der 10stündigen Arbeitszeit auch ohne besondere Genehmigung zulässig, wenn davon die nach § 7 AZVO. besonders geschützten Gewerbezweige oder Arbeitergruppen nicht betroffen werden und eine Vertretung des Arbeitnehmers durch andere Arbeitnehmer des Betriebs nicht möglich ist, auch die Heranziehung betriebsfremder Arbeitnehmer dem Arbeitgeber nicht zugemutet werden kann (§ 9 Abs. 1). Näheres in den Erläuterungen zu § 9. Auch soweit die Arbeitszeit hiernach über 10 Stunden täglich hinausgehen darf, muß sie sich aber immer noch im Rahmen des § 4 bewegen, darf also die für den Gesamtbetrieb zulässige Arbeitszeit bei erwachsenen männlichen Arbeitnehmern um höchstens 2, bei weiblichen und jugendlichen Arbeitnehmern um höchstens 1 Stunde überschreiten. Denn § 9 will nur die Ausnutzung der in den übrigen Bestimmungen der AZVO. bereits enthaltenen Mehrarbeitsmöglichkeiten in Ausnahmefällen auch unter Überschreitung des Zehnstundentages gestatten, nicht aber selbst eine neue Mehrarbeitsmöglichkeit schaffen (vgl. AusfBest. zu § 9).

Sobald eine Überschreitung der Zehnstundengrenze in Frage steht, ist übrigens zu berücksichtigen, daß die sonstigen gesetzlichen Vorschriften über den Schutz der Arbeitnehmer, insbesondere der weiblichen und jugendlichen Arbeitnehmer, unberührt bleiben (§ 9 Abs. 2). In gewerblichen Betrieben mit mindestens 10 Arbeitern und den gleichgestellten Betrieben hat es daher in bezug auf weibliche und jugendliche Arbeitnehmer bei der 10stündigen Höchstarbeitszeit der §§ 135 Abs. 3, 137 Abs. 2 GO. zu verbleiben.

7 Auch nach § 4 ist die Zulässigkeit der Mehrarbeit von der vorherigen Anhörung (nicht Zustimmung) der Betriebsvertretung abhängig gemacht. Vgl. dazu Anm. 9 zu § 1, Anm. 3 zu § 3.

8 Liegen die Voraussetzungen vor, unter denen die Mehrarbeit nach § 4 zulässig ist, so ist der angestellte Arbeitnehmer auch privatrechtlich verpflichtet, die Mehrarbeit zu leisten. Die Erweiterung der gesetzlichen Schranken für die Dauer der Arbeitszeit hat zur Folge, daß der Arbeitgeber nunmehr in diesem erweiterten Rahmen über die Arbeitskraft des Arbeitnehmers zu verfügen berechtigt ist. Vgl. Anm. 6 zu § 3. Im Ergebnis wie hier auch LAG. Essen vom 22. 10. 1927, Bensh.Samml. Bd. II, Nr. 40 (LAG.), S. 123, wo aber die Verpflichtung des Arbeitnehmers unrichtigerweise unmittelbar aus der AZVO. selbst abgeleitet wird.

[9] Nach der ausdrücklichen Vorschrift des § 5 Abs. 5 AZVO. gilt § 4 auch neben Tarifverträgen. Das schließt jedoch nicht aus, daß die im Tarifvertrag für die Dauer der Arbeitszeit gezogenen Grenzen eine Anwendung des § 4 privatrechtlich ausschließen. Die AZVO. bestimmt nur, in welchem Umfang der Arbeitgeber über die Arbeitskraft des Arbeitnehmers gesetzlich zulässigerweise verfügen darf. Sind dem Arbeitgeber vertraglich weitergehende Beschränkungen auferlegt, so sind dagegen verstoßende Anordnungen privatrechtlich unwirksam, auch wenn sie sich im Rahmen der AZVO. bewegen (ebenso Syrup I, S. 99, Anm. 1a, Potthoff, V 3, Klehmet I, Anm. 2 zu § 4; a. M. Erdmann, Anm. 2 zu § 4). Vgl. die Erläuterungen zu § 5.

[10] Ein Anspruch des Arbeitnehmers auf besondere Bezahlung der nach § 4 geleisteten Mehrarbeitsstunden ist im Gesetz nicht begründet. § 6a AZVO. erkennt ihn ausdrücklich nur in den Fällen der §§ 3, 5, 6 und 10 an. Es entscheidet also lediglich die einzelvertragliche oder tarifliche Vereinbarung. Bei Stundenlöhnern versteht es sich von selbst, daß sie mindestens den Stundenlohnsatz zu erhalten haben. Ist bei Wochenlöhnern oder Monatsgehaltsempfängern der Festsetzung des Lohns oder Gehalts eine bestimmte Zahl von Arbeitsstunden zugrundegelegt, so ist auch hier im Falle der Überschreitung dieser Stundenzahl ein Anspruch auf Sondervergütung gegeben. Daneben kann in jedem Falle die Bezahlung eines Überstundenzuschlags besonders vereinbart werden.

[11] Über die nach § 4 geleistete Mehrarbeit hat der Arbeitgeber ein Verzeichnis zu führen, in das die Zahl der beschäftigten Arbeitnehmer, unter besonderer Angabe der Zahl der weiblichen und jugendlichen, die Dauer ihrer Beschäftigung und die Art der vorgenommenen Arbeiten einzutragen sind (AusfBest. zu § 4). Es gilt hier dasselbe wie für das nach § 3 zu führende Verzeichnis; vgl. Anm. 8 zu § 3.

§ 5

[1]Wird durch Tarifvertrag[2] die Arbeitszeit über die im § 1 Satz 2 und 3 festgesetzten Grenzen ausgedehnt[3], so gelten für die Beschäftigung der Arbeitnehmer, für die der Tarifvertrag verbindlich ist[4], dessen Bestimmungen an Stelle der Vorschriften des § 1[5–7].

Enthält ein nicht für allgemeinverbindlich erklärter Tarifvertrag Bestimmungen über die Arbeitszeit, die mit dem Sinne des öffentlich-rechtlichen Arbeitnehmerschutzes, insbesondere mit der Rücksicht auf die Schutzbedürftigkeit der weiblichen und jugendlichen Arbeitnehmer unvereinbar sind[8], so kann die oberste Landesbehörde[9] sie beanstanden und, wenn sie innerhalb einer von ihr festgesetzten Frist nicht geändert werden, selbst Bestimmungen über die zulässige Dauer der Arbeitszeit treffen[10]. Dies gilt auch für die im § 2 erwähnten Tarifverträge.

Sind in einem Tarifvertrage die näheren Bestimmungen über die Arbeitszeit besonderer Vereinbarung oder der Entscheidung durch besondere Stellen vorbehalten, so kann, wenn eine Vereinbarung oder

Entscheidung in einer von der obersten Landesbehörde bestimmten angemessenen Frist nicht zustande kommt, die oberste Landesbehörde Bestimmungen über die zulässige Dauer der Arbeitszeit treffen, die so lange gelten, bis die Vereinbarung oder Entscheidung vorliegt[11].

In den Fällen der Abs. 2 und 3 tritt bei Tarifverträgen, die für mehrere Länder gelten, an die Stelle der obersten Landesbehörde der Reichsarbeitsminister[9].

Die Ausnahmen der §§ 3, 4 und 10 gelten auch neben Tarifverträgen[12].

1 Um diese Vorschrift, auf welcher der Schwerpunkt der ganzen AZVO. liegt, richtig würdigen zu können, muß man sich die Bedeutung des Tarifvertrags für die Bestimmung der Arbeitsdauer klarmachen.

Auszugehen ist auch hier vom Wesen des Anstellungsvertrags (vgl. Einleitung S. 3). Durch ihn verpflichtet sich der Arbeitnehmer, seine Arbeitskraft dem Arbeitgeber zur Verfügung zu stellen. Er verpflichtet sich also nicht zu einer bestimmten Arbeitsleistung, auch nicht zu einer Arbeitsleistung von bestimmter Dauer. Die Dauer der Arbeitszeit wird vielmehr einseitig vom Arbeitgeber in Ausübung seines Verfügungsrechts festgesetzt. Das schließt jedoch nicht aus, daß diesem Verfügungsrecht gewisse vertragliche Schranken gezogen werden. Es kann vereinbart werden, daß der Arbeitgeber die Dauer der Beschäftigung nicht über eine bestimmte zeitliche Grenze hinaus soll ausdehnen dürfen. Eine solche Bestimmung betrifft den Inhalt des Vertrags, regelt die gegenseitigen Rechte und Pflichten und gehört deshalb zu den Arbeitsbedingungen. Sie kann sowohl im Einzelvertrag als auch im Tarifvertrag enthalten sein und gehört dann zu dessen normativem Teil, hat also unmittelbare und unabdingbare Wirkung. Lautet die Bestimmung z. B. so, daß die regelmäßige Arbeitszeit 48 Stunden wöchentlich beträgt, so heißt das nicht, daß der Arbeitgeber verpflichtet sei, den Arbeitnehmer 48 Stunden lang zu beschäftigen. Es bedeutet vielmehr, daß die wöchentliche Arbeitszeit 48 Stunden nicht überschreiten darf und daß daher eine Anordnung des Arbeitgebers, durch die er dem Arbeitnehmer die Arbeitsdauer vorschreibt, insoweit für den Arbeitnehmer nicht rechtsverbindlich ist, als sie von ihm Arbeit von längerer Dauer verlangt. Es handelt sich also bei derartigen Tarifbestimmungen (und entsprechenden Bestimmungen im einzelnen Anstellungsvertrage) um reine Verbotsvorschriften. Daß der Arbeitnehmer verpflichtet ist, den Anordnungen des Arbeitgebers in bezug auf die Dauer der Arbeit nachzukommen, ergibt sich aus dem Wesen des Anstellungsvertrags von selbst. Denn einen Arbeitnehmer „anstellen" heißt eben, sich die Verfügung über seine Arbeitskraft und damit auch das Recht, die Arbeitsdauer zu bestimmen, verschaffen. Im Rahmen des Anstellungsvertrags kann eine Festsetzung der Arbeitszeit daher nur die negative Bedeutung haben, daß damit die obere Grenze gezogen werden soll, deren Überschreitung dem Arbeitgeber verwehrt ist und die er bei seinen Anordnungen beachten muß.

Ihrem Inhalt nach unterscheiden sich demnach derartige vertragliche Bestimmungen in keiner Weise von den gesetzlichen Bestimmungen der AZVO., die ja gleichfalls dem Arbeitgeber eine Beschäftigung des Arbeitnehmers über eine gewisse zeitliche Grenze hinaus verbieten. Dabei würde nach allgemeinen

Grundsätzen die gesetzliche Vorschrift dem Vertrag vorgehen müssen, so daß eine Anordnung des Arbeitgebers, die dem Gesetze zuwiderläuft, auch dann unwirksam wäre, wenn sie sich im Rahmen des Vertrags hielte.

Hier aber enthält nun § 5 AZVO. eine bedeutsame Abweichung. Er bestimmt, daß durch Tarifvertrag die Arbeitszeit auch über die im § 1 Satz 2 und 3 festgesetzten Grenzen ausgedehnt werden darf und daß dann für die Beschäftigung der Arbeitnehmer, für die der Tarifvertrag verbindlich ist, dessen Bestimmungen an die Stelle der Vorschriften des § 1 treten. Diese Regelung, die in Übereinstimmung mit den Wünschen der Arbeitgeber- und Arbeitnehmervertreter im Vorläufigen Reichswirtschaftsrat den Tarifen möglichste Freiheit in der Festsetzung der Arbeitszeit einräumen will (vgl. amtliche Begründung zu § 5), hat zur Folge, daß die tariflich zulässige Arbeitszeit, sofern sie nicht die im § 9 AZVO. auch für diese Ausnahme vorgesehenen Grenzen überschreitet, in diesem Falle gleichzeitig die gesetzlich zulässige Arbeitszeit ist. Der staatliche Rechtssatz, der die öffentlich-rechtlich zulässige Höchstarbeitszeit bestimmt, nimmt auf die im Tarifvertrag getroffene Regelung als auf ein Tatbestandselement Bezug (Jacobi: Grundlehren des Arbeitsrechts, S. 213). Im Rahmen der tariflichen Regelung kann der Arbeitgeber die Arbeitsdauer bestimmen, ohne durch ein gesetzliches Verbot gehindert zu sein. Überschreitet er diesen Rahmen, so sind die entsprechenden Anordnungen, weil gesetz- und vertragswidrig, unwirksam, auch macht er sich durch eine längere als die tarifvertraglich zugelassene Beschäftigung strafbar.

Vom § 2, der gleichfalls eine Ausdehnung der Arbeitszeit im Wege tariflicher Regelung vorsieht, unterscheidet sich die Vorschrift des § 5 dadurch, daß die dortige Ausnahme nur für den begrenzten Fall der Arbeitsbereitschaft Platz greift, dafür aber den Tarifparteien völlig freien Spielraum läßt, während nach § 5 die tarifliche Regelung an keinerlei Voraussetzungen gebunden ist, jedoch die Grenzen des § 9 (Zehnstundentag) beachten muß.

2 Nur dem Tarifvertrag ist die Fähigkeit beigelegt, die Arbeitszeit über die im § 1 Satz 2 und 3 festgesetzten Grenzen auszudehnen mit der Wirkung, daß die tariflich zulässige Arbeitsdauer auch die gesetzlich zulässige ist. Der einzelne Anstellungsvertrag dagegen muß sich stets im Rahmen der Vorschriften der AZVO. halten, sofern diese überhaupt auf ihn Anwendung findet. Er kann also das Verfügungsrecht des Arbeitgebers zwar weitergehend einschränken als es die Verordnung tut, aber nicht über das darin vorgesehene Maß hinaus ausdehnen. Das gleiche gilt für die Betriebsvereinbarung (AusfBest. zu § 5, RAM. vom 4. 8. 1924, RABl. 1924 AT., S. 318). Keine Ausnahme von diesem Grundsatz bedeutet es, daß der Tarifvertrag die Zulässigkeit von Mehrarbeit oder Überstunden von der Zustimmung der Betriebsvertretung abhängig machen kann (vgl. unten Anm. 3d). Denn wenn die Zustimmung erteilt wird, also eine Betriebsvereinbarung zustande kommt, so ist die Voraussetzung gegeben, unter der der Tarifvertrag selbst (und damit auch die AZVO.) die Mehrarbeit zuläßt, so daß der Arbeitgeber nunmehr ungehindert von seinem Verfügungsrecht Gebrauch machen kann.

Der Begriff des Tarifvertrags ist hier der gleiche wie im § 1 TarVO. Vgl. die Erläuterungen hierzu in diesem Handbuch. Es kommen also nur schriftliche (so mit Recht OLG. Oldenburg vom 12. 11. 1926, NZfA. 1927, Sp. 243) Verträge in Betracht, die zur Regelung der Arbeitsbedingungen zwischen tariffähigen Parteien abgeschlossen worden oder durch verbindlichen Schiedsspruch zustande gekommen sind. Wichtig für die Anwendung der AZVO. ist, daß auf Arbeitnehmerseite nur Vereinigungen von Arbeitnehmern Partei eines Tarifvertrags im Sinne der TarVO. sein können, also tariffähig sind. Zum Begriff der Arbeitnehmervereinigung gehört aber, daß sie die Beeinflussung der Arbeitsbedingungen zu ihren Aufgaben zählt, organisatorisch genügend durchgebildet ist, um als Träger eines auf die Dauer berechneten Tarifvertragsverhältnisses auftreten zu können und in ihren Entschließungen vom „sozialen Gegenspieler" unabhängig ist. Die Belegschaft eines einzelnen Betriebes in ihrer durch die Betriebsverfassung gegebenen Organisation bildet schon deshalb keine tariffähige Vereinigung, weil die im Namen der Belegschaft handelnde Betriebsvertretung auf die Wahrnehmung der ihr gesetzlich übertragenen Aufgaben beschränkt ist und zu diesen Aufgaben der Abschluß von Tarifverträgen gerade nicht gehört (vgl. §§ 66 Nr. 5, 78 Nr. 2, 3 BRG.). Dagegen ist es denkbar, daß sich die einzelnen Mitglieder der Belegschaft zu einer Arbeitnehmervereinigung zusammenschließen und daß diese mit dem Arbeitgeber einen Werkstarifvertrag abschließt. In diesem Falle ist es weiter möglich, daß den Mitgliedern der Betriebsvertretung auch die Vertretung der Vereinigung übertragen wird. Doch wird bei solchen auf einen einzelnen Betrieb beschränkten Vereinigungen stets mit besonderer Sorgfalt zu prüfen sein, ob auch alle Merkmale einer echten Arbeitnehmervereinigung vorliegen. Vor allem muß festgestellt werden, ob der Zweck der Vereinigung wirklich darin besteht, Einfluß auf die Gestaltung der Arbeitsbedingungen zu gewinnen oder ob etwa der Zusammenschluß nur erfolgt ist, um mit dem Arbeitgeber eine Verlängerung der Arbeitszeit zu vereinbaren (RAM. vom 4. 8. 1924, RABl. 1924 AT., S. 318). Ferner kann von einer Vereinigung dort nicht gesprochen werden, wo es an jeder festen Organisation, insbesondere an Vereinsorganen fehlt, die in der Lage sind, den Tarifvertrag nicht nur abzuschließen, sondern während der Dauer seiner Geltung auch für seine Durchführung zu sorgen. Endlich ist der Vereinigung die Tariffähigkeit abzusprechen, wenn sie sich in irgendeiner finanziellen oder moralischen Abhängigkeit vom Arbeitgeber befindet, was gerade bei derartigen Werkvereinigungen leicht begegnen wird. Ist die Vereinigung etwa erst auf Veranlassung des Arbeitgebers gegründet worden, um den Boden für einen Tarifvertrag zu schaffen, so ist ihren Vereinbarungen mit dem Arbeitgeber schon wegen des Mangels der erforderlichen Unabhängigkeit der Charakter eines Tarifvertrags abzusprechen (RAM. vom 6. 3. 1925, RABl. 1925 AT., S. 138). Auf diesen Punkt muß aber hier besonderes Gewicht gelegt werden, weil die AZVO. mit voller Absicht die in § 5 zugelassene weitgehende Durchbrechung des gesetzlichen Arbeitszeitschutzes nur den Tarifparteien anvertraut hat, um eine gleichberechtigte Mitwirkung beider Teile des Arbeitsverhältnisses zu erreichen, die nicht in gleichem Maße gewährleistet ist, wenn auf Arbeitnehmerseite die Belegschaft eines einzelnen Betriebes als Verhandlungsgegner auftritt (nicht ganz unbedenklich Erdmann, Anm. 1 zu § 5, S. 71, 73).

[3] Die tarifvertraglich vereinbarte Arbeitszeitregelung kann einen mannigfaltigen Inhalt haben.

a) Der Tarifvertrag kann es hinsichtlich der regelmäßigen betrieblichen Arbeitszeit bei der gesetzlichen Regelung (8 Stunden täglich bzw. 48 Stunden wöchentlich) belassen und nur bei Bestimmung der Ausnahmefälle, in denen diese Arbeitszeit überschritten werden darf, von der AZVO. abweichen. Der Tarifvertrag kann z. B. bestimmen, daß beim Vorliegen eines wirtschaftlichen Bedürfnisses, etwa zur

Erledigung eiliger Aufträge, nicht nur, wie § 3 AZVO. vorsieht, an 30, sondern an 60 Tagen im Jahre Mehrarbeit bis zu 2 Stunden täglich verlangt werden kann. Man wird in solchen Fällen, in denen nicht die Ausdehnung der regelmäßigen Arbeitszeit der Betriebe in Frage steht, sondern einem vorübergehenden Bedarfe Rechnung getragen werden soll, im Anschluß an eine in der Tarifpraxis üblich gewordene Terminologie von echten Überstunden sprechen dürfen (vgl. Erdel: Mehrarbeit und Überarbeit, Arbeitsgericht 1928, Sp. 93; Meißinger, ebenda, Sp. 193). Wegen der Bezahlung siehe unten Anm. 7.

b) Der Tarifvertrag kann aber auch die regelmäßige betriebliche Arbeitszeit über das gesetzliche Maß hinaus ausdehnen. Er kann z. B. bestimmen, daß diese täglich 9 oder 10 Stunden bzw. wöchentlich 54 oder 60 Stunden betragen soll. Daneben kann er es hinsichtlich der Ausnahmen, in denen auch die verlängerte regelmäßige Arbeitszeit überschritten werden darf, bei den Vorschriften der AZVO. belassen. Das ist wichtig für die Auslegung des § 5 Abs. 5, der sonst nicht verständlich wäre (vgl. unten Anm. 12). Zur Unterscheidung von den Überstunden (oben a) empfiehlt es sich, die verlängerte regelmäßige Arbeitszeit als eigentliche Mehrarbeit zu bezeichnen. Wegen der Bezahlung siehe unten Anm. 7.

c) Schließlich kann der Tarifvertrag sowohl für die Mehrarbeit als auch für die Überstunden eine von der AZVO. abweichende Regelung treffen, indem er die regelmäßige Arbeitszeit über die Grenzen des § 1 Satz 2 und 3 ausdehnt und gleichzeitig bestimmt, in welchen Fällen und unter welchen Voraussetzungen die verlängerte regelmäßige Arbeitszeit überschritten werden darf. Werden dabei diese Ausnahmen enger begrenzt, als es die AZVO. tut, so ist die Regelung im Verhältnis der Vertragsparteien zueinander maßgebend, doch macht sich der Arbeitgeber nicht strafbar, so lange er sich im Rahmen der gesetzlichen Ausnahmemöglichkeiten hält.

d) Den Tarifparteien steht es frei, die Zulässigkeit sowohl von Überstunden als auch von eigentlicher Mehrarbeit von weiteren Voraussetzungen abhängig zu machen. Hier spielt in der Tarifpraxis besonders die Anhörung oder die Zustimmung der Betriebsvertretung eine Rolle. Der Arbeitgeber erhält z. B. das Recht, bis zu 3 Überstunden wöchentlich nach bloßer Anhörung, weitere Überstunden aber mit Zustimmung der Betriebsvertretung anzuordnen. Die Einhaltung dieser Bestimmung ist dann Bedingung nicht nur für die vertragliche, sondern auch für die gesetzliche Zulässigkeit der Überstunden. Sind diese freilich auch durch eine andere Vorschrift der AZVO. gedeckt (etwa durch § 3), so macht sich der Arbeitgeber nicht strafbar, wenn er die Arbeitnehmer im Rahmen dieser Vorschrift beschäftigt. Eine Verpflichtung der Arbeitnehmer zur Leistung der Überarbeit besteht aber angesichts der Bestimmung des Tarifvertrags nicht.

4 Die Arbeitszeitregelung des Tarifvertrags gilt nur für diejenigen Arbeitnehmer, für die der Tarifvertrag verbindlich ist, als die vertraglich und gesetzlich zulässige oberste Grenze der Arbeitsdauer. Bei allen anderen Arbeitnehmern, die dem Tarifvertrag nicht unterstehen, ist der Arbeitgeber an die allgemeinen Vorschriften der AZVO. gebunden, während er andererseits auch nicht den besonderen tarifvertraglichen Beschränkungen seines Verfügungsrechts unterliegt.

Für welche Arbeitnehmer der Tarifvertrag verbindlich ist, ergibt sich aus § 1 Abs. 2, § 2 TarVO. Vgl. die Erläuterungen dazu in diesem Handbuch. Darnach ist die tarifvertragliche Regelung der Arbeitszeit für folgende Arbeitnehmer maßgebend:

a) Arbeitnehmer, die der als Tarifpartei auftretenden Arbeitnehmervereinigung angehören, sofern sie bei einem tarifbeteiligten Arbeitgeber beschäftigt werden;

b) Arbeitnehmer, die unter der gleichen Voraussetzung der vertragschließenden Vereinigung bei Abschluß ihres Arbeitsvertrags angehört haben oder ihr nachträglich beigetreten sind, auch wenn sie später aus der Vereinigung ausgeschieden sind. Dabei ist aber zu beachten, daß es den Parteien in diesem Falle jederzeit freisteht, sich der Tarifgebundenheit durch Kündigung des alten und Abschluß eines neuen Arbeitsvertrags zu entziehen (RAG. vom 8. 2. 1928, Bensh.Samml. Bd. II, Nr. 5 [RAG.], S. 19). Machen sie von dieser Möglichkeit Gebrauch, so ist der Arbeitgeber nunmehr bei Festsetzung der Arbeitszeit wieder den allgemeinen Vorschriften der AZVO. unterworfen;

c) Arbeitnehmer, die ihren Arbeitsvertrag unter Berufung auf den Tarifvertrag abgeschlossen haben. Die Berufung kann auch stillschweigend geschehen. Sie ist ohne weiteres anzunehmen, wenn ein Arbeitnehmer, für den der Tarifvertrag nicht ohnedies schon verbindlich ist, im Betriebe eines tarifbeteiligten Arbeitgebers die Arbeit aufnimmt (RAM. vom 7. 1. 1924, X 21/24, RABl. 1924 AT., S. 36), ohne daß etwas Abweichendes vereinbart wird. Denn da es für den Arbeitgeber praktisch unmöglich ist, die nichttarifbeteiligten Arbeitnehmer zu anderen Bedingungen in bezug auf die Arbeitszeit zu beschäftigen, als die übrigen, muß angenommen werden, daß sich jene den tariflich festgelegten Arbeitsbedingungen im Zweifel stillschweigend unterwerfen. Damit erlangt der Arbeitgeber das Recht, ihre Arbeitsdauer gemäß den Bestimmungen des Tarifvertrags festzusetzen. Dabei ist freilich vorausgesetzt, daß der Tarifvertrag als Ganzes für den Arbeitsvertrag maßgebend sein soll (so mit Recht Potthoff, NZfA. 1927, Sp. 87). Denn „der Tarifvertrag", nicht nur einzelne seiner Bestimmungen müssen für den Arbeitnehmer verbindlich sein, wenn die Wirkung des § 5 eintreten soll. Unwirksam wäre also eine Vereinbarung, wonach der Arbeitnehmer nur der tarifvertraglichen Arbeitszeitregelung, nicht auch den sonstigen tariflichen Arbeitsbedingungen unterworfen sein sollte.

d) Arbeitnehmer, für die der Tarifvertrag kraft Allgemeinverbindlichkeitserklärung gemäß § 2 TarVO. verbindlich ist.

Die Verbindlichkeit des Tarifvertrags beginnt mit seinem Inkrafttreten, im Falle der Allgemeinverbindlichkeitserklärung mit dem vom Reichsarbeitsminister gemäß § 4 Abs. 2 TarVO. bestimmten Zeitpunkte. Nimmt man mit der herrschenden Meinung an, daß dem Tarifvertrag rückwirkende Kraft beigelegt werden kann, und zwar in der Weise, daß auch die unmittelbare Wirkung der Tarifnormen bereits in einem vor dem Abschluß des Tarifvertrags liegenden Zeitpunkt beginnt (a. M. Jacobi: Grundlehren des Arbeitsrechts, S. 235 f.), so kann der Fall eintreten, daß eine vom Arbeitgeber getroffene, durch die sonstigen Vorschriften der AZVO. nicht gedeckte Anordnung hinsichtlich der Arbeitsdauer infolge der Rückwirkung des Tarifvertrags nachträglich als zulässig und wirksam erscheint. Hat in diesem Falle der Arbeitnehmer die angeordnete Mehrarbeit verweigert, so können die rechtlichen Folgen der Arbeitsverweigerung (vgl. § 123 Nr. 3 GO.) schon wegen Fehlens des subjektiven Tatbestandes nicht eintreten. Auf der anderen Seite bleibt aber auch der Arbeitgeber straflos, wenn die von ihm seinerzeit verlangte Mehrarbeit tatsächlich geleistet worden ist, da sie sich nunmehr als durch den Tarifvertrag gerechtfertigt erweist (vgl. LG. Freiberg vom 28. 1. 1925, NZfA. 1926, Sp. 764).

Die Wirkung des Tarifvertrags hinsichtlich der Arbeitszeit endet unter allen Umständen mit Ablauf des Tarifvertrags. Das wird auch von denjenigen anerkannt, die im übrigen eine Nachwirkung der Tarifnormen in den einzelnen Arbeitsverträgen annehmen (vgl. Potthoff, NZfA. 1927, Sp. 87). Denn § 5 verlangt für die Zulässigkeit der Mehrarbeit das Bestehen eines Tarifvertrags. Ist dieser abgelaufen, so kann sich der Arbeitgeber nicht mehr auf ihn berufen, wenn er Mehrarbeit verlangt (OLG. Karlsruhe vom 11. 11. 1926, NZfA. 1927, Sp. 249). Dagegen ist es ihm unbenommen, von den sonstigen Mehrarbeitsmöglichkeiten der AZVO. Gebrauch zu machen. Wegen der Rechtslage beim Ablauf eines besonderen Mehrarbeitsabkommens vgl. Erdmann, Anm. 3 zu § 5, S. 79.

5 Eine obere Grenze, bis zu der die Arbeitszeit durch Tarifvertrag ausgedehnt werden kann, ist in § 5 AZVO. nicht vorgesehen. Wohl aber bestimmt § 9, daß auch bei Anwendung der Ausnahmevorschrift des § 5 die Arbeitszeit 10 Stunden täglich nicht überschreiten darf. Nur in bestimmten Ausnahmefällen ist eine Überschreitung der Zehnstundengrenze statthaft (Näheres darüber bei § 9). Die in § 5 enthaltene Regel, daß die tarifvertraglich zulässige Arbeitszeit gleichzeitig die gesetzlich zulässige Arbeitszeit bildet, erfährt also durch § 9 eine Ausnahme: die in § 9 enthaltenen Beschränkungen der Arbeitsdauer finden auch gegenüber der tariflichen Arbeitszeitregelung Anwendung. Die rechtliche Bedeutung dieser Bestimmung ist folgende. Dem an sich unbeschränkten Verfügungsrecht des Arbeitgebers über die Arbeitskraft des Arbeitnehmers wird durch die AZVO. eine doppelte Schranke gezogen. Die erste ist in § 1 enthalten: die Arbeitszeit darf grundsätzlich 8 Stunden täglich bzw. 48 Stunden wöchentlich nicht überschreiten. Diese Schranke ist jedoch beweglich: wird durch Tarifvertrag eine längere Arbeitszeit zugelassen, so verlängert sich auch die gesetzlich zulässige Arbeitsdauer. Die Verordnung macht die tarifvertragliche Arbeitszeitregelung zu ihrer eigenen. Das gilt aber nur, solange die zweite, in § 9 enthaltene Schranke nicht überschritten wird. Diese kann auch durch Tarifvertrag nicht erweitert werden. Läßt der Tarifvertrag daher eine längere Arbeitszeit zu als sie nach § 9 gestattet ist, so erweist sich die Arbeitszeitbeschränkung des § 9 als die stärkere. Der Arbeitgeber darf also nur im Rahmen dieser Vorschrift von der Arbeitskraft des Arbeitnehmers Gebrauch machen.

Zahlreiche Tarifverträge enthalten überhaupt keine obere Grenze für die zulässige Arbeitsdauer. Die Leistung von Überstunden wird etwa von der Zustimmung der Betriebsvertretung abhängig gemacht, ohne daß über die zulässige Zahl der Überstunden etwas bestimmt wird. Die Gebundenheit an die Vorschrift des § 9 AZVO. bewirkt in solchen Fällen, daß trotzdem für den Regelfall die tägliche Arbeitszeit 10 Stunden nicht übersteigen darf und nur beim Vorliegen der in § 9 (und 10) genannten Ausnahmen eine längere Arbeitszeit statthaft ist. Mit Rücksicht auf diese Ausnahmefälle ist es nicht einmal zweckmäßig, im Tarifvertrag eine Höchstgrenze für die Arbeitszeit, etwa mit 10 Stunden täglich, vorzuschreiben. Denn da § 9 keine selbständige Mehrarbeitsmöglichkeit enthält, sondern nur bestimmt, bis zu welchem Höchstmaße die bereits auf andere Weise zugelassenen Überschreitungen des Achtstundentags ausgenutzt werden dürfen, würde eine solche tarifvertragliche Grenze den Arbeitgeber verhindern, von jenen Ausnahmen Gebrauch zu machen. Näheres darüber bei § 9. Grundsätzlich ebenso ist es aber zu beurteilen, wenn der Tarifvertrag eine Grenze für die Arbeitszeit enthält und diese weiter zieht als § 9 AZVO. es tut, indem er z. B. gestattet, die Arbeitszeit bis auf 11 Stunden täglich auszudehnen. Auch von einer solchen tariflichen Bestimmung dürfte der Arbeitgeber nur im Rahmen des § 9 Gebrauch machen. Er wäre z. B. in der Lage, in besonderen Ausnahmefällen mit behördlicher Genehmigung bis zu 11 Stunden arbeiten zu lassen oder auch ohne solche Genehmigung mit Rücksicht auf Vorbereitungs- und Ergänzungsarbeiten im Sinne des § 9 die gleiche Arbeitsdauer vorzuschreiben. Im übrigen müßte er sich an die Zehnstundengrenze halten, wie sie in § 9 vorgeschrieben ist. Dagegen besteht kein Anlaß, jene Tarifbestimmung für nichtig zu erklären und die allgemeinen Vorschriften der AZVO. an ihre Stelle treten zu lassen (so Potthoff I, 4b zu § 5). Das Verfügungsrecht des Arbeitgebers ist in solchen Fällen durch die gesetzliche Vorschrift stärker beschränkt als durch die vertragliche. Das ist jedoch kein Grund, die vertragliche Bestimmung auch insoweit für unwirksam anzusehen, als sie mit der gesetzlichen in Einklang steht.

6 Der Arbeitgeber hat eine Abschrift der die Arbeitszeit regelnden Bestimmungen, des Tarifvertrags an einer in die Augen fallenden Stelle seines Betriebes auszuhängen und eine zweite Abschrift alsbald dem zuständigen Gewerbe- oder Bergaufsichtsbeamten einzusenden (AusfBest. zu § 5).

7 Die Bezahlung der Arbeit, die auf Grund tarifvertraglicher Zulassung über die im § 1 AZVO. festgesetzten Grenzen geleistet wird, richtete sich früher ausschließlich nach der darüber getroffenen Vereinbarung, die regelmäßig im Tarifvertrag selbst enthalten war. Meistens wurde dabei zwischen Mehrarbeit und echten Überstunden unterschieden (vgl. oben Anm. 2a und b): regelmäßig zu leistende Mehrarbeit wurde bei Monatsgehaltsempfängern häufig nicht besonders vergütet, bei Stundenlöhnern mit dem einfachen Stundenlohnsatz ohne oder mit einem niedrigbemessenen Zuschlag bezahlt. Für eigentliche Überstunden dagegen erhielten auch die Gehaltsempfänger in der Regel eine besondere Vergütung, bei Stunden- und Wochenlöhnern war hier ein höherer Zuschlag vorgesehen. Die durch das sog. Arbeitszeitnotgesetz eingefügte Bestimmung des § 6a schreibt jetzt vor, daß für jede über die Grenzen des § 1 Satz 2 und 3 hinausgehende Arbeitszeit eine „angemessene Vergütung" über den Lohn für die regelmäßige Arbeitszeit hinaus zu bezahlen ist, und zwar gilt als angemessen in der Regel ein Zuschlag von 25% des normalen Stundenlohnes (Näheres bei § 6 a). Damit hat der Arbeitnehmer einen gesetzlichen Anspruch auf die Sondervergütung sowohl bei Mehrarbeit als auch bei Überstunden erhalten, und zwar in einer Höhe, die den Unterschied zwischen beiden Formen der Arbeitszeitverlängerung hinsichtlich der Bezahlung mehr und mehr verwischt hat.

8 Die weitgehende Freiheit, die den Tarifparteien bei der Gestaltung der zulässigen Arbeitszeit durch § 5 eingeräumt ist, hat durch die Vorschrift in § 5 Abs. 2 eine Einschränkung erfahren, deren Notwendigkeit und Zweckmäßigkeit angesichts der bereits in § 9 enthaltenen Begrenzung und der sonstigen, besonders in der Gewerbeordnung vorgesehenen Schutzbestimmungen für Frauen und Jugendliche zweifelhaft sein kann. Gegenüber zu weitgehenden Vereinbarungen hinsichtlich der Arbeitszeit ist ein behördliches Beanstandungsrecht eingeführt worden

mit dem Ziele, die tarifvertragliche Regelung, sei es durch die Tarifparteien selbst, sei es durch die zuständige Behörde auf das richtige Maß zurückzuführen.

Voraussetzung für die Ausübung dieses Beanstandungsrechts ist

a) einmal, daß der Tarifvertrag, um den es sich handelt, nicht für allgemeinverbindlich erklärt ist. Ist das letztere der Fall, so erscheint eine behördliche Beeinflussung des Vertragsinhalts überflüssig, da nicht anzunehmen ist, daß der Reichsarbeitsminister eine tarifvertragliche Regelung der Arbeitszeit, die vom sozialen Standpunkte bedenklich ist, durch die Allgemeinverbindlichkeitserklärung auf die Außenseiter ausdehnen wird (vgl. Klehmet I, Anm. 2 zu § 5):

b) ferner, daß die tarifvertraglichen Bestimmungen über die Arbeitszeit mit dem Sinne des öffentlich-rechtlichen Arbeitnehmerschutzes, insbesondere mit der Rücksicht auf die Schutzbedürftigkeit der weiblichen und jugendlichen Arbeitnehmer unvereinbar sind. Verstoßen sie gegen zwingende öffentlich-rechtliche Schutzvorschriften (z. B. gegen §§ 135f. GO.), so sind sie ohnedies nichtig, brauchen also nicht erst beanstandet zu werden. Es kann sich also nur um solche Bestimmungen handeln, die, ohne gegen ein Schutzgesetz zu verstoßen, mit Rücksicht auf die besonderen Verhältnisse der beteiligten Arbeitnehmer oder die Gefährlichkeit des Betriebs soziale Bedenken auslösen. Da für gewerbliche Betriebe der Schutz der weiblichen und jugendlichen Arbeitnehmer bereits in der GO. ausreichend geregelt ist, wird man in erster Linie an Betriebe zu denken haben, die nicht der GO., wohl aber der AZVO. unterstehen, ferner an besonders gesundheitsschädliche Betriebe, die nicht schon der Sonderregelung des § 7 AZVO. unterstellt und für die auch keine Anordnungen nach § 120f GO. erlassen sind. Bei ihnen ist auch auf die Schutzbedürftigkeit der erwachsenen männlichen Arbeitnehmer Rücksicht zu nehmen (Rohmer, S. 27).

9 Zuständig für die Beanstandung ist die oberste Landesbehörde, bei Tarifverträgen, deren räumlicher Geltungsbereich sich über mehrere Länder erstreckt, der Reichsarbeitsminister. Dieser ist nach § 15 Abs. 2 AZVO. ebenso wie die obersten Landesbehörden ermächtigt, die Beanstandungsbefugnis auf andere Stellen zu übertragen. Hiervon hat z. B. der Preußische Minister für Handel und Gewerbe durch Erlaß vom 4. 1. 1924 Gebrauch gemacht. Darnach sind in Preußen bei Tarifverträgen, die nur innerhalb eines Regierungsbezirks oder innerhalb der Stadt Berlin gelten, die Regierungspräsidenten bzw. der Polizeipräsident von Berlin zuständig. Die dem Reichsarbeitsminister durch § 5 Abs. 4 übertragenen Befugnisse werden jetzt, nach Auflösung der Reichsarbeitsverwaltung, wieder vom Reichsarbeitsminister selbst ausgeübt (Anordnung vom 8. 8. 1927, RABl. 1927 I, S. 361).

Die oberste Landesbehörde hat den Reichsarbeitsminister von den durch sie oder eine ermächtigte Stelle ausgesprochenen Beanstandungen in Kenntnis zu setzen (AusfBest. zu § 5).

10 Die Beanstandung hat in der Weise zu geschehen, daß die zuständige Behörde den Tarifparteien schriftlich ihre Anstände mitteilt und damit die Aufforderung verbindet, die auf die Arbeitszeit bezüglichen Bestimmungen des Tarifvertrags innerhalb einer festzusetzenden angemessenen Frist in der Weise zu ändern, daß der Anlaß zur Beanstandung beseitigt wird (vgl. Syrup I, S. 69, Anm. 16 und 19). Nicht vorgeschrieben, aber unbedingt zweckmäßig ist es, daß den Tarifparteien gleichzeitig eröffnet wird, welche Regelung der Arbeitszeit die Behörde

äußerstenfalls als noch mit dem Sinne des öffentlich-rechtlichen Arbeitnehmerschutzes verträglich erachtet. Die Tarifparteien haben nunmehr die Möglichkeit, selbst innerhalb der gesetzten Frist die notwendigen Änderungen vorzunehmen. Eine unmittelbare Rechtswirkung hat die Beanstandung nicht. Insbesondere setzt sie die beanstandete Bestimmung nicht von selbst außer Kraft, auch nicht nach fruchtlosem Ablauf der Frist (ebenso Syrup I, S. 69, Anm. 17, Erdmann, Anm. 8, Potthoff III, 3Ad zu § 5, Rohmer, S. 27; a. M. Klehmet I, S. 51). Vielmehr eröffnet sie der Behörde nur die Möglichkeit, nach Fristablauf ihrerseits Bestimmungen über die zulässige Dauer der Arbeitszeit zu treffen, wenn die Tarifparteien die Mängel nicht inzwischen abgestellt haben.

Ob die Behörde von dieser ihr durch § 5 Abs. 2 eingeräumten Befugnis Gebrauch machen will, ist ebenso wie die Beanstandung selbst, Sache ihres pflichtmäßigen Ermessens. Da jedoch die Beanstandung für sich allein die tarifliche Bestimmung nicht außer Kraft setzt, wird die Behörde die von ihr gewünschte Regelung selbst treffen müssen, wenn die Tarifparteien passiv bleiben. Die von ihr getroffene Regelung muß sich selbstverständlich im Rahmen der gesetzlichen Arbeitszeitvorschriften halten. Im übrigen ist die Behörde in der Gestaltung der Arbeitszeit frei. Sie kann auch einen Teil der tarifvertraglichen Arbeitszeitregelung bestehen lassen und nur den anderen Teil abweichend regeln.

Sobald die Behörde ihre Bestimmung getroffen und den Tarifparteien zugestellt hat, ist der entsprechende Teil des Tarifvertrags aufgehoben. Insoweit ist die Bestimmung privatrechtsgestaltender Staatsakt. Im übrigen setzt sie mit Wirkung für alle tarifbeteiligten Arbeitgeber und Arbeitnehmer die Höchstgrenze fest, bis zu der eine Beschäftigung statthaft ist (vgl. AusfBest. zu § 5). Daß die Arbeitnehmer auch verpflichtet sind, auf Verlangen bis zu dieser Höchstgrenze zu arbeiten, ergibt sich aus dem Inhalt des Anstellungsvertrags. Die behördliche Regelung nach § 5 Abs. 2 hat nicht etwa den Charakter eines Zwangstarifs, sondern ist eher mit der Genehmigung des § 6 zu vergleichen. Gleichwohl ist sie in ihrem Bestand vom Bestande des Tarifvertrags abhängig. Denn sie soll lediglich die von den Tarifparteien nach erfolgter Beanstandung unterlassene Neuregelung ersetzen. Daraus folgt, daß die behördliche Regelung von selbst außer Kraft tritt, wenn die Tarifparteien die verlangte Änderung des ursprünglichen Tarifvertrags nachholen (ebenso Syrup I, S. 69, Anm. 19, Erdmann, Anm. 8, S. 84; a. M. Potthoff III, 3Ak zu § 5) oder, wenn der Tarifvertrag, zu dessen Ergänzung die behördliche Regelung bestimmt ist, abläuft (ebenso Rohmer, S. 27; a. M. Syrup I, S. 70, Anm. 21, Potthoff III, 3Ai zu § 5).

11 Während die Vorschrift des § 5 Abs. 2 eine Änderung der tarifvertraglichen Arbeitszeitbestimmungen bezweckt, sieht § 5 Abs. 3 eine Ergänzung dieser Bestimmungen durch behördliche Regelung vor. Es handelt sich dabei um solche Fälle, in denen der Tarifvertrag selbst nur eine allgemeine Regelung der Arbeitszeit enthält, die näheren Bestimmungen, ohne welche die Regelung lückenhaft ist, aber einer besonderen Vereinbarung oder der Entscheidung durch besondere Stellen vorbehält. Hier kann die zuständige Behörde (vgl. oben Anm. 9) Bestimmungen über die zulässige Dauer der Arbeitszeit treffen, wenn sich das Zustandekommen der Vereinbarung oder der Entscheidung verzögert und eine behördlicherseits gestellte Nachfrist ergebnislos abgelaufen ist. Die Vorschrift ist unklar und ohne praktische Bedeutung. Ohne Schwierigkeiten ist sie durchführbar, wenn man dabei

an ergänzende Vereinbarungen der Tarifparteien denkt, die im Tarifvertrag vorbehalten wurden, aber mangels Einigung nicht zustandekommen. Dagegen erscheint ihre Anwendung nicht unbedenklich, wenn der Tarifvertrag lediglich Ausnahmen von der allgemeinen Regelung vorsieht, die von der Zustimmung der Betriebsvertretung, also von einer Betriebsvereinbarung abhängig gemacht sind (vgl. darüber Erdmann, Anm. 10 zu § 5). Verweigert in solchen Fällen die Betriebsvertretung ihre Zustimmung, so kann es dem Willen der Tarifparteien sehr wohl entsprechen, daß damit die Ausnahme ausgeschlossen sein soll. Ein behördliches Eingreifen wäre dann nicht am Platze. Die „besonderen Stellen", die über die Regelung der Arbeitszeit entscheiden sollen, sind als Tarifämter, tarifliche Schieds- oder Schlichtungsstellen zu denken. Ihre Entscheidung darf nicht die Auslegung der tariflichen Arbeitszeitbestimmungen betreffen, sondern muß sich auf die Gestaltung der Arbeitszeit beziehen, also Entscheidung einer Regelungsstreitigkeit, keiner Rechtsstreitigkeit sein (so richtig Erdmann, Anm. 11 zu § 5). Versagen diese Stellen, so kann die Behörde an ihrer Statt die Bestimmung treffen. Diese Bestimmung ist aber, wie die Verordnung an dieser Stelle ausdrücklich hervorhebt, nur subsidiär, sie gilt nur so lange, bis die Vereinbarung oder Entscheidung vorliegt.

12 Nach § 5 Abs. 5 gelten die Ausnahmen der §§ 3, 4 und 10 auch neben Tarifverträgen. Dem Arbeitgeber ist es also unbenommen, außer der im Tarifvertrag zugelassenen Mehrarbeit noch weitere Mehrarbeit im Rahmen der genannten Vorschriften der AZVO. zu verlangen, wobei allerdings in den Fällen der §§ 3 und 4 die im § 9 AZVO. vorgesehenen Grenzen der täglichen Arbeitsdauer eingehalten werden müssen. Der Arbeitgeber macht sich daher nicht strafbar, wenn er den Arbeitnehmer über die im Tarifvertrag vorgesehene Arbeitszeit hinaus mit Mehrarbeit beschäftigt, die durch die §§ 3, 4 (9) oder 10 AZVO. gedeckt ist. Der Arbeitnehmer kann diese Mehrarbeit auch nicht unter dem Gesichtspunkte verweigern, daß die Anordnung des Arbeitgebers gegen ein gesetzliches Verbot verstoße und deshalb unwirksam sei. Dagegen fragt es sich, wie solche Mehrarbeit mit dem Tarifvertrag zu vereinbaren ist, der mit privatrechtlicher Wirkung die Dauer der Arbeitszeit begrenzt und dessen Arbeitsbedingungen zuungunsten des Arbeitnehmers nicht abdingbar sind. Da eine Verlängerung der Arbeitszeit vom Standpunkte der Arbeitnehmer aus immer eine Verschlechterung der Arbeitsbedingungen bedeutet, könnte sich der Arbeitnehmer darauf berufen, daß er zu Mehrarbeit, die über die tarifvertraglich gezogenen Grenzen hinausgeht, nicht verpflichtet sei, auch wenn sie mit der AZVO. im Einklang steht (vgl. Potthoff VI, 3 zu § 5). Die Lösung dieser Schwierigkeit kann nur gefunden werden, wenn man auf die Möglichkeit hinweist, daß der Tarifvertrag unter Umständen lediglich die regelmäßige Arbeitszeit bestimmt, es dagegen hinsichtlich etwaiger Ausnahmen bei den Vorschriften der AZVO. bewenden läßt (vgl. oben Anm. 3a). Will der Tarifvertrag die zulässige Dauer der Arbeitszeit abschließend regeln, so ist damit auch der Umfang festgelegt, in dem die Arbeitnehmer mit privatrechtlich bindender Wirkung zu Mehrarbeit herangezogen werden können, und die weitergehenden Vorschriften der AZVO. hindern den Arbeitnehmer nicht, jede Mehrleistung über das im Tarifvertrag bestimmte Maß zu verweigern. Eine Vertragsverletzung wäre darin nicht zu finden, wenngleich eine tatsächlich stattfindende Beschäftigung ohne strafrechtliche Folgen für den Arbeitgeber bliebe, solange die Grenzen der

AZVO. nicht überschritten werden. Im Ergebnis ebenso L. Richter: Rechtsgutachten zur Arbeitszeitfrage, erstattet dem Deutschen Textilarbeiterverband, Berlin 1928, S. 23f. Geht jedoch aus dem Inhalt des Tarifvertrags hervor, daß er nur die regelmäßige betriebliche Arbeitszeit über die im § 1 Satz 2 und 3 festgesetzten Grenzen erweitern will, indem er z. B. die täglich zulässige Arbeitszeit auf 9 Stunden ausdehnt, so enthält er keinerlei Beschränkungen für Ausnahmefälle, für die infolgedessen nur die Vorschriften der AZVO. maßgebend sind. Dem Arbeitgeber steht es dann frei, an den 30 Tagen des § 3, für Vorbereitungs- und Ergänzungsarbeiten im Sinne des § 4 sowie in den besonderen Fällen des § 10 Mehrarbeit zu verlangen, und der Arbeitnehmer ist zu ihrer Leistung verpflichtet, da das Verfügungsrecht des Arbeitgebers insoweit weder vertraglich noch gesetzlich beschränkt ist. Die häufig aufgeworfene Frage, ob die §§ 3, 4 und 10 durch Tarifvertrag ausgeschlossen werden können (vgl. Erdmann, Anm. 14 zu § 5), ist zu verneinen. Da aber die zulässige Arbeitsdauer vertraglich in beliebiger Weise beschränkt werden kann, ist es möglich, die Arbeitszeit im Tarifvertrag mit privatrechtlicher Wirkung so zu regeln, daß von den genannten Mehrarbeitsmöglichkeiten der AZVO. praktisch kein Gebrauch gemacht werden kann. In eigentlichen Notfällen (vgl. § 10) wird freilich eine vertragliche Beschränkung des Verfügungsrechts des Arbeitgebers regelmäßig nicht als gewollt anzunehmen sein.

§ 6[1]

Soweit die Arbeitszeit nicht tariflich geregelt ist[2], kann auf Antrag des Unternehmers[3] für einzelne Betriebe oder Betriebsabteilungen[7] eine vom § 1 Satz 2 und 3 abweichende Regelung der Arbeitszeit durch den zuständigen Gewerbeaufsichtsbeamten oder Bergaufsichtsbeamten[5] nach Anhörung der gesetzlichen Betriebsvertretung[6] widerruflich zugelassen werden[7] [9], sofern sie aus betriebstechnischen Gründen, insbesondere bei Betriebsunterbrechungen durch Naturereignisse, Unglücksfälle oder andere unvermeidliche Störungen, oder aus allgemeinwirtschaftlichen Gründen geboten ist[4]. Für den Bereich mehrerer Gewerbeaufsichtsämter oder Bergaufsichtsämter sowie für ganze Gewerbezweige oder Berufe[7] steht die gleiche Befugnis nach Anhörung der beteiligten wirtschaftlichen Vereinigungen der Arbeitgeber und Arbeitnehmer[6] der obersten Landesbehörde, für Fälle, die sich auf mehrere Länder erstrecken, dem Reichsarbeitsminister zu[5].

Gegen den Bescheid ist, soweit er nicht von einer obersten Reichs- oder Landesbehörde erlassen ist, jederzeit die Beschwerde an die vorgesetzte Behörde zulässig, die endgültig entscheidet. Die Beschwerde hat keine aufschiebende Wirkung[8].

War die Arbeitszeit tarifvertraglich geregelt, und ist der Tarifvertrag seit nicht mehr als drei Monaten abgelaufen, so dürfen die im Abs. 1

bezeichneten Behörden nicht längere Arbeitszeiten zulassen, als nach dem Tarifvertrage zulässig gewesen wären[7].

Kommt nachträglich eine tarifliche Regelung zustande, so tritt diese ohne weiteres an die Stelle der behördlichen[10—12].

1 Die Fälle, in denen die AZVO. selbst eine Überschreitung der regelmäßigen gesetzlichen Arbeitszeit gestattet (§§ 3, 4, 10), sind inhaltlich eng begrenzt. Diese Ausnahmen gelten teils für ganz bestimmte Arbeiten, von deren Vornahme der ordnungsmäßige Gang des Betriebs abhängt, bezwecken also nicht eine gesteigerte Betriebstätigkeit, sondern wollen nur eine Beeinträchtigung derselben verhüten (§ 4), teils tragen sie einem vorübergehenden Bedürfnis nach verstärkter Arbeitsleistung in beschränktem Umfange Rechnung (§ 3). Das eigentliche Ziel der AZVO., wie es in den ihrem Erlasse vorausgehenden Verhandlungen der Reichstagsparteien zum Ausdruck kam, nämlich durch eine elastischere Gestaltung der Arbeitszeit im volkswirtschaftlichen Interesse die Produktion zu steigern und zu verbilligen (vgl. amtl. Begründung zur AZVO., RABl. 1924 AT., S. 16), ließ sich mit diesen Mitteln allein nicht erreichen. Da die Verordnung auf der andern Seite an dem Grundsatze des Achtstundentags festhalten zu müssen glaubte, konnte man zu einer weiteren Lockerung des Arbeitszeitschutzes nur in der Weise gelangen, daß man bestimmte Stellen ermächtigte, längere Arbeitszeiten, als sie in der Verordnung selbst vorgesehen waren, zuzulassen, wobei auch die Möglichkeit einer allgemeinen und dauernden Ausdehnung der Arbeitszeit über die gesetzlichen Grenzen hinaus ins Auge zu fassen war. Der Vortritt wurde dabei, den Wünschen der beteiligten Wirtschaftskreise entsprechend, den Tarifparteien eingeräumt (§ 5). Sie sollten in erster Linie über die zulässige Dauer der Arbeitszeit zu bestimmen haben. Daß es nur in seltenen Fällen gelungen ist, freiwillige Mehrarbeitsabkommen zustandezubringen, daß die tarifliche Verlängerung der zulässigen Arbeitszeit zum weitaus größten Teile auf sog. Zwangstarifen beruht, d. h. auf dem für verbindlich erklärten Schiedsspruch einer Schlichtungsbehörde, daß es also auch in diesem Falle schließlich eine Behörde zu sein pflegt, welche die Regelung trifft, entspricht gewiß nicht dem Grundgedanken der Verordnung. Für die juristische Betrachtung hat aber auch der verbindliche Schiedsspruch, zwar nicht seiner Entstehung wohl aber seiner Wirkung nach, die Natur eines Tarifvertrags, die in ihm enthaltene Arbeitszeitregelung fällt also unter § 5. Erst in zweiter Linie soll die Behörde in die Regelung der Arbeitszeit eingreifen im Wege der Anordnung, durch welche die zulässige Dauer der Arbeitszeit bestimmt wird. Diese Form der Regelung, die unter der Herrschaft der Demobilmachungsverordnungen eine wichtige Rolle spielte, ist damit stark in den Hintergrund gedrängt. Sie kommt im allgemeinen nur in Betracht, wo auch im Wege des Schlichtungsverfahrens keine tarifvertragliche Regelung zu erreichen ist. Die maßgebenden Bestimmungen enthält § 6.

2 Voraussetzung für das Tätigwerden der Behörde ist, wie bereits angedeutet wurde, das Fehlen einer tarifvertraglichen Regelung der Arbeitszeit. Liegt also ein freiwillig abgeschlossener oder durch verbindlichen Schiedsspruch zustandegekommener Tarifvertrag bereits vor, der die Arbeitszeit regelt, so ist ein Eingreifen der Behörde nach § 6 ausgeschlossen. Eine gleichwohl erteilte behördliche Bewilligung wäre ungültig und ohne jede Wirksamkeit. Das muß

schon daraus geschlossen werden, daß selbst die nachträglich getroffene tarifliche Regelung ohne weiteres eine bestehende behördliche Regelung außer Kraft setzt (§ 6 Abs. 4). Fraglich kann im einzelnen Falle nur sein, ob wirklich eine tarifvertragliche Regelung der Arbeitszeit, und zwar in vollem Umfange, besteht. Die Ansicht, daß jede tarifliche Regelung die behördliche Anordnung ohne weiteres ausschließe (Potthoff I, 1a, vgl. aber auch I, 2a zu § 6), geht zu weit. Vielmehr ist zu prüfen, ob gerade diejenige Arbeitszeitfrage, für die eine behördliche Anordnung beantragt wird, durch den Tarifvertrag geregelt ist. Im allgemeinen wird man davon ausgehen können, daß ein Tarifvertrag, der sich überhaupt mit der Dauer der Arbeitszeit befaßt, den Gegenstand auch abschließend regeln will. Mehrarbeit, die im Tarifvertrag nicht vorgesehen ist, kann dann auch durch behördliche Anordnung nicht zugelassen werden. Das gilt selbst dann, wenn der Tarifvertrag die Arbeitszeit nicht bis an die nach der Verordnung zulässigen Grenzen ausgedehnt hat. Gestattet der Tarifvertrag bestimmte Überschreitungen der gesetzlichen Arbeitszeit, so ist im Zweifel anzunehmen, daß er weitere Ausnahmen nicht zulassen will. Auch insoweit liegt dann eine tarifliche Regelung vor, wenn auch eine negative. Auf der andern Seite besteht aber auch die Möglichkeit, daß der Tarifvertrag bewußt nur einen Teil der mit der Arbeitszeit zusammenhängenden Fragen geregelt hat, z. B. die zulässige Dauer der Arbeitszeit für bestimmte Tätigkeiten oder für bestimmte Gruppen von Arbeitnehmern oder für bestimmte Arten von Betrieben. Auch das kann vorkommen, daß im Tarifvertrag nur die regelmäßige betriebliche Arbeitszeit behandelt ist (s. oben Anm. 3b zu § 5). Hinsichtlich der Ausnahmen gelten dann die sonstigen Vorschriften der AZVO. In allen diesen Fällen fehlt es für einen Teil der Arbeitszeitfragen an einer tariflichen Regelung, und für diesen Teil kann die Behörde nach § 6 eine Regelung treffen. Ebenso AusfBest. zu § 6 Abs. 1: „Der § 6 ist daher nur anwendbar, soweit eine tarifliche Regelung der Arbeitszeit überhaupt nicht oder nicht für alle Beteiligten besteht, oder soweit eine bestehende tarifliche Regelung die Fragen, für die der § 6 Vorsorge treffen will, offen gelassen hat". (Vgl. Klehmet I, Anm. 1 zu § 6.)

Solange der Tarifvertrag noch nicht vorliegt, sondern lediglich Verhandlungen darüber schweben, wäre ein Vorgehen gemäß § 6 nach dem Wortlaut der Verordnung nicht ausgeschlossen. Nur müßte damit gerechnet werden, daß die behördliche Regelung alsbald durch die tarifliche außer Kraft gesetzt wird (§ 6 Abs. 4). In schwebende Tarifverhandlungen behördlicherseits einzugreifen, ist selbstverständlich nicht zweckmäßig. Um dem Tarifvertrag aber unter allen Umständen den Vorrang zu sichern und um den Einigungswillen der Tarifparteien zu stärken, sind darüber hinaus die zuständigen Behörden durch Abs. 2 der AusfBest. zu § 6, angewiesen worden, abgesehen von besonderen Fällen den § 6 erst anzuwenden, nachdem zuvor alle Möglichkeiten, auch die im Schlichtungsverfahren liegenden, um eine tarifliche Vereinbarung zustandezubringen, erschöpft sind. Die Partei, die an der Mehrarbeit ein Interesse hat, wird also im allgemeinen zunächst auf das Schlichtungsverfahren zu verweisen sein (RAM. vom 25.2.1924, RABl. 1924 AT., S. 92). Dieser vom Reichsarbeitsminister vorgeschriebene Weg, der dazu geführt hat, daß die Arbeitgeber in vielen Fällen gezwungen waren, die Verbindlichkeitserklärung von Schiedssprüchen über Mehrarbeit zu beantragen, ist jedoch nicht in allen Fällen gangbar. Kann die Entscheidung über Mehrarbeit für einzelne Betriebe nicht hinausgeschoben werden oder steht zweifellos fest, daß die Rücksicht auf die Wirtschaft eine sofortige allgemeine Regelung verlangt, so ist die nach § 6 zuständige Behörde durch schwebende Tarif- oder Schlichtungsverhandlungen am Eingreifen nicht behindert, vielmehr nach pflichtmäßigem Ermessen hierzu gehalten (AusfBest. zu § 6 und RAM. vom 25. 2. 1924, RABl. 1924 AT., S. 92).

3 Die behördliche Anordnung setzt weiter einen Antrag des Unternehmers voraus. Ein Eingreifen von Amts wegen findet nicht statt. Die Verordnung spricht vom „Unternehmer", obgleich dieser hier nur in seiner Eigenschaft als Arbeitgeber in Betracht kommen kann. Arbeitgeber aber ist derjenige, der die Arbeitnehmer „beschäftigt", dem die Rechte und Pflichten aus dem Anstellungsvertrage zustehen, gleichgültig, ob er das Risiko des Betriebes trägt oder nicht (Syrup I, S. 71, Anm. 4). Natürlich kann er sich bei der Antragstellung durch einen andern vertreten lassen. Für die Arbeitnehmer eines fremden Betriebs kann der Antrag nicht gestellt werden (Syrup, a. a. O.). Daß der Antrag schriftlich gestellt werde, ist nicht vorgeschrieben, aber zweckmäßig. Jedenfalls muß er deutlich erkennen lassen, daß eine behördliche Regelung der Arbeitszeit im Sinne von § 6 AZVO. gewünscht wird. Daß die Einreichung einer Arbeitsordnung, die eine betriebliche Mehrarbeitsvereinbarung enthält, an das zuständige Gewerbeaufsichtsamt „stillschweigend" den Antrag auf Arbeitszeitverlängerung im Sinne des § 6 AZVO. enthalte (so Erdmann, S. 89), ist nicht anzuerkennen (dagegen auch Potthoff II, 2a zu § 6).

Bezieht sich die behördliche Regelung nicht auf einzelne Betriebe, sondern auf ganze Gewerbezweige oder Berufe, so muß, obgleich die Verordnung hierbei das Antragserfordernis nicht nochmals ausdrücklich hervorhebt, angenommen werden, daß die Gesamtheit der beteiligten Arbeitgeber oder der zuständige Arbeitgeberverband den Antrag zu stellen haben. Daß in diesem Falle von Amts wegen eingegriffen werden könne (so Klehmet I, Anm. 6 zu § 6), dürfte dem Grundgedanken der Vorschrift nicht entsprechen.

Fehlt es an einem gültigen Antrag, so ist die behördliche Regelung nicht ungültig (a. M. Potthoff II, 2d zu § 6). Sie bleibt vielmehr in Kraft, bis sie von der Behörde selbst oder ihrer vorgesetzten Stelle, evtl. im Beschwerdewege, aufgehoben worden ist. Das folgt aus dem allgemeinen Grundsatze, daß eine von der örtlich und sachlich zuständigen Behörde erlassene Verfügung nicht absolut nichtig, sondern nur vernichtbar ist, sofern die wesentlichen Verfahrensvorschriften bei ihrem Zustandekommen beobachtet sind. (Vgl. O. Mayer: Deutsches Verwaltungsrecht, 2. Aufl., Bd. I, S. 97; Fleiner: Institutionen, S. 195f.) Das Vorliegen des Antrags wird man in diesem Falle aber nicht als wesentlich betrachten können.

4 Eine vom § 1 Satz 2 und 3 abweichende Regelung der Arbeitszeit, also eine längere als die dort vorgesehene Arbeitsdauer, soll von der Behörde nur zugelassen werden, wenn hierfür bestimmte Gründe sprechen. Die Verordnung nennt einerseits betriebstechnische, andererseits allgemeinwirtschaftliche Gründe. Die Ausdrücke sind entgegen der ursprünglichen Vorlage absichtlich weit gefaßt. Die zuständige Behörde soll in der Ausübung ihres pflichtmäßigen Ermessens möglichst frei gestellt sein, damit das allgemeine Ziel der Verordnung, eine Steigerung und Verbilligung der Gütererzeugung zu ermöglichen, durch sachgemäße Behandlung des Einzelfalls auch erreicht werden kann. Unter den betriebs-

technischen Gründen hebt die Verordnung in Anlehnung an den früheren § 6 AngAZVO. den Fall der Betriebsunterbrechung durch Naturereignisse, Unglücksfälle oder andere unvermeidliche Störungen besonders hervor. Es handelt sich hierbei aber nur um Beispiele, die keineswegs darauf hinweisen sollen, daß nur vorübergehende Umstände in Frage kommen. Es ist vielmehr sehr wohl möglich, daß die technische Einrichtung des Betriebs auf die Dauer eine längere Arbeitszeit erforderlich macht (Syrup I, S. 72, Anm. 10, Rohmer, S. 31). Das Ziel der Vorschrift ist nicht nur, einen durch Betriebsunterbrechungen verursachten Produktionsausfall wettzumachen — dem trägt in gewissem Umfange schon § 1 Satz 3 Rechnung —, vielmehr soll im § 6 auch auf die regelmäßigen betriebstechnischen Bedürfnisse Rücksicht genommen werden. Allgemeinwirtschaftliche Gründe sind solche, deren Berücksichtigung im allgemeinen volkswirtschaftlichen, nicht ausschließlich im privatwirtschaftlichen Interesse des Unternehmers liegt. Tatsächlich wird sich bei der heutigen Lage der deutschen Wirtschaft beides regelmäßig decken. Daß dem einzelnen Unternehmer die rasche Ausnutzung einer günstigen Konjunktur, die pünktliche Erledigung eiliger Aufträge usw. ermöglicht wird, ist auch für die Allgemeinheit wichtig, weil das Gedeihen der Wirtschaft im ganzen gleichbedeutend ist mit dem Gedeihen ihrer einzelnen Glieder. Daß eine behördliche Verlängerung der Arbeitszeit erst statthaft sei, wenn der Unternehmer alle übrigen Möglichkeiten, die Gütererzeugung zu steigern, durch restlose Ausnutzung der technischen Errungenschaften und organisatorische Verbesserung des Betriebs erschöpft habe (so Leipart-Nörpel, Anm. 3 zu § 6), ist eine unhaltbare Behauptung (dagegen auch Klehmet I, S. 57). Beides hängt nicht allein vom guten Willen des Unternehmers ab und die Verordnung enthält darüber begreiflicherweise nichts. Auch ist es nicht unbedingt richtig, daß die Neueinstellung von Arbeitskräften, solange sie möglich ist, der Arbeitszeitverlängerung stets vorgehen müsse. Nur wird, zumal in Zeiten starker Arbeitslosigkeit, besonders sorgfältig die Notwendigkeit einer Ausdehnung der Arbeitszeit zu prüfen sein. Mehr sagt im Grunde auch RAM. vom 9. 11. 1926, RABl. 1926 AT., S. 373 nicht.

Die Voraussetzungen für die Zulassung einer längeren Arbeitsdauer sind im § 6 Abs. 1 erschöpfend geregelt, es ist daher nicht angängig, daß etwa durch die Landesregierungen die Bewilligung von weiteren Voraussetzungen abhängig gemacht wird (AusfBest. zu § 6 Abs. 3).

5 Hinsichtlich der Zuständigkeit für die im § 6 vorgesehene Regelung ist zu unterscheiden:

a) handelt es sich um einzelne Betriebe oder Betriebsabteilungen, für welche die Arbeitszeit geregelt werden soll, so ist das Gewerbeaufsichtsamt, bei Bergwerken das Bergaufsichtsamt, zu dessen Bezirk der Betrieb gehört, zuständig;

b) gehört der Betrieb zum Bezirke mehrerer Aufsichtsämter, so ist die oberste Landesbehörde zuständig. Das gleiche gilt, wenn die Regelung für ganze Gewerbezweige oder Berufe beantragt wird. Die oberste Landesbehörde kann nach § 15 Abs. 2 AZVO. ihre Befugnis auf nachgeordnete Stellen übertragen (in Preußen geschehen durch Erlaß des Ministers für Handel und Gewerbe vom 4. 2. 1924);

c) in Fällen, die sich auf mehrere Länder erstrecken (mag es sich um einzelne Betriebe oder ganze Gewerbezweige handeln), ist der Reichsarbeitsminister zuständig;

d) handelt es sich um Betriebe oder Verwaltungen des Reichs oder der Länder oder um Verwaltungen der Gemeinden oder Gemeindeverbände, so tritt an die Stelle der sonst zuständigen Behörde nach § 13 AZVO. die vorgesetzte Dienstbehörde.

6 Bevor die zuständige Behörde ihre Entscheidung trifft, hat sie, wenn es sich um einzelne Betriebe handelt, die gesetzliche Betriebsvertretung, wenn es sich um ganze Gewerbezweige oder Berufe handelt, die beteiligten wirtschaftlichen Vereinigungen der Arbeitgeber und Arbeitnehmer anzuhören. Vgl. hierzu Anm. 9 zu § 1, Anm. 3b zu § 2. Die Anhörung der Betriebsvertretung muß trotz des Wortlauts der Verordnung auch dann für erforderlich und genügend angesehen werden, wenn die Bewilligung für einen einzelnen Betrieb durch die oberste Landesbehörde oder den Reichsarbeitsminister zu erteilen ist (vgl. Anm. 5b und c). Ebenso Syrup I, S. 73, Anm. 16. Fehlt es an einer gesetzlichen Betriebsvertretung, sei es, daß der Betrieb zur Zeit der Antragstellung stilliegt, sei es, daß eine Wahl nicht zustandegekommen ist, so muß die Entscheidung der Behörde auch ohne Anhörung getroffen werden, weil durch diesen Umstand der Erlaß einer wirtschaftlich notwendigen Anordnung nicht unmöglich gemacht werden darf (RAM. vom 15. 5. 1924, RABl. 1925 AT., S. 264). Die Anhörung der Betriebsvertretung ist mit der eben gemachten Einschränkung eine wesentliche Verfahrensvorschrift und daher Voraussetzung für die Gültigkeit der behördlichen Regelung. Erscheint die vorherige Anhörung weiterer Stellen (z. B. der zuständigen amtlichen Berufsvertretung) angebracht, so steht dem selbstverständlich nichts im Wege (AusfBest. zu § 6 Abs. 3).

7 Die Behörde trifft ihre Entscheidung nach pflichtmäßigem Ermessen. Sie hat bei Prüfung der Anträge „unter möglichster Wahrung der sozialpolitischen Belange auf die bei der heutigen wirtschaftlichen Lage erforderliche Steigerung und Verbilligung der Gütererzeugung gebührend Rücksicht zu nehmen" (AusfBest. zu § 6 Abs. 2). Für den Inhalt der Anordnung enthält die Verordnung nur wenige einschränkende Vorschriften:

a) die Regelung hat sich zu erstrecken auf einzelne Betriebe, Betriebsabteilungen, ganze Gewerbezweige oder ganze Berufe. Unzulässig wäre also eine Mehrarbeitsgenehmigung für einzelne Arbeitnehmer. Selbstverständlich kann die einen ganzen Gewerbezweig oder Beruf erfassende Regelung sich, entsprechend dem räumlichen Geltungsbereich eines Tarifvertrags, auf bestimmte Bezirke beschränken. Übrigens wird eine Regelung, die auf den Beruf abstellt (Metallarbeiter, Chauffeure usw.), praktisch kaum vorkommen;

b) die behördliche Regelung kann sich, ebenso wie es beim Tarifvertrag der Fall ist (vgl. Anm. 3 zu § 5), sowohl auf die regelmäßige Arbeitszeit beziehen als auch für bestimmte Ausnahmefälle Überstunden zulassen. Dabei ist die Behörde an die im § 9 gezogenen oberen Grenzen gebunden. Darnach darf die regelmäßige Arbeitszeit niemals 10 Stunden täglich überschreiten. Dagegen kann für besondere Ausnahmefälle eine Überschreitung dieser Grenze aus dringenden Gründen des Gemeinwohls von der zuständigen Behörde zugelassen werden, freilich nur für bestimmte Frist (Näheres bei § 9). Im übrigen ist eine

Befristung der Genehmigung nicht vorgeschrieben und mit Rücksicht auf den jederzeit zulässigen Widerruf auch nicht erforderlich. Wird gleichwohl eine Befristung beigefügt, so bedeutet sie aus eben diesem Grunde weniger eine Einschränkung als vielmehr eine gewisse Gewähr für den Arbeitgeber, daß er für die Dauer der Frist mit der Möglichkeit der Mehrarbeit rechnen darf. Vor Ablauf der Frist wird deshalb ein Widerruf nur aus ganz besonderen Gründen zulässig sein. Gegen unbegründeten Widerruf hilft die Beschwerde (s. unten Anm. 8).

Die Behörde kann ihre Genehmigung an bestimmte Bedingungen oder Auflagen knüpfen. Diese müssen aber mit dem Schutze der Arbeitnehmer gegen Gefährdung durch die Dauer der Arbeitszeit in unmittelbarem Zusammenhange stehen (so ausdrücklich AusfBest. zu § 6 Abs. 3; vgl. ferner Klehmet I, S. 54, Erdmann, Anm. 4 zu § 6; unrichtig Potthoff III, 4 zu § 6). Zulässig ist es darnach, die längere Arbeitsdauer abhängig zu machen von einer bestimmten Lage der Arbeitsstunden oder einer bestimmten Dauer der Pausen. Auch können Einschränkungen für jugendliche oder weibliche Arbeitnehmer gemacht werden. Dagegen sind Bedingungen und Auflagen, die nicht unmittelbar mit der Arbeitszeit zu tun haben, unstatthaft. Das Gewerbeaufsichtsamt darf die Gelegenheit der Genehmigungserteilung nicht ausnutzen, um bestimmte Forderungen und Wünsche, für deren Erfüllung das Gesetz sonst keine Handhabe bietet, durchzusetzen, z. B. den bereits bestehenden Entlassungsschutz zu verstärken, indem es die Genehmigung davon abhängig macht, daß der Arbeitgeber auf Entlassungen für gewisse Zeit überhaupt verzichtet. Die Beifügung solcher unzulässiger Bedingungen oder Auflagen macht die Genehmigung nicht unwirksam, doch darf der Arbeitgeber, der sich ihnen nicht unterwerfen will, von der Genehmigung erst Gebrauch machen, wenn er, evtl. im Beschwerdewege, eine Streichung der Nebenbestimmung erreicht hat (a. M. Erdmann, a. a. O., der die Bedingung einfach streichen will). Werden zulässigerweise aufgestellte Bedingungen vom Arbeitgeber nicht erfüllt, so ist die nur unter dieser Bedingung genehmigte Überschreitung der Arbeitszeit unzulässig. Handelt es sich dagegen um bloße Auflagen, so kann die Behörde lediglich die Genehmigung widerrufen. Strafbar macht sich der Arbeitgeber in diesem Falle nicht, die Auflage müßte denn lediglich eine im Gesetz bereits enthaltene, durch Strafdrohung gesicherte Schutzvorschrift wiederholen (ungenau Potthoff III, 4 zu § 6):

c) die Genehmigung darf immer nur widerruflich erteilt werden. Das ist im § 6 ausdrücklich vorgeschrieben und gilt auch für die von der obersten Landesbehörde oder vom Reichsarbeitsminister erteilten Genehmigungen. Auch der Widerruf ist in das pflichtmäßige Ermessen der zuständigen Behörde gestellt. Er wird besonders bei wesentlicher Änderung der Verhältnisse oder bei Nichterfüllung der gestellten Auflagen in Frage kommen. Über den Widerruf bei befristeter Genehmigung s. oben unter b. Auch der Widerruf ist mit der Beschwerde anfechtbar;

d) eine weitere Einschränkung des Inhalts der behördlichen Genehmigung ist durch das sog. Arbeitszeitnotgesetz eingefügt worden. Nach dem neuen Abs. 3 des § 6 darf die Behörde, wenn die Arbeitszeit vorher tarifvertraglich geregelt war und der Tarifvertrag seit nicht mehr als 3 Monaten abgelaufen ist, keine längere Arbeitszeit zulassen als nach dem Tarifvertrag zulässig gewesen wäre. Dadurch soll den Arbeitgebern der Anreiz genommen werden, den Tarifvertrag zu kündigen, um mit Hilfe der behördlichen Regelung eine längere zulässige Arbeitsdauer zu erreichen. Darüber, wann die Arbeitszeit tarifvertraglich geregelt ist, vgl. oben Anm. 2. Die Beschränkung gilt nur im Umfange der früheren tariflichen Regelung, bezieht sich also nicht auf Arbeitszeitfragen, Arbeitnehmergruppen, Betriebsarten usw., für die der Tarifvertrag keine Bestimmungen über die Arbeitszeit enthalten hat. Hinsichtlich ihrer ist die Behörde frei (vgl. Potthoff VI, 3 zu § 6). Im übrigen bildet die frühere tarifliche Regelung für sie den Rahmen, innerhalb dessen sich ihre Regelung bewegen kann. Sie kann die Dauer der Arbeitszeit stärker einschränken als es der Tarifvertrag getan hatte, aber nicht darüber hinaus gehen. Das muß sinngemäß nicht nur für die eigentliche Höchstdauer der Arbeitszeit gelten, sondern auch für etwaige Bedingungen, an die der Tarifvertrag die Zulässigkeit der Mehrarbeit geknüpft hatte, z. B. die Zustimmung der Betriebsvertretung (so mit Recht Klehmet II, S. 20f., Rohmer, Anm. 4 zu § 6). Nach Ablauf von 3 Monaten seit dem Außerkrafttreten des Tarifvertrags ist die Behörde wieder frei. Dabei wird nicht auf den Zeitpunkt ihrer Entscheidung abzustellen sein, sondern auf den Zeitpunkt, in dem die behördliche Regelung in Wirksamkeit treten soll (ebenso Klehmet II, S. 20).

Hat die Behörde unzulässigerweise eine Regelung der Arbeitszeit getroffen, die über den Tarifvertrag hinausgeht, so ist sie nur insoweit unwirksam, als die tariflichen Grenzen überschritten sind (Erdmann, Anm. 14 zu § 6; a. M. Potthoff VI, 2a zu § 6). Es ist nicht einzusehen, weshalb die Genehmigung nicht in dem gesetzlich zulässigen und von der Behörde zweifellos gleichfalls gewollten Umfange aufrechterhalten werden sollte.

8 Der Bescheid der Behörde kann, sofern er nicht von einer obersten Reichs- oder Landesbehörde ausgeht, mit der Beschwerde angefochten werden. Soweit die oberste Landesbehörde ihre Befugnis zur anderweiten Regelung der Arbeitszeit einer nachgeordneten Stelle übertragen hat, kann deren Entscheidung gleichfalls angefochten werden. Es handelt sich um eine einfache Verwaltungsbeschwerde, welche die vorgesetzte Behörde zur nochmaligen Prüfung der Angelegenheit und Bescheidung des Beschwerdeführers zwingt. Eine weitere Beschwerde ist nicht zugelassen, die vorgesetzte Behörde entscheidet endgültig, was aber nicht ausschließt, daß gegen den Bescheid im Dienstaufsichtswege vorgegangen wird. Form und Ort der Beschwerdeeinlegung, Beschwerdeinstanz und -verfahren richten sich nach den landesrechtlichen Vorschriften. Die Beschwerde kann sich sowohl gegen die Erteilung als auch gegen die Versagung der Genehmigung und schließlich gegen den Widerruf der bereits erteilten Genehmigung richten. Wer zur Erhebung der Beschwerde befugt ist, sagt die Verordnung nicht. Die Praxis hat den Kreis der Beschwerdeberechtigten weit gezogen und jeden zugelassen, der ein Interesse an der Abänderung des Bescheides hat (RAM. vom 15. 5. 1924, RABl. 1924 AT., S. 264). In erster Linie kommt der Antragsteller selbst in Frage, sodann die von der Entscheidung betroffenen einzelnen Arbeitnehmer (Klehmet I, Anm. 7 zu § 6). Ob auch die Betriebsvertretung, kann zweifelhaft sein, weil etwas derartiges nicht zu ihren gesetzlichen Aufgaben gehört (vgl. §§ 66f. BGB.). Dagegen sind die beteiligten wirtschaftlichen Vereinigungen der Arbeitgeber und Arbeitnehmer auch dann beschwerdeberechtigt, wenn nur ein einzelner Betrieb betroffen ist (ebenso offenbar auch RAM. vom 15. 5. 1924, s. oben).

Eine Frist für die Einlegung der Beschwerde ist nicht vorgeschrieben. Sie kann jederzeit erhoben werden, also auch nachdem die Regelung bereits eine Zeitlang in Kraft war. Aufschiebende Wirkung ist ihr ausdrücklich abgesprochen.

9 Auch im Falle des § 6 besteht Meinungsverschiedenheit darüber, ob die einzelnen Arbeitnehmer verpflichtet sind, die behördlich zugelassene Mehrarbeit ohne weiteres zu leisten. Sowohl dem Grundgedanken des öffentlich-rechtlichen Arbeitszeitschutzes als dem Wortlaut der Vorschrift (die vom § 1 Satz 2 und 3 abweichende Regelung wird von der Behörde „zugelassen") entspricht es, daß die behördliche Genehmigung keine unmittelbaren privatrechtlichen Wirkungen äußert. Behördlicherseits wird dem Arbeitnehmer also keine Verpflichtung auferlegt, die Mehrarbeit zu leisten. So auch LAG. Frankfurt a. O. vom 29.9.1927, Bensh.Samml. Bd. I, S. 364f. Die daraus meist abgeleitete Folgerung, daß zu der behördlichen Zulassung noch eine besondere privatrechtliche Verpflichtung treten müsse, damit der Arbeitgeber die ihm erteilte Genehmigung auch praktisch ausnützen könne (so Rohmer, S. 31, Potthoff V, 1 zu § 6), ist aber in dieser Allgemeinheit nicht richtig. Das von der Verordnung zweifellos gewollte Ergebnis, eine Mehrarbeitsleistung zu erzielen, würde dabei angesichts des zu erwartenden Widerstandes der Arbeitnehmer gegen eine Ausdehnung ihrer Arbeitsverpflichtung in den meisten Fällen vereitelt werden (vgl. die insoweit zutreffenden Ausführungen bei Erdmann, Anm. 5 zu § 6). Auf der Suche nach dem Verpflichtungsgrund werden manchmal sonderbare Wege eingeschlagen (vgl. das oben angeführte Urteil des LAG. Frankfurt a. O.). Ein solcher besonderer Verpflichtungsgrund ist aber auch in den meisten Fällen gar nicht notwendig. Denn der Arbeitnehmer hat sich bereits durch den Anstellungsvertrag verpflichtet, dem Arbeitgeber seine Arbeitskraft, und zwar grundsätzlich ohne Beschränkung, zur Verfügung zu stellen. Von seinem Verfügungsrecht, das sich auch und sehr wesentlich auf die Dauer der zu leistenden Arbeit bezieht, kann der Arbeitgeber freilich nur insoweit Gebrauch machen, als die AZVO. es zuläßt. Weitergehende Anordnungen verstoßen gegen ein gesetzliches Verbot und sind deshalb unwirksam. Werden nun aber die sonst geltenden Schranken der Arbeitszeit durch die hierzu ermächtigte Behörde gemäß § 6 hinausgerückt, so erweitert sich damit von selbst auch der Umfang, in dem der Arbeitgeber von seinem Verfügungsrecht Gebrauch machen kann. Im Rahmen der behördlichen Regelung sind daher seine auf Leistung von Mehrarbeit gerichteten Anordnungen wirksam und vom Arbeitnehmer zu befolgen. Nichtleistung wäre Vertragsverletzung und könnte zu fristloser Entlassung führen. Vgl im übrigen die Ausführungen in Anm. 5b zu § 1, Anm. 6 zu § 3, sowie Einleitung S. 16 fg.

10 Auch die nach § 6 zugelassene und geleistete Mehrarbeit ist nach der durch das Arbeitszeitnotgesetz getroffenen neuen Regelung (§ 6a) mit einem besonderen Zuschlag zu vergüten, der in der Regel auf 25% zu bemessen ist. Näheres bei § 6a.

11 Ist die Genehmigung zur Mehrarbeit erteilt, so ist eine Abschrift der Verfügung im Betrieb auszuhängen (AusfBest. zu § 6 Abs. 3). Ferner ist eine Abschrift der nach § 6 Abs. 1 Satz 2 erteilten Bewilligungen dem Reichsarbeitsminister zu übersenden. Die Benachrichtigung des Reichsarbeitsministers ist also nur vorgeschrieben, soweit die oberste Landesbehörde oder eine von ihr ermächtigte Stelle für die Genehmigung zuständig ist.

12 Daß die Behörde jederzeit in der Lage ist, ihre Verfügung aufzuheben oder abzuändern, ergibt sich daraus, daß die Genehmigung der Mehrarbeit nur widerruflich geschehen darf (s. oben Anm. 7c). War die Genehmigung von vornherein als befristete erteilt, so tritt sie nach Ablauf der Frist von selbst außer Kraft. Eines besonderen Aufhebungsbeschlusses bedarf es in diesem Falle nicht. Das gleiche gilt, wenn nachträglich, d. h. nach Erteilung der Genehmigung, eine tarifliche Regelung der Arbeitszeit zustande kommt. Diese tritt ohne weiteres an die Stelle der behördlichen (§ 6 Abs. 4). Vorausgesetzt ist dabei, daß der Tarifvertrag die gleichen Arbeitszeitfragen behandelt und für den gleichen Personenkreis gilt wie die behördliche Regelung. Soweit das nicht der Fall ist, bleibt die behördliche Regelung neben der tariflichen bestehen (Klehmet I, Anm. 8, Rohmer, Anm. 5, Potthoff I, 3b zu § 6). Jene behält mit andern Worten ihre Geltung in dem gleichen Umfange, in dem sie von Anfang an neben einer tariflichen Regelung der Arbeitszeit hätte erlassen werden können (vgl. darüber oben Anm. 2).

Die tarifliche Regelung kann (innerhalb der Grenzen des § 9) über die behördliche hinausgehen oder dahinter zurückbleiben. Auch im zweiten Falle löst sie die behördliche Regelung ab. Selbst wenn der Tarifvertrag bestimmen sollte, daß es bei den allgemeinen Vorschriften der AZVO. zu verbleiben hat, hätte der Wille der Tarifparteien den Vorrang vor der Behörde, und zwar auch im Hinblick auf die öffentlich-rechtlichen Wirkungen (a. M. Rohmer, Anm. 5).

§ 6a

[1]Wird auf Grund der §§ 3, 5, 6 oder 10 Mehrarbeit geleistet[2], so haben die Arbeitnehmer mit Ausnahme der Lehrlinge[4] für die über die Grenzen des § 1 Satz 2 und 3 hinausgehende Arbeitszeit Anspruch[5] auf eine angemessene Vergütung über den Lohn für die regelmäßige Arbeitszeit hinaus[6, 7], und zwar auch dann, wenn in diesen Fällen gemäß § 9 länger als 10 Stunden gearbeitet wird. Dies gilt nicht, soweit die Mehrarbeit auch nach den §§ 2 oder 4 zulässig wäre oder lediglich infolge von Notfällen, Naturereignissen, Unglücksfällen oder anderen unvermeidlichen Störungen erforderlich ist[3].

Als angemessene Vergütung gilt, sofern die Beteiligten nicht nach dem Inkrafttreten dieses Gesetzes eine andere Regelung vereinbaren oder besondere Umstände eine solche rechtfertigen, ein Zuschlag von fünfundzwanzig vom Hundert[8, 9].

[10]Entsteht zwischen gesamtvertragsfähigen Parteien Streit über die Form, die Höhe oder die Art der Berechnung der Vergütung und kommt in freien Verhandlungen oder im Schlichtungsverfahren keine Gesamtvereinbarung zustande[11], so trifft der Schlichter auf Antrag eine bindende Regelung[13—15]. Unter den gleichen Voraussetzungen entscheidet er auch bindend darüber, inwieweit die Mehrarbeit wegen Arbeitsbereitschaft nach § 2 oder wegen Vorliegens der Voraus-

setzungen des § 4 keinen Anspruch auf Vergütung begründet. Zuständig ist der ständige Schlichter oder, wenn die Streitigkeit seinen Bezirk wesentlich überschreitet, ein vom Reichsarbeitsminister für den Einzelfall bestellter Schlichter[12].

War die Mehrarbeit schon am 1. April 1927 tarifvertraglich vereinbart oder behördlich zugelassen, so gelten die Vorschriften der Abs. 1 und 2 erst vom Ablauf des Tarifvertrags oder der Genehmigung, spätestens jedoch vom 1. Juli 1927 an[16].

Wird in Gewerben, die ihrer Art nach in gewissen Zeiten des Jahres regelmäßig zu erheblich verstärkter Tätigkeit genötigt sind, in diesen Zeiten über die Grenzen des § 1 Satz 2 und 3 hinaus gearbeitet, so kann der Reichsarbeitsminister nach Anhörung der wirtschaftlichen Vereinigungen der Arbeitgeber und der Arbeitnehmer bestimmen, daß die Vorschriften der Abs. 1 und 2 keine Anwendung finden, soweit die Mehrarbeit durch Verkürzung der Arbeitszeit in den übrigen Zeiten des Jahres ausgeglichen wird[17].

1 Die Vorschrift ist durch das sog. Arbeitszeitnotgesetz vom 14. 4. 1927 in die AZVO. eingefügt worden und bringt eine grundsätzliche Neuerung, insofern die gesetzliche Regelung der Arbeitszeit sich nunmehr auch mit der Frage der Entlohnung befaßt, die von der AZVO. in ihrer ursprünglichen Fassung bewußt offen gelassen und der Verständigung zwischen den Beteiligten, vor allem im Wege des Tarifvertrags, überlassen worden war (vgl. amtl. Begründung unter 3, RABl. 1924 AT., S. 16). Die Gründe für diese Maßnahme liegen einmal in dem Bestreben, die Mehrarbeit über die regelmäßige Arbeitszeit von 8 Stunden täglich bzw. 48 Stunden wöchentlich hinaus möglichst einzuschränken. Das Arbeitszeitnotgesetz hat die schon früher zugelassenen Ausnahmen vom Achtstundentag im wesentlichen aufrechterhalten. Indem es aber in den wichtigsten Fällen zulässiger Mehrarbeit dem Arbeitgeber die Bezahlung einer höheren Vergütung zur Pflicht macht und auf diese Weise die Mehrarbeit mit einer besonderen finanziellen Belastung für den Arbeitgeber verbindet, will es auf indirekte Art den Wünschen der Arbeitnehmer nach Einschränkung der Überarbeit entgegenkommen (so ausdrücklich die Begründung zu § 6a). Außerdem hat dabei die Absicht mitgesprochen, die innerstaatliche deutsche Regelung der Arbeitszeit dem Washingtoner Übereinkommen vom Jahre 1919 anzupassen, um dessen spätere Ratifizierung vorzubereiten. Jenes Übereinkommen sieht gleichfalls für bestimmte Fälle der Mehrarbeit einen 25proz. Zuschlag vor, freilich, im Gegensatze zur Regelung des § 6a, nur für Arbeiter und ohne die Möglichkeit einer abweichenden Vereinbarung. Juristisch bedeutet die Vorschrift einen Eingriff in die privatrechtlichen Beziehungen zwischen Arbeitgeber und Arbeitnehmer und damit eine Abkehr von dem Grundgedanken des übrigen Arbeitszeitschutzrechts, das sich lediglich mit öffentlich-rechtlichen Geboten und Verboten an den Arbeitgeber wendet und die rechtliche Stellung des Arbeitnehmers nur mittelbar beeinflußt.

2 Der gesetzliche Anspruch auf den Lohnzuschlag nach § 6a besteht nicht in allen Fällen, in denen länger als 8 Stunden täglich gearbeitet wird. Zuschlags-

pflichtig ist zunächst nur diejenige Arbeitszeit, die über die Grenzen des § 1 Satz 2 und 3 hinausgeht. Da der Satz 3 des § 1 eine Überschreitung des Achtstundentags im Rahmen der 48 Stundenwoche oder 96stündigen Doppelwoche zum Ausgleich für ausgefallene Arbeitsstunden zuläßt, so ist im Anwendungsgebiet dieser Bestimmung der gesetzliche Anspruch auf den Zuschlag nicht begründet, auch wenn die Arbeitszeit am einzelnen Tage erheblich über 8 Stunden hinausreicht.

Ferner bestimmt § 6a ausdrücklich die Mehrarbeitsfälle, in denen der Zuschlag bezahlt werden muß. Es muß sich um Mehrarbeit handeln, die auf Grund der §§ 3, 5, 6 oder 10 AZVO. geleistet wird. Keine Zuschlagspflicht besteht demnach, wenn die Arbeitszeit nach §§ 2 oder 4 verlängert wird. Es scheiden also aus die Fälle der Arbeitsbereitschaft (§ 2), in denen, wie die Begründung zu § 6a bemerkt, der Zwang, für die über 8 Stunden hinausgehende Arbeit eine besondere Vergütung zu gewähren, unter Umständen ungerecht wirken würde, sowie die Vorbereitungs- und Ergänzungsarbeiten (§ 4), bei denen die Mehrarbeit auf technischen Notwendigkeiten beruht und regelmäßig in der gesamten Lohnbemessung ihre Abgeltung findet (Begründung zu § 6a). Dabei ist es gleichgültig, ob sich die Mehrarbeit nach § 4 in den normalen Grenzen des § 9 (Zehnstundentag) hält oder ob auf Grund der in § 9 vorgesehenen Ausnahmen noch darüber hinaus gearbeitet wird, sei es kraft behördlicher Genehmigung, sei es ohne sie, weil es sich um Vorbereitungs- und Ergänzungsarbeiten im engeren Sinne des § 9 und der dazu erlassenen Ausführungsvorschriften des Reichsarbeitsministers handelt. Denn der Rechtsgrund für die Zulässigkeit der Mehrarbeit ist auch in diesem Falle lediglich der § 4, während § 9 nur die Dauer der auf dieser Rechtsgrundlage beruhenden Mehrarbeit regelt (a. M. L. Richter, NZfA. 1928, Sp. 13). Der Lohnzuschlag kann aber schließlich unter Umständen auch bei der nach §§ 3, 5, 6 oder 10 geleisteten Mehrarbeit wegfallen (siehe darüber unter 3).

Der Grund für diese Regelung ist darin zu finden, daß man grundsätzlich nur solche Mehrarbeit zuschlagspflichtig machen wollte, die dem Betriebszwecke unmittelbar zugute kommt (die amtl. Begründung spricht von „eigentlicher Mehrarbeit"). Damit rechtfertigt sich namentlich der Ausschluß der Vorbereitungs- und Ergänzungsarbeiten, durch welche die dem Betriebszweck unmittelbar dienende Tätigkeit erst ermöglicht oder abgeschlossen werden soll. Für Mehrarbeit, die der Arbeitgeber an 30 Tagen im Jahre anordnen kann (§ 3), die tariflich vereinbart (§ 5) oder behördlich genehmigt ist (§ 6), wird jenes Merkmal in der Regel zutreffen und wo es nicht der Fall ist, hilft die Ausnahmevorschrift des § 6a Abs. 1 Satz 2 (unten Anm. 3). Ähnliches gilt für den Fall des § 10. Immerhin handelt es sich bei jener Erwägung lediglich um das gesetzgeberische Motiv, das zwar in Zweifelsfällen bei der Auslegung verwertet werden kann, gegenüber dem klaren Wortlaut der Verordnung aber nicht in Betracht kommt (ebenso L. Richter, NZfA. 1928, Sp. 8). Mehrarbeit nach § 4 ist daher nicht zuschlagspflichtig, auch wenn sie einmal ausnahmsweise, z. B. im Falle des § 4 Nr. 3, unmittelbar dem Betriebszwecke dient, ebenso wie umgekehrt der Zuschlag stets zu bezahlen ist, sobald sich die Mehrarbeit auf die §§ 3, 5, 6 oder 10 gründet und nicht eine der unter 3 zu besprechenden Ausnahmen vorliegt.

3 Wird die Regelarbeitszeit auf Grund von §§ 3, 5, 6 oder 10 überschritten, so besteht für den Arbeitnehmer ein Anspruch auf den Lohnzuschlag. Das gilt, wie die Verordnung besonders hervorhebt, auch dann, wenn in diesen Fällen gemäß

§ 9 länger als 10 Stunden gearbeitet wird. Die Vorschrift könnte überflüssig scheinen (Klehmet II, Anm. 4, S. 24). Man wird ihr aber jedenfalls entnehmen dürfen, daß nur die zulässige Überschreitung der Zehnstundengrenze, nicht auch eine verbotswidrige Überarbeit den Anspruch entstehen läßt (L. Richter a. a. O., Sp. 9).

Von dieser Regel kennt die Verordnung jedoch eine Reihe von Ausnahmen:

a) Der Zuschlag entfällt, wenn die Mehrarbeit auch nach den §§ 2 oder 4 AZVO. zulässig wäre (§ 6a Abs. 1 Satz 2). Daß Mehrarbeit, die sich unmittelbar auf § 2 oder § 4 stützt, keine Zuschlagspflicht begründet, folgt schon aus dem ersten Satze des § 6a Abs. 1, wo diese beiden Vorschriften nicht erwähnt sind (s. oben Anm. 2). Die Vorschrift in Satz 2 kann also nur bedeuten, daß der Zuschlag auch dann nicht gezahlt zu werden braucht, wenn die Mehrarbeit zwar formell auf Grund der §§ 3, 5, 6 oder 10 geleistet wird, jedoch auch unter den Gesichtspunkten der §§ 2 oder 4 gerechtfertigt wäre (vgl. L. Richter a. a. O., Sp. 11f.). Wann das der Fall ist, muß den genannten beiden Bestimmungen entnommen werden. Dabei ist zu beachten, daß § 2 eine verlängerte Arbeitszeit nicht schlechthin bei regelmäßiger und erheblicher Arbeitsbereitschaft zuläßt, sondern eine besondere tarifvertragliche oder vom Reichsarbeitsminister getroffene Regelung verlangt. Nur wenn eine solche vorliegt und mit einer anderen (zuschlagspflichtigen) Mehrarbeitsmöglichkeit zusammentrifft, kann daher der Arbeitgeber die Bezahlung des Zuschlags ablehnen, weil nur unter dieser Voraussetzung die Mehrarbeit auch nach § 2 zulässig wäre. Dagegen genügt die bloße Tatsache, daß Arbeitsbereitschaft regelmäßig und in erheblichem Umfange vorliegt, zur Beseitigung der Zuschlagspflicht nicht (a. M. Erdmann, Anm. 10, Potthoff IV, 4b zu § 6a, wie hier L. Richter a. a. O., Sp. 12). Ein Anwendungsfall der Vorschrift wäre z. B. dann gegeben, wenn ein Tarifvertrag allgemein die Arbeitszeit auf 10 Stunden täglich, für Heizer und Chauffeure aber mit Rücksicht auf die Arbeitsbereitschaft auf 12 Stunden festsetzte. Die Heizer und Chauffeure hätten dann keinen Anspruch auf den Zuschlag, auch soweit ihre Arbeitszeit mit der allgemeinen Arbeitszeit des Betriebes zusammenfällt (unrichtig Rohmer, S. 37). Mit Bezug auf § 4 ist an den Fall zu denken, daß der Arbeitgeber an 30 Tagen (§ 3) oder mit behördlicher Genehmigung (§ 6) die Arbeitszeit für den ganzen Betrieb auf 9 Stunden, für die mit Vorbereitungsarbeiten beschäftigten Heizer aber auf 10 Stunden festsetzt. Da diese Mehrarbeitsstunde auch durch § 4 gerechtfertigt wäre, entfällt der Zuschlag, obgleich der Arbeitgeber seine Anordnung auf § 3 bzw. § 6 gestützt hat.

b) Keine Zuschlagspflicht besteht ferner, soweit die Mehrarbeit lediglich infolge von Notfällen, Naturereignissen, Unglücksfällen oder anderen unvermeidlichen Störungen erforderlich ist. Die Bestimmung bedeutet eine erhebliche Einschränkung der Zuschlagspflicht, die sich namentlich bei der an sich zuschlagspflichtigen Mehrarbeit nach §§ 6 und 10 bemerkbar macht. Denn § 6 führt als Grund für die behördliche Genehmigung von Mehrarbeit gerade auch Naturereignisse, Unglücksfälle usw. an, und § 10 bezieht sich in seinem ersten Absatz in erster Linie auf Notfälle. Bei der Auslegung bereitet namentlich der Ausdruck „unvermeidliche Störungen" Schwierigkeiten (vgl. Klehmet II, Anm. 4, S. 25). Dem Grundgedanken der ganzen Vorschrift entsprechend wird man an Fälle zu denken haben, in denen der Betrieb als solcher in seinem technischen Fortgang gestört ist (vgl. § 6: „aus betriebstechnischen Gründen, insbesondere . . .") und durch die Mehrarbeit, die hier also nicht unmittelbar dem Betriebszweck dient, keine „eigentliche Mehrarbeit" ist, die Störung beseitigt, der Betrieb wieder flott gemacht werden soll. Der Begriff ist also enger als der des „außergewöhnlichen Falles", ja sogar enger als der des Notfalls in § 10 Abs. 1, da dort der „Betroffene" nicht notwendig der Arbeitgeber zu sein braucht, die Mehrarbeit also für den Arbeitgeber in den Rahmen der normalen betrieblichen Tätigkeit fallen kann, während in § 6a Abs. 1 Satz 2 der Notfall nur insoweit in Betracht kommt, als er eine unvermeidliche Störung des Betriebs zur Folge hat. Näheres in Anm. 3 zu § 10. A. M. Potthoff IV, 4c zu § 6a, L. Richter, a. a. O., Sp. 14, ähnlich wie hier Erdmann, Anm. 1, S. 101 f., Anm. 12 zu § 6a.

c) Verschiedentlich wird angenommen, daß eine weitere Ausnahme von der Zuschlagspflicht für das Verkehrsgewerbe bestehe. Man stützt diese Ansicht teils darauf, daß das Verkehrsgewerbe nach Ziffer III ArbAZAO. und § 15 AngAZVO. überhaupt nicht unter die allgemeine Arbeitszeitregelung und also auch nicht unter den § 6a AZVO. falle (so Meißinger: Arbeitszeitrecht, Sp. 187 f.; vgl. OLG. Düsseldorf vom 16. 8. 1927, Arbeitsrechtliche Beilage zu den Mitteilungen der Vereinigung der Deutschen Arbeitgeberverbände 1927, S. 205), teils darauf, daß Mehrarbeitsvereinbarungen, die gemäß Ziffer III bzw. § 15 a. a. O. getroffen werden, auf einem selbständigen Rechtsgrunde und also nicht auf den in § 6a Abs. 1 allein genannten §§ 3, 5, 6 oder 10 AZVO. beruhen (so Erdmann, Anm. 1 zu § 6a, S. 100). Die genannten Sondervorschriften für das Verkehrsgewerbe sprechen aber keineswegs aus, daß die Arbeitszeitregelung auf das Verkehrsgewerbe keine Anwendung finden solle, sondern sehen lediglich Ausnahmen von den allgemeinen Vorschriften über den Achtstundentag vor und regeln das bei Festsetzung dieser Ausnahmen zu beobachtende Verfahren. Dabei steht an erster Stelle die Vereinbarung zwischen der „Betriebsleitung und den Arbeitnehmerverbänden", gegebenenfalls die behördliche Anordnung. Bei Erlaß jener Vorschriften hatten die Tarifparteien im allgemeinen noch nicht die Möglichkeit, eine von der gesetzlichen abweichende Regelung zu vereinbaren. Nachdem ihnen diese Befugnis durch § 5 AZVO. mit Wirkung vom 1. 1. 1924 beigelegt ist, sind jene Sondervorschriften für das Verkehrsgewerbe im wesentlichen überholt. Die erforderlichen Ausnahmen für dieses Gewerbe brauchen jetzt nicht mehr auf die Ermächtigung in Ziffer III ArbAZAO. bzw. § 15 AngAZVO. gestützt zu werden, sondern können auf Grund der allgemeinen Vorschriften (§§ 5 und 6 AZVO.) festgesetzt werden. Man kann auch unbedenklich davon ausgehen, daß dies überall dort geschieht, wo die Arbeitszeit im Verkehrsgewerbe tarifvertraglich oder behördlich geregelt wird. Damit ist aber die Anwendbarkeit des § 6a Abs. 1 ohne weiteres gegeben (so wie hier RAM. vom 16. 7. 1927, III B 3262/27, RABl. 1927 I, S. 330; RAG. vom 28. 3. 1928, Bensh.Samml., Bd. II, Nr. 67 (RAG.), S. 232; LAG. Stuttgart vom 28. 11. 1927, das. Nr. 43 (LAG.), S. 132; Hueck, das. S. 137 f. und Hueck-Nipperdey: Lehrb. I S. 406; Potthoff: ArbR. 1927, Sp. 765; L. Richter, NZfA. 1928, Sp. 4; Schlichter für den Bez. Groß-Berlin vom 28. 7. 1927, SchlWes. 1927, Sp. 370).

4 Der Anspruch auf den Zuschlag steht den „Arbeitnehmern mit Ausnahme der Lehrlinge" zu. Selbstverständlich sind nur solche Arbeitnehmer gemeint, die in den persönlichen Geltungsbereich der AZVO. fallen. Doch haben die in Bäckereien und Konditoreien beschäftigten Arbeiter durch Artikel I Nr. 2 des Gesetzes zur Abänderung der Verordnung über die Arbeitszeit in den Bäckereien

und Konditoreien vom 16. 7. 1927 (RGBl. I, S. 183) bei tariflicher oder ministerieller Verlängerung der Normalarbeitszeit die gleiche Vergünstigung erhalten.

Indem die Verordnung von Arbeitnehmern spricht, hat sie entgegen den ursprünglichen Absichten der Regierung, wie sie noch im ursprünglichen Entwurf eines Arbeitschutzgesetzes zum Ausdruck kamen, und weitergehend als das Washingtoner Arbeitszeitübereinkommen, auch die Angestellten in die Regelung einbezogen. Daß das nicht unbedenklich ist, erkennt die amtl. Begründung selbst an. Tatsächlich haben sich daraus, namentlich im Anfang, erhebliche Schwierigkeiten für die Gehaltsregelung ergeben. Welche Angestellten unter die Verordnung fallen, ergibt sich aus §§ 11 f. AngAZVO. Ausgenommen sind also namentlich die leitenden Angestellten (s. Anm. 2 zu § 1).

Für Lehrlinge, d. h. für Personen, die sich in einer geregelten Ausbildung zu einem Arbeiter- oder Angestelltenberufe befinden, gilt die Zuschlagspflicht nicht. Ihre Arbeit wird, wie die Begründung meint, weniger durch Barlohn als durch die Unterweisung und durch Sachbezüge entgolten. Ob die Lehrlinge begrifflich überhaupt zu den Arbeitnehmern zu rechnen sind, ist mindestens zweifelhaft. Die Verordnung hat in den Streit darüber schwerlich eingreifen wollen (a. M. scheinbar Erdmann, Anm. 3 zu § 6a). Auf Alter und Geschlecht des Lehrlings kommt es nicht an, ebensowenig darauf, ob ein schriftlicher Lehrvertrag vorliegt (vgl. Rohmer, Anm. 2b).

[5] Die Verordnung gibt den Arbeitnehmern unter den in Anm. 2 und 3 besprochenen Voraussetzungen einen Anspruch auf angemessene Vergütung. Sie greift damit unmittelbar in die privatrechtlichen Beziehungen zwischen Arbeitgeber und Arbeitnehmer ein (vgl. darüber oben bei Anm. 1). Der Rechtsgrund für den Anspruch ist der zwischen Arbeitgeber und Arbeitnehmer abgeschlossene Vertrag, dessen Inhalt aber in bezug auf die Bezahlung der Mehrarbeit gesetzlich festgelegt ist. Und zwar muß mit Rücksicht auf den Schutzcharakter der Vorschrift auch beim Fehlen einer ausdrücklichen Bestimmung angenommen werden, daß es sich dabei um eine zwingende Regelung handelt, die durch Parteivereinbarung nicht im voraus abgeändert werden kann. So auch die allgemeine Meinung, siehe Potthoff II, 1, Erdmann, Anm. 5 zu § 6a, S. 105, Rohmer, Anm. 2a, S. 36, L. Richter, NZfA. 1928, Sp. 11. Nur die Höhe des Zuschlags unterliegt der Privatdisposition (§ 6a Abs. 2). Das schließt jedoch nicht aus, daß in bezug auf den bereits fälligen Anspruch auf den Zuschlag ein Erlaßvertrag abgeschlossen wird, indem der Arbeitnehmer ausdrücklich oder stillschweigend auf sein Forderungsrecht verzichtet. Es liegt ebenso wie bei den Verpflichtungen des Arbeitgebers aus §§ 617, 618 BGB., die nach § 619 auch nur im voraus durch Vertrag nicht aufgehoben oder beschränkt werden können (ebenso Erdmann a. a. O. und grundsätzlich auch Rohmer und L. Richter; a. M. Potthoff II, 2a zu § 6a). Daß auch die tarifvertragliche Festsetzung des Zuschlags einem solchen nachträglichen Verzicht nicht im Wege steht, ist jetzt vom Reichsarbeitsgericht in mehreren Entscheidungen anerkannt worden (vgl. RAG. vom 4. 1. 1928 und vom 15. 2. 1928, BenshSamml., Bd. II, S. 1 und 85). Freilich ist im Falle vorbehaltloser Entgegennahme eines den gesetzlichen oder tariflichen Bestimmungen nicht entsprechenden Lohnes immer besonders sorgfältig zu prüfen, ob das Verhalten des Arbeitnehmers unter Berücksichtigung aller Begleitumstände, insbesondere in Anbetracht seiner abhängigen Lage auch wirklich auf einen Verzichtswillen schließen

läßt (vgl. auch Nipperdey in der Anm. zum Urteil des RAG. Bensh.Samml., Bd. II, S. 9).

Da es sich um einen auf gesetzlicher Vorschrift beruhenden Anspruch aus dem Arbeitsvertrage handelt, ist er in der gleichen Weise gerichtlich geltend zu machen wie alle sonstigen Ansprüche aus dem Arbeitsverhältnis, also durch Leistungs- oder Feststellungsklage vor den Arbeitsgerichtsbehörden (§ 2 Nr. 2 AGG.). Das Gericht hat dann im Streitfalle auch darüber zu entscheiden, ob ein Fall von zuschlagspflichtiger Mehrarbeit überhaupt vorliegt. Verweigert der Arbeitgeber die Zahlung des Zuschlags, obwohl er hierzu verpflichtet ist, so ist er zur Zahlung zu verurteilen. Strafbar macht er sich nicht, da sich die Strafdrohung des § 11 doch wohl nur auf die öffentlich-rechtlichen Vorschriften der AZVO. bezieht (ebenso die herrschende Meinung; abw. L. Richter a. a. O., Sp. 2).

Die AZVO. stellt nur die Fälle fest, in denen der Arbeitnehmer kraft gesetzlicher Vorschrift einen im voraus nicht verzichtbaren Anspruch auf den Mehrarbeitszuschlag besitzt. Wo die Verordnung den Zuschlag versagt, wie in den Fällen der §§ 2 und 4 und beim Vorliegen der Ausnahmen nach § 6a Abs. 1 Satz 2, kann gleichwohl ein Anspruch kraft vertraglicher Vereinbarung bestehen, der im einzelnen Arbeitsvertrag oder auch im Tarifvertrag begründet sein kann. Einer solchen vertraglichen Besserstellung des Arbeitnehmers steht selbstverständlich nichts im Wege. Ob ein Tarifvertrag, der ganz allgemein Mehrarbeits- oder Überstundenzuschläge festsetzt, damit nur diejenigen Fälle treffen will, in denen ein Anspruch darauf bereits kraft der AZVO. besteht, ist Auslegungsfrage. Vgl. RAG. v. 6. 6. 28, Bensh.Samml. Bd. III Nr. 21 (RAG.) S. 69. Im Zweifel wird man annehmen müssen, daß dort, wo der Tarifvertrag nicht zwischen den einzelnen Mehrarbeitsfällen unterscheidet, der Zuschlag in jedem Falle zu zahlen ist, also auch dann, wenn der Anspruch ex lege nicht bestünde. Entgegengesetzt Erdmann, Anm. 1, S. 102, für den Fall, daß der Tarifvertrag zeitlich nach dem Zustandekommen des Arbeitszeitnotgesetzes abgeschlossen worden ist. Es wäre zu wünschen, daß die Tarifparteien dieser Frage mehr Beachtung schenkten als bisher.

6 Unter den zu 2 bis 4 besprochenen sachlichen und persönlichen Voraussetzungen hat der Arbeitnehmer „für die über die Grenzen des § 1 Satz 2 und 3 hinausgehende Arbeitszeit Anspruch auf eine angemessene Vergütung über den Lohn für die regelmäßige Arbeitszeit hinaus". Welche Vergütung als „angemessen" anzusehen ist, wird im Abs. 2 des § 6a näher bestimmt (s. darüber unten Anm. 7). An dieser Stelle muß zunächst festgestellt werden, was die Verordnung meint, wenn sie von einer Vergütung spricht, die über den Lohn für die regelmäßige Arbeitszeit hinausgeht. Die Ausdrucksweise ist mißverständlich. Die Vorschrift will nicht dem Gedanken Ausdruck geben, daß der Arbeitnehmer, wenn er Mehrarbeit in dem erläuterten Sinne leistet, im Endergebnis mehr verdienen müsse als er innerhalb der „regelmäßigen" Arbeitszeit verdient hätte (a. M. L. Richter, NZfA. 1928, Sp. 18). Für Stundenlöhner, an die man bei Redaktion der Bestimmung scheinbar allein gedacht hat, sowie für Akkordarbeiter versteht sich das von selbst, brauchte also nicht besonders ausgesprochen zu werden. Bei Monatsgehaltsempfängern traf es bis zum Erlaß des Arbeitszeitnotgesetzes nach zahlreichen Tarifverträgen nicht zu. Der Sinn der Vorschrift ist ein anderer. Der Lohn**satz** für die Mehrarbeit soll höher sein als der Lohnsatz für die

innerhalb der regelmäßigen Arbeitszeit geleistete Arbeit. Oder anders ausgedrückt: für den Arbeitgeber soll die Mehrarbeit kostspieliger sein als gewöhnliche Arbeit. Nicht daß er Mehrarbeit überhaupt bezahlen müsse, wird angeordnet. Das wäre überflüssig gewesen, da man es mit Recht als selbstverständlich ansehen konnte, daß im Bereiche der AZVO. nicht unentgeltlich gearbeitet wird. Sondern daß Mehrarbeit höher bezahlt werden muß als andere Arbeit, das ist der alleinige Inhalt der Vorschrift. Die Vergütung, die über den Lohn für die regelmäßige Arbeitszeit hinaus zu bezahlen ist, ist also eine Sondervergütung für Mehrarbeit, und diese Sondervergütung erhält nach der Verordnung die Gestalt eines Zuschlags zu dem Lohnsatz, der für sonstige Arbeit gilt. Die „angemessene Vergütung", von der Abs. 1 spricht, ist das gleiche wie der Zuschlag des Abs. 2, was übrigens dort ausdrücklich gesagt ist (a. M. L. Richter, NZfA. 1928, Sp. 17, 86, der meint, daß die angemessene Mehrarbeitsvergütung im Sinne des § 6a Abs. 1 im Zuschlag und dem Stundenlohn bestehe). Das geht auch aus der amtlichen Begründung zu § 6a mit aller Deutlichkeit hervor. Es ist von den „Lohnzuschlägen" für die über 48 Stunden wöchentlich hinausgehende Arbeitszeit die Rede, die unter der Geltung der AZVO. vielfach weggefallen seien, die aber im Sinne einer Einschränkung entbehrlicher Überarbeit wirken, weshalb es zweckmäßig erscheine, eine „Sondervergütung" für Überstunden nunmehr gesetzlich vorzuschreiben. An einer anderen Stelle heißt es, daß die „Vergütung" (von der im Abs. 1 die Rede ist) grundsätzlich 25% der Vergütung für die regelmäßige Arbeitsstunde betragen soll. Überstundenzuschlag und angemessene Vergütung sind also im Sinne des § 6a dasselbe (a. M. L. Richter, a. a. O., Sp. 88, Potthoff II, 2b zu § 6a). Die gegenteilige Ansicht, die annimmt, daß § 6a Abs. 1 zunächst einmal dem Arbeitnehmer, der mit Mehrarbeit beschäftigt wird, einen Anspruch auf eine Vergütung gewähre, die zu dem Arbeitsentgelt für 48stündige Wochenarbeitszeit hinzutreten und für jede Mehrarbeitsstunde den Betrag des normalen Stundenlohnsatzes erreichen müsse, und daß zu dieser Vergütung dann noch ein Zuschlag von in der Regel 25% zu treten habe, damit die Gesamtvergütung „angemessen" sei (so L. Richter, a. a. O., Potthoff, a. a. O.), steht mit den unzweideutigen Worten der amtlichen Begründung ebenso in Widerspruch wie mit dem Wortlaut des § 6a Abs. 2, und die daraus für die Überstundenbezahlung namentlich der Angestellten gezogenen Schlüsse sind unzutreffend.

[7] Für die verschiedenen Lohnberechnungsformen ergibt sich daraus folgendes:

a) Am einfachsten liegt die Sache bei den Stundenlöhnern, auf welche die Vorschrift zugeschnitten ist. Der „Lohn für die regelmäßige Arbeitszeit" ist bei ihnen der Stundenlohnsatz. Für jede Mehrarbeitsstunde erhalten sie diesen Satz nebst einer Sondervergütung, die in dem nach Abs. 2 festgesetzten Zuschlag besteht (in der Regel 25%). Vgl. Syrup II, S. 45, Erdmann, Anm. 6, S. 108, L. Richter, a. a. O., Sp. 85.

b) In allen anderen Fällen — in Betracht kommen hauptsächlich Wochenlöhner, Monatsgehaltsempfänger und Akkordarbeiter — ist es notwendig, zunächst den Stundenlohnsatz oder — wie es die Begründung ausdrückt — die Vergütung für die regelmäßige Arbeitsstunde zu berechnen. Es ist also zu fragen, welcher Betrag des Arbeitsverdienstes auf die innerhalb der regelmäßigen (gesetzlichen) Arbeitszeit liegende Arbeitsstunde entfällt. Ein bestimmter Bruchteil dieses Betrages (regelmäßig 25%) bildet die „angemessene Vergütung" für jede Mehrarbeitsstunde. Den Stundenlohn erhält man durch Division des Arbeitsverdienstes durch die Zahl der Arbeitsstunden, für die er berechnet ist. Wird z. B. durch einen Wochenlohn von 50 M. eine wöchentliche Arbeitszeit von 50 Stunden abgegolten oder beträgt das Monatsgehalt 400 M. bei einer wöchentlichen Arbeitszeit von 54 Stunden, so beläuft sich im ersten Falle der Stundenlohnsatz auf 1 M., im zweiten Falle ist der Betrag von 400 M. durch die auf den Monat treffende Zahl von Arbeitsstunden unter Zugrundelegung von 54 Wochenstunden zu dividieren (vgl. Erdmann, Anm. 6, S. 108f.). Eine gewisse Schwierigkeit entsteht, wenn die dem Arbeitnehmer nach dem Vertrage zustehende Vergütung in keiner Beziehung zur Dauer der Arbeitsleistung steht, also bei Akkordarbeitern, oder wenn der Arbeitnehmer ein festes Gehalt bezieht und dafür so lange tätig zu sein hat, als es im Interesse des Geschäfts erforderlich ist. Bei Angestellten in gehobener Stellung ist das die Regel. Bei ihnen könnte der auf die einzelne Stunde entfallende Betrag immer nur von Fall zu Fall nachträglich ermittelt werden. Sie werden aber meist nicht unter die AZVO. fallen. Dagegen kommt es bei Angestellten jeder Art nicht selten vor, daß die Arbeitszeit, die mit dem Monatsgehalt abgegolten werden soll, wenigstens innerhalb gewisser Grenzen variabel ist. Die Arbeitszeit beträgt z. B. regelmäßig 48 Stunden, kann aber auch bis zu 54 Stunden verlängert werden, ohne daß das Gehalt sich deshalb erhöht. Der Stundenlohnsatz läßt sich auch hier nur in der Weise feststellen, daß man von Fall zu Fall die tatsächliche Dauer der Arbeitszeit ermittelt und den Betrag des Monatsgehalts durch die Zahl der in diesem Monat geleisteten Arbeitsstunden dividiert. In solchen Fällen schwankt eben die Vergütung für die regelmäßige Arbeitsstunde je nach der Dauer der Wochenarbeitszeit. Es ist daher logisch nicht richtig, ein für allemal mit 200 oder 226 Arbeitsstunden monatlich zu rechnen (vgl. darüber den Mannheimer Schiedsspruch vom 2. 5. 1927, SchlWes. 1927, Sp. 193). Dagegen steht selbstverständlich nichts entgegen, im Wege der Vereinbarung der Einfachheit halber von einer bestimmten durchschnittlichen Stundenzahl auszugehen und auf diese Weise auch einen festen Stundenlohnsatz zu gewinnen.

Ähnlich steht es bei den Akkordarbeitern. Korrekterweise muß man in jedem einzelnen Falle den Akkordverdienst und die Zahl der Arbeitsstunden feststellen, die zu seiner Erzielung erforderlich waren (vgl. die Beispiele bei Syrup II, S. 45f. Erdmann, Anm. 6, S. 112). Auch hier aber ist es angängig, die Berechnung dadurch zu vereinfachen und auf eine einheitliche Grundlage zu stellen, daß man z. B. den Zuschlag auf der Basis des Stundenlohns berechnet, was aber einer besonderen Vereinbarung bedarf (siehe Erdmann, S. 111).

Hat man auf diese Weise den Stundenlohnsatz, die „Vergütung für die regelmäßige Arbeitsstunde", errechnet, so bilden 25% (oder der nach Abs. 2 anderweit festgesetzte Prozentsatz) davon die „angemessene" Sondervergütung für jede Stunde geleisteter Mehrarbeit. Über die Grundvergütung für die einzelne Mehrarbeitsstunde enthält die Verordnung keine ausdrückliche Vorschrift. Man wird ihr aber entnehmen müssen, daß diese Grundvergütung keinesfalls niedriger sein darf als die Grundvergütung für eine regelmäßige Arbeitsstunde (ebenso L. Richter, a. a. O., Sp. 20, Potthoff, AR. 1927, Sp. 770). Denn der Zweck der Bestimmung ist ja gerade der, daß der Lohnsatz für die Mehrarbeitsstunde um einen angemessenen Zuschlag höher sein muß als der Lohnsatz für die regelmäßige Arbeitsstunde. Es ist deshalb nicht angängig, den Vorteil des Zuschlags dadurch wieder zu beseitigen, daß man die Grundvergütung für die Mehrarbeitsstunde entsprechend herabsetzt (was übrigens nur bei Stundenlöhnern möglich wäre). Weitere Folgerungen lassen sich aus der Vorschrift des § 6a dagegen nicht ziehen. Insbesondere ist die oft aufgestellte Behauptung unrichtig, daß es nach § 6a nicht mehr zulässig sei, die Grundvergütung für die Mehrarbeitsstunde in den vereinbarten Wochenlohn oder in das Monatsgehalt mit einzurechnen (so Potthoff, AR. 1927, Sp. 770f, L. Richter, a. a. O., Sp. 87f.; dagegen mit Recht Erdel, SchlWes. 1927, Sp. 204f.). Wenn ein Angestellter ein Monatsgehalt von 200 M. bezieht und dafür verpflichtet ist, je nach Anordnung des Arbeitgebers 200 bis 226 Stunden monatlich zu arbeiten, so leistet er, wenn der Arbeitgeber von der Mehrarbeit Gebrauch macht, die 26 Stunden nicht umsonst, denn man hat selbstverständlich bei Bemessung des Gehalts die Mehrarbeitsmöglichkeit berücksichtigt. Will man feststellen, welche Grundvergütung auf die einzelne Arbeitsstunde entfallen ist, so muß man das Monatsgehalt durch die Zahl der in diesem Monat geleisteten Arbeitsstunden teilen (s. oben). Dabei ergibt sich, daß auf die Mehrarbeitsstunde genau der gleiche Betrag entfällt wie auf die regelmäßige Arbeitsstunde. Damit ist aber der Forderung des § 6a nach dieser Richtung genügt. Im übrigen schreibt die Verordnung lediglich vor, daß zu der im Monatsgehalt schon enthaltenen und auf die angegebene Weise rechnungsmäßig festgestellten Grundvergütung für die Mehrarbeitsstunde noch ein angemessener Zuschlag treten soll, und zwar regelmäßig in Höhe von 25%. Die Mehrarbeitsstunde soll also dem Arbeitgeber um 25% teurer zu stehen kommen als die regelmäßige Arbeitsstunde. Nicht dagegen soll die bereits im Monatsgehalt einbegriffene Grundvergütung noch ein zweites Mal gezahlt werden, und ebensowenig verbietet die Verordnung, die Arbeitszeit bei gleichbleibendem Gehalt variabel zu gestalten. Daß die Angestellten bei einer solchen Regelung schlechter gestellt würden als die andern Arbeitnehmer (so L. Richter, a. a. O., Sp. 88), ist zu bestreiten. Ihr Gehalt erhöht sich durch den Zuschlag prozentual um genau den gleichen Betrag wie das Monatseinkommen der Stundenlöhner (vgl. dazu Erdel, SchlWes. 1927, Sp. 206). So wie hier Erdel, a. a. O. und AG. 1927, Sp. 345, AR. 1927, Sp. 1001, „Arbeitgeber" 1928, S. 148; Erdmann, Anm. 6 zu § 6a, S. 109f.; RAM. vom 22. 7. 1927, III B 5340/27, abgedruckt bei Erdmann, a. a. O.

8 Die Sondervergütung, die der Arbeitnehmer für zuschlagspflichtige Mehrarbeit zu erhalten hat, muß „angemessen" sein. Während die Verpflichtung des Arbeitgebers, bei Vorliegen der persönlichen und sachlichen Voraussetzungen des § 6a Abs. 1 einen Zuschlag zum Lohnsatz der regelmäßigen Arbeitsstunde zu bezahlen, zwingend festgelegt ist, kann die Höhe des Zuschlags je nach den besonderen Umständen des einzelnen Falles verschieden sein und überdies von den Beteiligten frei vereinbart werden. Aus dem Abs. 2 des § 6a ergibt sich folgender Grundsatz: Als angemessen betrachtet die Verordnung im allgemeinen einen Zuschlag von 25% des Stundenlohnsatzes. Doch können besondere Umstände dazu führen, daß ein höherer oder niedrigerer Zuschlag angemessen erscheint. Dann geht der Anspruch des Arbeitnehmers auf Zahlung dieses abweichenden Satzes. Liegt schließlich eine Vereinbarung der Beteiligten über die Höhe

des Zuschlags vor, so ist diese maßgebend, ohne daß die Angemessenheit noch besonders zu prüfen wäre.

Wenn es an einer Vereinbarung über die Höhe des Zuschlags **fehlt**, so kann der Arbeitnehmer die Zahlung des in der Verordnung festgesetzten Satzes verlangen. Dieser beträgt im Regelfalle 25%. Behauptet der Arbeitnehmer, daß besondere Umstände einen **höheren** Zuschlag rechtfertigen, so muß er diese Umstände dartun. Behauptet umgekehrt der Arbeitgeber, daß ein **niedrigerer** Zuschlag gerechtfertigt sei, so mag er die Gründe dafür anführen. In beiden Fällen können die besonderen Verhältnisse des Betriebs oder Gewerbes, die Art der Arbeit, die bisherige Übung für eine Abweichung von der Regel sprechen (vgl. **Syrup** II, S. 47 unter b, **Erdmann**, Anm. 19, **Kleymet** II, Anm. 5, S. 28). Nicht selten wird es auch „angemessen" sein, daß der Zuschlag für die erste tägliche Überstunde niedriger ist als für die weiteren Überstunden. Daß die 25% den **Höchstsatz** darstellen, eine Abweichung nach oben also nicht zulässig sei (so **Erdmann**, Anm. 20 zu § 6a), läßt sich der Verordnung nicht entnehmen. Daß man es im Reichstag abgelehnt hat, den Zuschlag von 25% als Mindestzuschlag zu bezeichnen, spricht nicht notwendig für diese Auslegung. Wie hier **Potthoff** V, A 3 zu § 6a, **L. Richter**, NZfA. 1928, Sp. 92. Im Streitfalle hat das **Arbeitsgericht** für das einzelne Arbeitsverhältnis die Höhe des Zuschlags festzusetzen, falls nicht der Schlichter gemäß Abs. 3 entscheidet (s. unten Anm. 10). Das Gericht muß sich dabei im Rahmen der Verordnung halten, die zwingend vorschreibt, daß Mehrarbeit im Sinne des § 6a Abs. 1 höher zu vergüten ist als andere und nur in bezug auf das Maß der Sondervergütung einen gewissen Spielraum läßt. Beispiel einer solchen Entscheidung: LAG. Bielefeld vom 18. 1. 1928, Bensh.Samml. Bd. II, Nr. 44 (LAG.), S. 138.

9 In den meisten Fällen werden die Beteiligten, wenn sie den Inhalt des Vertrages festsetzen, auch eine Vereinbarung über die Höhe des Mehrarbeitszuschlags treffen. Der von der Verordnung als Ausnahme behandelte Fall der Vereinbarung wird also praktisch die Regel bilden.

a) Wer als „**Beteiligter**" anzusehen ist und demnach eine Vereinbarung wirksam treffen kann, ergibt sich aus allgemeinen Grundsätzen. Es können nur solche Personen oder Personenvereinigungen in Frage kommen, die rechtlich in der Lage sind, dem Arbeitsvertrag seinen Inhalt zu geben. Denn der Anspruch auf den Zuschlag ist ein auf gesetzlicher Vorschrift beruhender Anspruch aus dem Arbeitsvertrage und seine Höhe gehört zum Vertragsinhalt (richtig **L. Richter**, a. a. O., Sp. 89). Zweifellos sind also beteiligt die einzelnen Arbeitgeber und Arbeitnehmer als Parteien des Arbeitsvertrags, sodann aber auch die tariffähigen Vereinigungen der Arbeitgeber und Arbeitnehmer, welche die allgemeinen Arbeitsbedingungen, und darunter den Mehrarbeitszuschlag, mit Wirkung für die tarifbeteiligten einzelnen Arbeitgeber und Arbeitnehmer vereinbaren können, wobei es rechtlich ohne Belang ist, ob der Tarifvertrag durch freien Vertragsschluß oder durch verbindlichen Schiedsspruch zustandegekommen ist. Mit Hilfe der Allgemeinverbindlichkeitserklärung kann der Inhalt des Tarifvertrags auch für die Außenseiter bindend werden. Ist die Höhe des Zuschlags tariflich geregelt, so sind abweichende Einzelvereinbarungen regelmäßig nur zugunsten des Arbeitnehmers wirksam (§ 1 Abs. 1 TarVO.). Neben Tarifvertrag und Einzelvertrag wird regelmäßig noch die **Betriebsvereinbarung** als mögliche Form der Regelung angeführt. Die Höhe des Zuschlags soll auch zwischen dem Arbeitgeber und der zuständigen Betriebsvertretung vereinbart werden können (so Kaskel: Arbeitsrecht, 3. Aufl., S. 120, Rohmer, Anm. 3, S. 38, Syrup II, S. 46, Erdmann, Anm. 15, Potthoff V, B 6 zu § 6a; ebenso, wenn auch nicht ohne Zweifel, L. Richter, a. a. O., Sp. 90). Ich halte diese Ansicht nicht für richtig, ohne hier näher auf die Frage eingehen zu können (vgl. darüber besonders E. Jacobi: Grundlehren des Arbeitsrechts, S. 303f.). In die Arbeitsordnung gehört die Regelung der Mehrarbeitszuschläge bestimmt nicht, trotz der weitverbreiteten bedenklichen Übung, alle möglichen Arbeitsbedingungen über den Rahmen des § 134b GO. hinaus in die Arbeitsordnung aufzunehmen (dagegen zutreffend Jacobi, a. a. O., S. 327). Betriebsvereinbarungen nach § 78 Nr. 2 BRG. haben aber nach herrschender Lehre keine unmittelbare Wirkung für die einzelnen Arbeitsverträge, so daß der Rechtsgrund für die Geltung des Vereinbarten doch wieder die Einzelvereinbarung der Arbeitsvertragsparteien ist.

b) Inhaltlich muß sich die Vereinbarung auf die Festsetzung der Höhe des Zuschlags, die Art seiner Berechnung und die Form seiner Gewährung beschränken. Die Beteiligten sind daran gebunden, daß die Vergütung für die Mehrarbeitsstunde unter allen Umständen höher sein muß als für die regelmäßige Arbeitsstunde. Es steht ihnen also nicht frei, zu bestimmen, daß für einen Teil der Überstunden überhaupt keine Sondervergütung, sondern nur der Normallohn, gezahlt werden soll (unentschieden RAG. vom 28. 3. 1928, Bensh.Samml. Bd. II, Nr. 67 [RAG.], S. 232). Im übrigen haben sie freie Hand. Sie können den Zuschlag höher oder niedriger als 25% bemessen. Sie können dort, wo der Stundenlohnsatz nicht wie bei Stundenlöhnern bereits feststeht, Grundsätze für die Berechnung des Stundenlohnsatzes aufstellen (vgl. oben Anm. 7), nach dem sich dann wieder der Zuschlag bemißt. Und sie können schließlich auch vereinbaren, daß der Zuschlag nicht für jede einzelne Mehrarbeitsstunde gesondert zu berechnen ist, sondern daß an die Stelle der einzelnen Zuschläge eine Pauschvergütung treten soll, was sich namentlich bei Angestellten oft empfehlen wird (vgl. die amtl. Begründung Abs. 4). Wenn sie dabei so weit gehen, daß auch der Grundbetrag für die Mehrarbeitsstunde mit pauschaliert wird, so muß die Pauschvergütung doch jedenfalls so bemessen sein, daß auf die einzelne Stunde ein höherer Betrag entfällt als auf die regelmäßige Arbeitsstunde (richtig Potthoff V, B 2b zu § 6a). Empfehlenswert ist diese letzte Regelung kaum, da sie zu Unklarheiten über die eigentliche Höhe der Vergütung führt. Man sollte sich deshalb darauf beschränken, nur den Zuschlag pauschal abzugelten.

Die zwischen den Beteiligten getroffene Vereinbarung ist nach Höhe, Form und Art der Berechnung immer als angemessen anzusehen, sofern sie nur überhaupt eine Sondervergütung für Mehrarbeit enthält. Abweichungen vom Regelsatze bedürfen keiner Rechtfertigung durch besondere Umstände. Das geht aus dem Wortlaut des § 6a Abs. 2 klar hervor (a. M. Potthoff V, A 2 zu § 6a). Die Angemessenheit der vereinbarten Mehrarbeitsvergütung unterliegt deshalb auch nicht der richterlichen Nachprüfung (abw. Potthoff a. a. O., L. Richter a. a. O., Sp. 91; richtig Erdmann, Anm. 18 zu § 6a). Die Verordnung geht hier wie an andern Stellen davon aus, daß die Vertragsfreiheit regelmäßig zu billigenswerten Ergebnissen führen wird, was bei dem starken Überwiegen der Kollektivvereinbarung auch unbedenklich ist.

c) Die Vereinbarung muß, um sich gegenüber der gesetzlichen Regelung des Zuschlags durchsetzen zu können, nach dem Inkrafttreten des Arbeitszeitnotgesetzes, d. h. frühestens am 1. Mai 1927, getroffen worden sein. Vereinbarungen, die am 1. April 1927 bereits bestanden, blieben unter bestimmten Voraussetzungen (s. unten Anm. 16) zwar zunächst noch in Kraft, mußten jedoch spätestens vom 1. Juli 1927 ab neu abgeschlossen werden (§ 6a Abs. 4). Für Vereinbarungen aus der Zeit zwischen dem 1. und 30. April 1927 gilt diese Übergangsvorschrift nicht, sie hätten also auch nur bis zum 30. April gegolten, vom 1. Mai an hätten die Arbeitnehmer Anspruch auf den Mehrarbeitszuschlag in der gesetzlichen Höhe gehabt. Wenn aber die Vereinbarung bereits im Hinblick auf das kommende Arbeitszeitnotgesetz abgeschlossen wurde und die Parteien sich darüber einig waren, daß ihre Regelung auch nach seinem Inkrafttreten in Geltung bleiben sollte, so wird man in der weiteren Anwendung dieser Regelung nach dem 1. Mai 1927 eine stillschweigende Bestätigung der Vereinbarung erblicken müssen, die den Anforderungen des § 6a Abs. 2 genügt. Es wäre Formalismus, wenn man verlangen wollte, daß in solchen Fällen die eben erst getroffene Vereinbarung nach dem 1. Mai nochmals abgeschlossen würde (ebenso Syrup II, S. 50, Klehmet II, Anm. 5, S. 28, Erdmann, Anm. 16, S. 118).

10 Da die Höhe des Zuschlags, der als angemessene Vergütung für zuschlagspflichtige Mehrarbeit anzusehen ist, von der Verordnung nicht zwingend festgesetzt ist, sondern je nach den besonderen Umständen des Einzelfalles vom Normalsatze der 25% nach oben oder unten abweichen kann, ist überall dort, wo keine Vereinbarung über die Zuschlagshöhe vorliegt, Gelegenheit zu zahllosen Einzelstreitigkeiten zwischen Arbeitgeber und Arbeitnehmer, deren Entscheidung, da es sich um Ansprüche aus dem Arbeitsverhältnis handelt, bei den Arbeitsgerichtsbehörden liegt (s. oben Anm. 5). Zur Vermeidung solcher Einzelstreitigkeiten empfiehlt es sich, die Zuschlagsfrage soweit als möglich vertraglich zu regeln. Damit sind die Ansprüche der Arbeitnehmer nach Art und Umfang festgelegt. Die Gerichte brauchen dann nur noch zu entscheiden, ob die Vereinbarung nicht gegen zwingende Vorschriften der Verordnung verstößt (vgl. oben Anm. 9b), gegebenenfalls auch darüber, ob ein Fall zuschlagspflichtiger Mehrarbeit überhaupt vorliegt. Derartige vertragliche Abmachungen werden jetzt für die meisten und wichtigsten Fälle vorliegen, und zwar dem kollektiven Charakter des neueren Arbeitsrechts gemäß überwiegend in der Gestalt von Tarifverträgen. Immerhin mußte man, besonders für die erste Zeit nach dem Inkrafttreten der Vorschrift, mit dem Fehlen solcher Vereinbarungen und damit auch mit der Möglichkeit einer Fülle von Einzelstreitigkeiten rechnen. Die Gerichte wären damit vor eine schwierige und kaum zu bewältigende Aufgabe gestellt gewesen, zumal die Berücksichtigung der „besonderen Umstände" bei Festsetzung des Zuschlags fast in das Gebiet der Schlichtung hinübergreift. Aus diesem Grunde sieht § 6a Abs. 3 ein besonderes Verfahren zur Austragung solcher Streitigkeiten vor. Die Entscheidung über das Bestehen des gesetzlichen Zuschlagsanspruchs, sowie über Höhe und Berechnungsart der Sondervergütung, wird unter bestimmten Voraussetzungen den Gerichten entzogen und dem Schlichter übertragen (vgl. amtl. Begründung zu § 6a Abs. 6). Der Schlichter hat hier also eine neue Funktion erhalten, die sich grundsätzlich von seiner Tätigkeit im Schlichtungsverfahren unterscheidet. Seine Aufgabe nach § 6a Abs. 3 ist ihrer Natur nach richterlicher

Art. Obgleich die Verordnung davon spricht, daß er eine bindende „Regelung" zu treffen habe, was an Regelungsstreitigkeit und Schlichtungsverfahren erinnert, ist das Ergebnis seines Eingreifens eine echte Entscheidung, die den gleichen Inhalt hat wie die Entscheidung des Gerichts bei Einzelstreitigkeiten über Form, Höhe und Berechnungsart der Vergütung. Abs. 3 der AusfBest. zu § 6a bestimmt denn auch die Aufgabe des Gerichts mit denselben Worten wie § 6a Abs. 3 den Streitgegenstand der Schlichterentscheidung bezeichnet. Nur aus Zweckmäßigkeitsgründen hat man den Schlichter mit dieser ihrer Art nach den Gerichten zustehenden Aufgabe betraut. Daß es sich dabei um eine richterliche Aufgabe handelt, konnte nach der ursprünglichen Regierungsvorlage nicht bezweifelt werden (vgl. L. Richter, NZfA. 1928, Sp. 94). Die Änderung, die im sozialpolitischen Ausschuß des Reichstags beschlossen wurde und zur jetzigen Fassung der Vorschrift geführt hat, besteht lediglich darin, daß man die Zuständigkeit des Schlichters bei Einzelstreitigkeiten ausgeschlossen hat. Die rechtliche Natur seiner Entscheidung ist die gleiche geblieben (a. M. für den Fall des § 6a Abs. 3 Satz 1 L. Richter a. a. O.). Näheres darüber unten Anm. 14. Daß die Vorschrift juristisch höchst unklar gefaßt ist, läßt sich freilich nicht bestreiten.

11 Der Schlichter kann nach § 6a Abs. 3 nur unter bestimmten Voraussetzungen tätig werden.

a) Es muß ein Streit zwischen gesamtvertragsfähigen Parteien über die Form, die Höhe oder die Art der Berechnung der Vergütung, d. h. des Zuschlags, oder darüber bestehen, inwieweit die Mehrarbeit nicht zuschlagspflichtig ist, weil sie unter § 2 (Arbeitsbereitschaft) oder § 4 (Vorbereitungs- und Ergänzungsarbeiten) fällt.

Gesamtvertragsfähig sind Personen und Personenvereinigungen, die die rechtliche Fähigkeit besitzen, Partei einer Gesamtvereinbarung (Tarifvertrag, Betriebsvereinbarung) zu sein (vgl. L. Richter a. a. O., Sp. 96). Für den Tarifvertrag kommen einzelne Arbeitgeber sowie Vereinigungen von Arbeitgebern oder Arbeitnehmern in Betracht, für die Betriebsvereinbarung einzelne Arbeitgeber und die Arbeitnehmerschaft, Arbeiterschaft oder Angestelltenschaft des Betriebs. Daß die tariffähige Vereinigung auch tarifberechtigt sei, d. h. daß ihre Organe kraft Satzung oder sonstiger ausdrücklicher oder stillschweigender Ermächtigung in der Lage sind, ihre Vereinigung beim Abschluß von Tarifverträgen rechtsgeschäftlich zu vertreten (vgl. darüber statt anderer Kaskel: Arbeitsrecht, 3. Aufl., S. 26f.) ist nicht erforderlich (a. M. Erdmann, Anm. 21 zu § 6a, S. 121f.).

Zwischen solchen Parteien muß ein Streit über das Bestehen oder den Inhalt des Anspruchs auf den Mehrarbeitszuschlag bestehen. Das ist nicht ohne weiteres verständlich. Denn solche Streitigkeiten können immer nur aus dem einzelnen Arbeitsverhältnis entspringen, dessen Parteien, was die Arbeitnehmerseite betrifft, gerade nicht „gesamtvertragsfähig" sind. Es läge deshalb nahe, das Wort „Streit" hier im Sinne der Gesamtstreitigkeit zu nehmen, also eine Regelungs- oder Interessenstreitigkeit vorauszusetzen, die durch die Entscheidung des Schlichters beendet werden soll (so L. Richter a. a. O., Sp. 93). Aber diese Auslegung paßt nicht zum zweiten Satze des § 6a Abs. 3, wo es sich ganz zweifellos um eine Rechtsstreitigkeit handelt, und steht auch mit dem Ziele des Verfahrens nach Satz 1 in Widerspruch (s. oben Anm. 10). Unter diesen Umständen und bei der unklaren Fassung der Verordnung, muß man zu ihrer Auslegung auf den Sinn und Zweck der Vorschrift zurückgreifen. Zur Vermeidung zahlloser Einzelstreitigkeiten sollen Differenzen wegen des Zuschlagsanspruchs möglichst nicht zwischen den einzelnen Arbeitgebern und Arbeitnehmern, sondern zwischen den möglichen Parteien einer Gesamtvereinbarung ausgetragen werden, und zwar, soweit es sich dabei um Vereinigungen handelt, mit Wirkung für ihre Mitglieder. Der „Streit zwischen den gesamtvertragsfähigen Parteien" ist also materiell ein Streit zwischen den Mitgliedern dieser Parteien, der aber der Einfachheit halber und weil es sich um gleichartige Verhältnisse handelt, in einem einheitlichen Verfahren von den Kollektivparteien ausgetragen wird und zu einer die einzelnen Mitglieder bindenden Regelung führt. Es ist der Gedanke der Repräsentation, der hier Anwendung gefunden hat. Die Rechte und Pflichten der einzelnen Arbeitgeber und Arbeitnehmer aus dem Arbeitsverhältnis werden in Ansehung des Mehrarbeitszuschlags von ihren Verbänden im eigenen Namen, aber mit Wirkung für die Mitglieder, geltend gemacht.

b) Ein Streit über das Bestehen und den Inhalt des Zuschlagsanspruchs wird durch eine Vereinbarung in der Regel von vornherein ausgeschlossen werden können, zumal nach Absatz 2 der Vereinbarung inhaltlich ein weiter Spielraum gelassen ist. Deshalb ist in § 6a Abs. 3 weiter bestimmt, daß die Entscheidung der Streitigkeit durch den Schlichter nur eintreten soll, wenn in freien Verhandlungen oder im Schlichtungsverfahren keine Gesamtvereinbarung zustande kommt. Dadurch soll in erster Linie den Tarifparteien ein Anreiz gegeben werden, sich um eine tarifliche Regelung der Zuschlagsfrage zu bemühen. Trotz des zweideutigen Wortlauts wird man annehmen müssen, daß auch die durch das Schlichtungsverfahren gebotenen Möglichkeiten, zu einer Gesamtvereinbarung zu gelangen, erschöpft sein müssen, bevor der Schlichter nach § 6a Abs. 3 in Tätigkeit zu treten hat. Die Vereinbarung soll nach dem Grundgedanken der Vorschrift, der auch in Abs. 2 zum Ausdruck kommt, den Vorrang vor der starreren Regelung der Verordnung haben, an die auch der Schlichter gebunden ist. Wie hier L. Richter, NZfA. 1928, Sp. 96f., Metzler: SchlWes. 1927, Sp. 167; a. M. Erdmann, Anm. 24, Potthoff VI, 4d, Kaskel: Arbeitsrecht, 3. Aufl., S. 29, Klehmet II, Anm. 6 zu § 6a, S. 31, die es für ausreichend halten, wenn der Abschluß einer Gesamtvereinbarung entweder im Wege freier Verhandlung oder mit Hilfe der Schlichtungsbehörden erfolglos versucht worden ist.

Nach dem Wortlaut der Verordnung muß der Versuch, zu einer Gesamtvereinbarung zu gelangen, dem Eingreifen des Schlichters auch dann vorausgegangen sein, wenn nicht die Höhe des Zuschlags, sondern das Bestehen des Zuschlagsanspruchs streitig ist. Denn über die Frage, ob die Mehrarbeit, weil sie in den Vorschriften der §§ 2 oder 4 AZVO. begründet ist, keinen gesetzlichen Anspruch auf Vergütung entstehen läßt, entscheidet nach § 6a Abs. 3 Satz 2 der Schlichter „unter den gleichen Voraussetzungen" wie über Form, Höhe und Art der Berechnung der Vergütung. Das ist deshalb auffällig, weil zwar nach § 6a Abs. 2 die Höhe des Zuschlags durch Gesamtvereinbarung abweichend von der gesetzlichen Regel festgesetzt werden kann, die Vorfrage dagegen, ob überhaupt ein Zuschlagsanspruch besteht, in Abs. 1 zwingend geregelt und also der Vereinbarung entzogen ist. Die Tarifparteien können daher gar nicht vereinbaren, daß in Mehrarbeitsfällen, die nach § 6a Abs. 1 zuschlagspflichtig sind, der „Anspruch auf die Vergütung" nicht begründet sein soll. Wohl aber können sie in Fällen, die nach §§ 2 oder 4 zu beurteilen sind und daher keinen gesetzlichen Zuschlagsanspruch hervorbringen, eine vertragliche Mehrarbeitsvergütung vereinbaren. Tatsächlich geschieht das sogar sehr oft. Und so läßt sich der Streit über das Bestehen der gesetzlichen Zuschlagspflicht unter Umständen auf diesem Wege beenden, indem der Zuschlag vertraglich zugestanden wird, ohne Rücksicht auf die Frage, ob er auch gesetzlich gezahlt werden müßte. Nur so läßt sich die sonst unverständliche Bestimmung erklären (vgl. darüber L. Richter a. a. O., Sp. 98).

c) Schließlich ist ein Antrag erforderlich, um den Schlichter in Tätigkeit zu setzen. Von wem dieser Antrag auszugehen hat, sagt die Verordnung nicht. Da sich aber in dem einzuleitenden Verfahren die „gesamtvertragsfähigen Parteien" gegenüberstehen, versteht es sich von selbst, daß nur eine Person oder Personenvereinigung, die diese Eigenschaft besitzt (also nie ein einzelner Arbeitnehmer), den Antrag stellen kann, während Antragsgegner die von ihm zu benennende Partei ist, mit der eine Gesamtvereinbarung vorher nicht zustande gekommen ist.

12 Zuständig für die Entscheidung ist der ständige Schlichter, in dessen Bezirk die beteiligten Arbeitnehmer beschäftigt sind (vgl. § 4 SchlVO.); wenn die Streitigkeit seinen Bezirk wesentlich überschreitet, ein vom Reichsarbeitsminister für den Einzelfall bestellter Schlichter (§ 6a Abs. 3 Satz 3).

Das Verfahren ist nicht das in der SchlVO. und der 2. AusfVO. dazu geregelte Schlichtungsverfahren, das auf die Herstellung einer Gesamtvereinbarung abzielt. Der Schlichter wird vor allem stets als Einzelperson tätig, eine Schlichterkammer ist nicht zu bilden. In den AusfBest. zu § 6a ist lediglich vorgeschrieben, daß die Beteiligten vor der Entscheidung (mündlich oder schriftlich) zu hören sind und daß die Anhörung in geeigneten Fällen auch durch andere behördliche Stellen (Schlichtungsausschußvorsitzenden, Gewerbeaufsichtsbeamten) erfolgen kann. Auch soll der Schlichter bei dieser Gelegenheit nochmals auf den Abschluß einer Vereinbarung hinwirken.

13 Der Inhalt der Schlichterentscheidung ergibt sich aus dem Streitgegenstande und der dem Schlichter übertragenen Aufgabe, den Streit über das Bestehen oder die Höhe des Zuschlags für eine Mehrzahl gleichgelagerter Fälle an Stelle der an sich zuständigen Arbeitsgerichte zu entscheiden (vgl. oben Anm. 10).

Geht der Streit um die Höhe des Zuschlags, so hat der Schlichter lediglich zu entscheiden, ob der gesetzliche Regelsatz von 25% angemessen ist, oder ob besondere Umstände eine Abweichung nach oben oder unten rechtfertigen. Er besitzt also nicht die nur der Einzel- oder Gesamtvereinbarung eingeräumte Freiheit, die Zuschlagshöhe auch ohne Rücksicht auf besondere Umstände abweichend von der Regel festzusetzen. A. M. die herrschende Lehre, besonders soweit sie der bindenden Regelung des Schlichters den Charakter einer Gesamtvereinbarung beilegt (vgl. L. Richter a. a. O., Sp. 99). Das RAG. (Urteil vom 28. 3. 1928, Bensh.Samml. Bd. II, Nr. 67 [RAG.] S. 232) hat ebenso wie schon vorher das LAG. Stuttgart (Urteil vom 28. 11. 1927, Bensh.Samml., Bd. II, Nr. 43 [LAG.], S. 132) entschieden, daß der Schlichter nicht befugt ist, dem Arbeitnehmer für gewisse Überstunden den Anspruch auf die Mehrarbeitsvergütung überhaupt abzusprechen. Dieser Ansicht ist von dem hier eingenommenen Standpunkt aus schon deshalb zuzustimmen, weil sich darnach die Befugnisse des Schlichters nach § 6a Abs. 3 mit denen des Gerichts im Falle einer Einzelstreitigkeit decken und auch das letztere nur in Anbetracht besonderer Umstände für eine Ermäßigung, nicht aber für gänzlichen Wegfall der Mehrarbeitsvergütung entscheiden kann. A. M. Hueck in der Anmerkung zu dem zitierten Urteil des LAG. Stuttgart.

Außer über die Höhe soll der Schlichter auch über die Form und die Art der Berechnung des Zuschlags entscheiden können. Letzteres ist überall dort notwendig, wo der Stundenlohnsatz, nach dem sich der Zuschlag bestimmt, nicht vertraglich vereinbart ist, sondern erst aus der anderweit festgesetzten Vergütung (Wochenlohn, Monatsgehalt, Akkordverdienst) ermittelt werden muß. In solchen Fällen bildet eine Entscheidung über die Berechnungsart die unerläßliche Ergänzung der Entscheidung über die prozentuale Höhe des Zuschlags (zutreffend L. Richter a. a. O., Sp. 99). Dabei dürfte es die Zuständigkeit des Schlichters nicht überschreiten, wenn er an die Stelle der genauen mathematischen eine vereinfachte Berechnungsweise setzt (vgl. oben Anm. 7 unter b). Dasselbe gilt für die Form, in der der Zuschlag gewährt werden soll. Besondere Umstände können auch hier eine Abweichung von der prozentmäßigen Festsetzung und die Gewährung eines Pauschsatzes rechtfertigen. Damit verläßt der Schlichter nicht das Gebiet der Entscheidung nach Rechtssätzen und begibt sich auf das der Schlichtung. Denn bei Einzelstreitigkeiten gleicher Art haben auch die Gerichte nicht nur über die Höhe, sondern auch über Form und Berechnungsart der Vergütung zu entscheiden (Abs. 3 Satz 2 der AusfBest. zu § 6a).

Hat der Schlichter über das Bestehen des Zuschlagsanspruchs zu entscheiden, so ist er an die zwingenden Vorschriften des Abs. 1 gebunden (vgl. L. Richter a. a. O., Sp. 94f.; a. M. Potthoff, SchlWes. 1927, Sp. 247f.). Die Natur der Entscheidung als einer „funktionell richterlichen" tritt hier besonders deutlich hervor. Sie wird sich übrigens auch darauf erstrecken dürfen, ob die Zuschlagspflicht deshalb entfällt, weil die formell auf §§ 3, 5, 6 oder 10 gestützte Mehrarbeit auch nach den §§ 2 oder 4 zulässig wäre (§ 6a Abs. 1 Satz 2).

14 Die Rechtswirkung der Entscheidung muß dem Zwecke der Vorschrift entsprechend die gleiche sein, die einer im Einzelstreitverfahren ergehenden gerichtlichen Entscheidung zukäme. Das Besondere ist, daß sich die Wirkung hier ultra partes erstreckt. Der Streit, über den der Richter entscheidet, ist seinem materiellen Inhalt nach ein Streit zwischen den einzelnen Arbeitgebern und Arbeitnehmern, der von den sie repräsentierenden gesamtvertragsfähigen Parteien ausgetragen wird. Die Entscheidung des Schlichters soll diesem Streit ein Ende machen und ist deshalb „bindend", auch für die Mitglieder der formellen Streitparteien, soweit diese Vereinigungen von Arbeitgebern oder Arbeitnehmern sind. Man wird die Wirkung auf alle Arbeitgeber und Arbeitnehmer erstrecken müssen, die „tarifbeteiligt" im Sinne des § 1 Abs. 2 TarVO. wären, wenn es sich um einen Tarifvertrag handelte (ebenso Erdmann, Anm. 25 zu § 6a, S. 133f.).

Was die Wirkung im einzelnen betrifft, so ist zu unterscheiden zwischen der Entscheidung über das Bestehen und über die Höhe des Anspruchs. Die Frage, ob ein gesetzlicher Anspruch auf Sondervergütung für Mehrarbeit besteht, ist in der Verordnung zwingend geregelt. Ist sie vom Schlichter gemäß § 6a Abs. 3 Satz 2 bindend entschieden, so ist eine spätere abweichende Vereinbarung durch Einzel- oder Gesamtvertrag höchstens in der Weise möglich, daß trotz Fehlens eines gesetzlichen Zuschlagsanspruchs ein vertragliches Recht des Arbeitnehmers auf die Sondervergütung begründet wird (vgl. oben Anm. 11 unter b).

Dagegen hat die Entscheidung des Schlichters über Form, Höhe und Art der Berechnung des Zuschlags nur die Bedeutung einer Feststellung, auf welche Vergütung der Arbeitnehmer nach der gesetzlichen Vorschrift des Abs. 2 Anspruch hat unter Berücksichtigung der besonderen Umstände, die zu einer Abweichung vom Regelsatze führen können. Diese gesetzliche Vorschrift ist aber dispositiv. Sie weicht also einer nachträglichen abweichenden Vereinbarung der „Beteiligten", mag es sich um eine Gesamt- oder Einzelvereinbarung handeln. Für die Gesamtvereinbarung ist das in Abs. 2 der AusfBest. zu § 6a besonders hervorgehoben, es muß aber folgerichtig auch für die Einzelvereinbarung gelten. Eine bereits bestehende Gesamtvereinbarung schließt logischerweise die Entscheidung des Schlichters auf Grund der Verordnung aus (s. oben Anm. 11b), während eine früher getroffene Einzelvereinbarung von der Schlichterentscheidung nicht berührt wird. Ebenso im Ergebnis Erdmann, S. 134f. A. M. diejenigen, die der Entscheidung des Schlichters nach § 6a Abs. 3 Satz 1 die Wirkung einer Gesamtvereinbarung beilegen, vgl. Kaskel: Arbeitsrecht, 3. Aufl., S. 121, L. Richter a. a. O., Sp. 100, aber auch Potthoff VI, 4i und k zu § 6a, der das vom Schlichter festgesetzte Maß der Vergütung für unabdingbar hält, sowie Klehmet II, S. 32. Ändern sich die maßgebenden Verhältnisse, d. h. die besonderen Umstände, auf Grund deren der Schlichter seine Entscheidung gefällt hatte, wesentlich, so kann er auf Antrag seine Entscheidung über die Vergütung ändern (Abs. 2 der AusfBest. zu § 6a).

Die bindende Kraft der Entscheidung des Schlichters zeigt sich darin, daß die Gerichte an den Ausspruch des Schlichters über das Bestehen oder Nichtbestehen sowie über den Inhalt des Anspruchs gebunden sind (Abs. 3 der AusfBest. zu § 6a), sofern nicht eine abweichende Vereinbarung der Beteiligten nachgewiesen wird, der Schlichter überhaupt zuständig war und das Verfahren nicht an wesentlichen Mängeln leidet. Ein Rechtsmittel gegen die Entscheidung ist nicht gegeben.

[15] Ihrer rechtlichen Natur nach ist die Entscheidung des Schlichters nicht Abgabe eines verbindlichen Schiedsspruchs, der eine Gesamtvereinbarung zwischen den am Verfahren beteiligten gesamtvertragsfähigen Parteien schafft. A. M. Kaskel: Arbeitsrecht, 3. Aufl., S. 29, 121, Horbat, SchlWes. 1928, Sp. 53f.; für die „Regelung" nach § 6a Abs. 3 Satz 1 auch L. Richter, NZfA. 1928, Sp. 100. Daß in § 6a Abs. 3 Satz 1 von einer bindenden Regelung gesprochen wird, kann bei der mangelhaften Redaktion der Vorschrift nicht von Bedeutung für die Auslegung sein. In den AusfBest. zu § 6a wechselt die Terminologie fortgesetzt. Der Ausdruck „Entscheidung" überwiegt aber, und zwar auch gerade für die Fälle, in denen über Form, Höhe oder Art der Berechnung der Vergütung gestritten wird. Ebensowenig ist entscheidend, daß nur gesamtvertragsfähige Parteien den Schlichter anrufen können (so Kaskel a. a. O., S. 29, Anm. 2). Das ist aus Zweckmäßigkeitsgründen bei der endgültigen Fassung so geordnet worden, um den Schlichter nicht mit zahllosen Einzelstreitigkeiten zu belasten (vgl. oben Anm. 10). Daß dem Verfahren vor dem Schlichter der Versuch, zu einer Gesamtvereinbarung zu gelangen, vorangehen muß, entspricht dem Vorrang, den schon Abs. 2 der Vereinbarung einräumt, beweist aber nicht, daß die nachfolgende Entscheidung des Schlichters auch ihrerseits zu einer Gesamtvereinbarung führen muß (vgl. Erdmann, Anm. 25 zu § 6a, S. 130). Es wäre im Gegenteil unverständlich, wenn man in § 6a Abs. 3 neben die bereits im Schlichtungsverfahren gegebenen Möglichkeiten, zu einer Gesamtvereinbarung zu gelangen, überflüssigerweise noch ein weiteres

behördliches Verfahren mit genau dem gleichen Ziele gesetzt hätte. Kommt eine Gesamtvereinbarung weder in freien Verhandlungen noch im Schlichtungsverfahren zustande, so sind die Mittel hierzu erschöpft. Es ist nicht einzusehen, weshalb man gerade für die Zuschlagsfrage im Gegensatze zu anderen mindestens ebenso wichtigen Arbeitsbedingungen einen weiteren Weg vorgesehen haben sollte, um eine zwangstarifliche Regelung unter allen Umständen zu erreichen. In Wirklichkeit ist vielmehr die Rechtslage hier die gleiche, wie auch sonst beim Scheitern einer Gesamtvereinbarung: Die Parteien des Einzelvertrags haben freie Hand bei Festsetzung der Arbeitsbedingungen, selbstverständlich aber nur im Rahmen des Gesetzes. Und da dieses in bestimmten Fällen die Bezahlung eines Zuschlags für Mehrarbeit zwingend vorschreibt (Abs. 1), die Höhe des Zuschlags aber von den besonderen Umständen abhängig macht (Abs. 2), muß, wenn auch eine Einzelvereinbarung nicht zustande kommt, das Gericht im Streitfalle entscheiden, ob und in welcher Höhe der Zuschlag zu zahlen ist. An die Stelle des Gerichts tritt aber auf Anrufen einer gesamtvertragsfähigen Partei der Schlichter, um den gleichen Streit für die Arbeitsverhältnisse der Mitglieder der Kollektivparteien zu entscheiden, die vorher vergeblich eine Gesamtvereinbarung erstrebt hatten. Folglich kann seine Entscheidung ihrem Inhalt nach nur die Natur eines Urteils, also eines Rechtsspruchs haben, der das geltende Recht auf ein streitiges Rechtsverhältnis anwendet, obgleich sie in den Formen eines Verwaltungsakts ergeht. Der Verwaltungsbehörde ist in diesem Falle eine richterliche Funktion übertragen worden. Daß dies bei der Entscheidung nach Satz 2 klarer hervortritt, als bei Satz 1 und daß im zweiten Falle der Anschein einer „Regelung" hervorgerufen wird, liegt einfach daran, daß bei Festsetzung der Höhe des Zuschlags dem richterlichen Ermessen ein gewisser Spielraum eingeräumt ist, was aber in gleicher Weise gilt, wenn nicht der Schlichter, sondern das Gericht die Entscheidung trifft (Abs. 3 Satz 2 der AusfBest. zu § 6a). Das ist also kein Grund, die innerlich eng zusammenhängenden und von der Verordnung gleichbehandelten beiden Fälle des § 6a Abs. 3 rechtlich verschieden zu beurteilen. Die Entscheidung des Schlichters ist hiernach auch nicht Verwaltungsverordnung (so Erdmann, Anm. 25 zu § 6a, S. 131) oder „rechtsgestaltender Verwaltungsakt" (so Potthoff VI, 4 g zu § 6a), sondern sie ist formell Verwaltungsakt, materiell aber Entscheidung eines Rechtsstreits. Sachlich wohl übereinstimmend Rohmer, Anm. 4 zu § 6a: „für Einzelstreitigkeiten bleibt der Rechtsweg offen", „Verwaltungsakt mit dem Charakter eines Schiedsspruchs" (sc. im Schiedsgerichtsverfahren); Klehmet II, Anm. 6, Erdel, SchlWes. 1927, Sp. 163, Metzler, SchlW. 1927, Sp. 254, Herschel, SchlW. 1928, Sp. 337.

Aus dieser Auffassung folgt von selbst, daß die Entscheidung des Schlichters nicht für allgemeinverbindlich erklärt werden kann, da hierzu nur Tarifverträge geeignet sind; ebenso Syrup II, S. 49, Erdmann, Anm. 25, S. 134, Potthoff, SchlWes. 1928, Sp. 1f; a. M. diejenigen, die eine Gesamtvereinbarung annehmen, sowie die Praxis des RAM. (vgl. die Entsch. vom 2. 12. 1927 bei Erdmann, S. 129).

16 Um den Übergang vom alten zum neuen Rechtszustande zu erleichtern, bestimmt § 6a Abs. 4, daß Mehrarbeit, die schon am 1. 4. 1927 tarifvertraglich vereinbart oder behördlich zugelassen war, erst vom Ablauf des Tarifvertrags oder der behördlichen Genehmigung, spätestens aber vom 1. 7. 1927 ab, gemäß den Vorschriften im § 6a Abs. 1 und 2 bezahlt werden muß. In diesem Falle

bleiben also Vereinbarungen über die Vergütung oder Nichtvergütung der Mehrarbeit zunächst in Kraft, mögen sie durch Tarifvertrag oder im einzelnen Arbeitsvertrag getroffen sein. Sie gelten längstens bis zum 30. 6. 1927, auch wenn in ihnen bestimmt ist, daß für Mehrarbeit keinerlei Sondervergütung zu entrichten ist. Spätestens vom 1. 7. 1927 ab treten dann die Bestimmungen der Verordnung in Kraft, und zwar verlieren die vor dem 1. 5. 1927 (vgl. § 6a Abs. 2 und oben Anm. 9c) getroffenen Vereinbarungen mit diesem Tage auch dann ihre Wirkung, wenn sie einen Mehrarbeitszuschlag vorsahen, also im Rahmen des § 6a Abs. 2 zulässig wären. Sie müssen erneuert werden, auch wenn eine sachliche Änderung nicht notwendig ist. Andernfalls gilt nunmehr die gesetzliche Regel (vgl. L. Richter, NZfA. 1928, Sp. 102f.). Der Zweck dieser Regelung ist offenbar der, daß die Beteiligten die Zuschlagsfrage unter Berücksichtigung der neuen Bestimmungen des Arbeitszeitnotgesetzes nochmals prüfen sollen.

Die Frage, ob das Außerkrafttreten der bisherigen vertraglichen Bestimmungen über die Bezahlung von Mehrarbeit zur Folge hat, daß der ganze Vertrag nichtig wird oder aus wichtigem Grunde gekündigt werden kann, ist nach allgemeinen Grundsätzen, insbesondere nach §§ 139, 626 BGB. zu beurteilen (vgl. darüber amtl. Begründung Abs. 5 zu § 6a, Syrup II, S. 50 unter VII, Erdmann, Anm. 31 zu § 6a).

17 Eine besondere Ausnahme von den Vorschriften des § 6a sieht Abs. 5 für Saisonbetriebe vor, wo der Zwang, für die über 8 Stunden hinausgehende Arbeit eine besondere Vergütung zu gewähren, unter Umständen ungerecht wirken würde (amtl. Begründung Abs. 2 zu § 6a). Für derartige Betriebe kann daher der Reichsarbeitsminister unter bestimmten Voraussetzungen bestimmen, daß eine Zuschlagspflicht nach § 6a Abs. 1 nicht besteht.

a) Die Ausnahmevorschrift bezieht sich auf solche Betriebe, die ihrer Art nach (also nicht infolge zufälliger Umstände) in gewissen Zeiten des Jahres regelmäßig zu erheblich verstärkter Tätigkeit genötigt sind. Es muß also stärkerer und schwächerer Arbeitsbedarf typischerweise miteinander wechseln, was beim sog. Saisongewerbe der Fall ist, dessen Beschäftigungsgrad je nach der Jahreszeit regelmäßigen Schwankungen unterliegt. Es trifft dagegen nicht zu bei den Kampagneindustrien, die überhaupt nur zu bestimmten Zeiten des Jahres arbeiten (z. B. Zuckerfabriken, Ziegeleien) und wo die Voraussetzung der Vorschrift höchstens bei regelmäßigen Schwankungen während der Kampagne vorliegen könnte (RAM. vom 24. 8. 1927, III B 5972/27, RABl. 1927 I., S. 394; Rohmer, Anm. 6, S. 40, abw. Potthoff VIII, 1d zu § 6a).

b) Die Anordnung des Reichsarbeitsministers darf erst ergehen, nachdem die (beteiligten) wirtschaftlichen Vereinigungen der Arbeitgeber und Arbeitnehmer gehört worden sind (vgl. darüber oben Anm. 4 zu § 2).

c) Eine solche Anordnung setzt weiter voraus, daß die während der „Saison" geleistete Mehrarbeit durch Verkürzung der Arbeitszeit in deu übrigen Zeiten des Jahres ausgeglichen wird. Dieser Ausgleich ist nicht etwa die Bedingung für die Zulässigkeit der Mehrarbeit, die sich ihrerseits vielmehr auf eine der hierfür maßgebenden Bestimmungen der AZVO., insbesondere auf die §§ 3, 5 oder 6 zu stützen haben wird, sondern nur Voraussetzung für den Wegfall des Mehrarbeitszuschlags nach § 6a Abs. 1 (vgl. Erdmann, Anm. 37 zu § 6a und das oben angeführte Schreiben des RAM. vom 24. 8. 1927, III B 5972/27, unklar Potthoff, AR. 1928, Sp. 146). Dabei wird der Reichsarbeitsminister vor allem zu prüfen haben, ob die Verkürzung der Arbeitszeit auf der einen Seite der Mehrarbeit auf der anderen Seite dem Umfang nach entspricht und den Abs. 1 des § 6a nur insoweit außer Kraft setzen dürfen, als ein Ausgleich tatsächlich erreicht wird. Dagegen ist es nicht erforderlich, daß gerade der einzelne Arbeitnehmer in seiner Person an dem Ausgleich teilnimmt (richtig Rohmer, Anm. 6 zu § 6a). Die abweichende Ansicht Potthoffs (VIII, 5a zu § 6a) ist praktisch nahezu undurchführbar und im Wortlaut der Verordnung nicht begründet. Ein besonders starker Wechsel der Belegschaft wird den Reichsarbeitsminister höchstens veranlassen, von seiner Befugnis keinen Gebrauch zu machen (vgl. Klehmet II, Anm. 4, S. 27).

Nach Abs. 4 der AusfBest. zu § 6a muß der Ausgleich der Arbeitszeit durch bindende Vereinbarung für die Dauer der Anordnung gesichert sein. In Betracht kommen wohl ausschließlich tarifliche Abmachungen, da nur sie dem Arbeitgeber, auch unabhängig vom etwaigen Wechsel der Belegschaft, die rechtliche Möglichkeit nehmen, die Arbeitszeit auch während der „stillen" Zeit über das vorausgesetzte Maß auszudehnen (anders Erdmann, Anm. 38 zu § 6a). Hat jedoch der Reichsarbeitsminister auf Grund der ihm überreichten Unterlagen die Überzeugung gewonnen, daß der Ausgleich gesichert ist, und daraufhin die Anordnung erlassen, so besteht sie zu Recht. Wäre es anders, so brauchte der einzelne Fall gar nicht besonders geprüft zu werden, da dann der Anspruch auf den Zuschlag von selbst wieder entstünde, wenn der Ausgleich nicht einträte (a. M. Potthoff VIII, 43c und 5b zu § 6a, und AR. 1928, Sp. 145f.).

d) Die Anordnung des Reichsarbeitsministers kann nicht nur für ganze Gewerbe, sondern auch für einzelne Betriebe erlassen werden (a. M. RAM. vom 24. 8. 1927, III B 5972/27, Potthoff VIII, 1a zu § 6a). Nach dem Wortlaut der Vorschrift kann die Ausnahme nicht „für", sondern „in" den genannten Gewerben angeordnet werden. Daß sich die Anordnung nicht auf das ganze Reichsgebiet zu erstrecken braucht, sondern sich auf einzelne Bezirke beschränken kann, wird meist angenommen (RAM. vom 24. 8. 1927, s. oben, a. M. L. Richter, NZfA. 1928, Sp. 15). Es ist aber nicht einzusehen, warum dann nicht auch einzelne Betriebe gesondert behandelt werden können, wenn nur bei ihnen der Ausgleich gesichert ist.

e) Ein Antrag auf Erlaß der Anordnung ist nicht ausdrücklich vorgeschrieben, wird aber wohl stillschweigend vorausgesetzt (so auch RAM. vom 24. 8. 1927. III B 5972/27, RABl. 1927 I, S. 394).

§ 7

[1]Eine Überschreitung der im § 1 Satz 2 und 3 festgesetzten Grenzen auf Grund tariflicher Vereinbarungen (§ 5) oder behördlicher Zulassung (§ 6) ist für Gewerbezweige oder Gruppen von Arbeitern, die unter besonderen Gefahren für Leben oder Gesundheit arbeiten, insbesondere für Arbeiter im Steinkohlenbergbau unter Tage sowie für

Arbeiter, die in außergewöhnlichem Grade der Einwirkung von Hitze, giftigen Stoffen, Staub und dergleichen oder der Gefährdung durch Sprengstoffe ausgesetzt sind[2], nur zulässig, wenn die Überschreitung aus Gründen des Gemeinwohls dringend erforderlich ist, oder wenn sie sich in langjähriger Übung als unbedenklich erwiesen hat und eine halbe Stunde nicht übersteigt[3—5].

Der Reichsarbeitsminister bestimmt, für welche Gewerbezweige oder Gruppen von Arbeitern diese Beschränkung Platz greift.

[1] § 7 enthält gegenüber den Mehrarbeitsmöglichkeiten der AZVO. eine Einschränkung zugunsten der in gefährlichen oder besonders gesundheitsschädlichen Betrieben beschäftigten Arbeiter. Bei ihnen soll eine über die im § 1 Satz 2 und 3 festgesetzten Grenzen hinausgehende Arbeitszeit durch Tarifvertrag oder behördliche Genehmigung nur unter bestimmten Voraussetzungen zugelassen werden dürfen. § 7 schränkt also nicht schlechthin jede Mehrarbeit für die seinem Schutze unterstellten Arbeiter ein. Daß auch bei ihnen ein Ausgleich für ausgefallene Arbeitszeit gemäß § 1 Satz 3 zulässig ist, geht daraus hervor, daß die Verordnung hier wie auch sonst die Verlängerung der täglichen Arbeitszeit im Rahmen der 48 Stundenwoche oder 96stündigen Doppelwoche gar nicht als Überschreitung der regelmäßigen Arbeitszeit ansieht. Aber auch für die Arbeitsbereitschaft (§ 2), die 30 Mehrarbeitstage des § 3, die Vorbereitungs- und Ergänzungsarbeiten des § 4 und für die Fälle des § 10 gilt in den dem § 7 unterstellten Betrieben keine Besonderheit (a. M. nur Klehmet I, Anm. 1, S. 59). Lediglich dem Tarifvertrag (§ 5) und der genehmigenden Behörde (§ 6) sind durch § 7 gewisse Schranken gezogen.

[2] Diese Schranken gelten jedoch — von einer Ausnahme abgesehen — nicht ohne weiteres. Der Schutz des § 7 ist solchen Arbeitern zugedacht, die unter besonderen Gefahren für Leben oder Gesundheit arbeiten oder in außergewöhnlichem Grade der Einwirkung von Hitze, giftigen Stoffen, Staub u. dgl., oder der Gefährdung durch Sprengstoffe ausgesetzt sind. Ob diese Voraussetzungen vorliegen, ist in der AZVO. selbst nur hinsichtlich der Arbeiter im Steinkohlenbergbau unter Tage festgestellt. Sie fallen ohne weiteres unter die Bestimmung des § 7. Für alle andern Arbeitergruppen bedarf es einer besonderen Verordnung des Reichsarbeitsministers, zu deren Erlaß er nach § 7 Abs. 2 ermächtigt ist. Der Reichsarbeitsminister hat nach freiem, nicht nachprüfbarem Ermessen zu entscheiden, ob eine Unterstellung unter die Sondervorschrift des § 7 angebracht ist. Erst mit dem Inkrafttreten der Verordnung greift für die von ihr erfaßten Arbeiter die Beschränkung des § 7 Platz. Bisher sind folgende Verordnungen des Reichsarbeitsministers gemäß § 7 Abs. 2 ergangen:

Verordnung über die Arbeitszeit in Kokereien und Hochofenwerken vom 20. 1. 1925 (RGBl. I, S. 5);

Verordnung über die Arbeitszeit in Gaswerken vom 9. 2. 1927 (RGBl. I, S. 59);

Verordnung über die Arbeitszeit in Metallhütten vom 9. 2. 1927 (RGBl. I, S. 59);

Verordnung über die Arbeitszeit in Glashütten und Glasschleifereien vom 9. 2. 1927 (RGBl. I, S. 60);

Verordnung über die Arbeitszeit in Stahlwerken, Walzwerken und anderen Anlagen der Großeisenindustrie vom 16. 7. 1927 (RGBl. I, S. 221).

Die Vorschrift spricht von Gewerbezweigen oder Gruppen von Arbeitern, die dem Schutz unterstellt werden können. Gemeint ist, daß sich die Anwendung der Vorschrift auf die gesamte Arbeiterschaft bestimmter Gewerbezweige oder nur auf einzelne Gruppen von ihnen erstrecken kann. Tatsächlich ist in den bisherigen Verordnungen nur der zweite Fall praktisch geworden. Da die Verordnung ausdrücklich nur die Arbeiter erwähnt, ist die Vorschrift auf Angestellte nicht anwendbar. Doch nimmt die herrschende Meinung mit Recht an, daß der Ausdruck in dem weiten Sinne des Titels VII GO. gemeint ist, wo er auch Werkmeister, Techniker und Betriebsbeamte umfaßt (Syrup I, S. 76, Anm. 4, Klehmet I, Anm. 1, S. 59, Potthoff II, 1b zu § 7, RAM. vom 11. 3. 1925, RABl. 1925 AT., S. 239).

3 Für die dem § 7 unterstellten Arbeiter gilt die Besonderheit, daß die nach § 1 Satz 2 und 3 zulässige Arbeitsdauer durch Tarifvertrag oder behördliche Genehmigung nur verlängert werden darf, wenn dies aus Gründen des Gemeinwohls dringend erforderlich ist, oder wenn sich die Überschreitung dieser Grenzen in langjähriger Übung als unbedenklich erwiesen hat und eine halbe Stunde täglich nicht übersteigt. Die Vorschrift ist in dem Wortlaut der Verordnung mißverständlich. Sie könnte so aufgefaßt werden, daß der Arbeitgeber in den Fällen des § 7 von einer ihm durch Tarifvertrag oder behördliche Zulassung gebotenen Mehrarbeitsmöglichkeit nur Gebrauch machen darf, wenn eine der beiden oben genannten Voraussetzungen vorliegt. Bei dieser Auslegung hätte der Arbeitgeber in jedem einzelnen Falle auf eigene Verantwortung zu prüfen, ob die von ihm gewünschte Mehrarbeit „aus Gründen des Gemeinwohls dringend erforderlich" ist oder sich — bei Überschreitungen von nicht mehr als einer halben Stunde — in langjähriger Übung als unbedenklich erwiesen hat. Irrte er sich in der Annahme des Vorliegens dieser Voraussetzungen, so könnte er nach § 11 AZVO. wegen Vergehens gegen die Arbeitsschutzvorschriften bestraft werden. Aber auch das Zivilgericht könnte ihn eines Besseren belehren, wenn der Arbeitnehmer, der die verlangte Mehrarbeit verweigert hat, die Rechtmäßigkeit der daraufhin ausgesprochenen Entlassung bestreitet. Hier müßte das Arbeitsgericht entscheiden, ob die Anordnung des Arbeitgebers zu Recht bestand oder wegen Verstoßes gegen § 7 unwirksam war. Diese Auslegung der Vorschrift wird noch dadurch gestützt, daß § 7 von Überschreitungen der regelmäßigen Arbeitszeit spricht, die „auf Grund" tariflicher Vereinbarung oder behördlicher Zulassung erfolgen und damit den Anschein erweckt, als liege der Schwerpunkt nicht auf der tariflichen oder behördlichen Regelung, sondern bei der daraufhin vom Arbeitgeber getroffenen Maßregel.

Trotzdem ist diese Ansicht abzulehnen. Daß der Wortlaut nicht entscheiden kann, geht klar aus der amtlichen Begründung hervor, wo besser als in der Verordnung selbst von einer Überschreitung des Achtstundentages durch Tarife usw. gesprochen wird. Gemeint ist also, daß die Tarifparteien und die nach § 6 zuständigen Behörden, bevor sie für dem § 7 unterstellte Arbeiter die zulässige Dauer der Arbeitszeit über die Grenzen des § 1 Satz 2 und 3 verlängern, prüfen sollen, ob eine der Voraussetzungen gegeben ist, unter denen eine Ausdehnung der Arbeitszeit auch nach § 7 gestattet ist. Die verantwortliche Entscheidung ist also in die Hände der Tarifparteien bzw. der Behörde gelegt, ähnlich wie nach § 2 das Vorhandensein von Arbeitsbereitschaft für sich allein noch nicht genügt, um den Arbeitgeber zu einer Verlängerung der Arbeitszeit zu berechtigen, sondern ein Tarifvertrag oder eine Verordnung des Reichsarbeitsministers hinzutreten muß, die eben, wenn sie vorliegen, den Arbeitgeber der selbständigen Prüfung entheben, ob der Tatbestand des § 2 in sachlicher Beziehung auch wirklich gegeben ist, und auch die Gerichte binden (vgl. Anm. 4 zu § 2). In ganz derselben Weise hat § 7 den Arbeitgeber nicht ermächtigt, bei dringendem Allgemeininteresse die regelmäßige Arbeitszeit zu überschreiten, sondern er verlangt, daß im Hinblick auf dieses Interesse die Mehrarbeit behördlich oder tariflich zugelassen ist (das ist auch offenbar der Sinn des Schreibens des RAM. vom 3. 7. 1924, RABl. 1924 AT., S. 279). Daraus wird man aber schließen müssen, daß, wenn die Tarifparteien oder die Behörde das Vorliegen eines dringenden Allgemeininteresses an der Arbeitszeitüberschreitung oder ihre Unbedenklichkeit bejaht haben, die Gerichte an diese Feststellung gebunden sind. Und zwar gilt das für die Zivilgerichte wie für die Strafgerichte (a. M. Erdmann, Anm. 6 zu § 7, der ohne stichhaltige Gründe nur das Prüfungsrecht der Zivilgerichte ausschließen will). Ein Tarifvertrag kann also nicht für ungültig erklärt werden, weil er zu Unrecht die Voraussetzungen für die Zulässigkeit der Mehrarbeit nach § 7 als gegeben angenommen habe, der Arbeitnehmer darf die tariflich oder behördlich zugelassene Mehrarbeit nicht mit der gleichen Begründung verweigern, und der Arbeitgeber, der die ihm tariflich oder behördlich eingeräumten Mehrarbeitsmöglichkeiten ausnutzt, macht sich niemals strafbar (grundsätzlich anderer Meinung hinsichtlich der gerichtlichen Nachprüfung Syrup, RZfA. 1925, Sp. 129f., Potthoff I, 2 zu § 7). Die Richtigkeit der hier vertretenen Ansicht folgt für die Anordnung der Behörde nach § 6 schon daraus, daß es sich bei der Frage, ob Mehrarbeit aus Gründen des Gemeinwohls dringend erforderlich oder unbedenklich ist, um eine reine Ermessenssache handelt, und daß ihre Beantwortung durch die zuständige Behörde daher, solange deren Entscheidung nicht von der dazu berufenen Stelle aufgehoben ist, für alle Beteiligten und auch für die mit der Sache befaßten Gerichte maßgebend sein muß (Kaskel: Arbeitsrecht, 3. Aufl., S. 216, Anm. 2). Hinsichtlich des Tarifvertrags aber entspricht es nur einem allgemeinen, auch in §§ 2 und 5 AZVO. angewendeten Grundgedanken des neueren Arbeitsrechts, daß die Kollektivparteien berufen sind, den öffentlichen Arbeitnehmerschutz unter eigener Verantwortung zu lockern. Die gleichberechtigte Mitwirkung der Arbeitnehmerseite macht eine solche Regelung unbedenklich. Bekennt man sich zu diesem Grundgedanken, so muß man der tarifvertraglichen Regelung die gleiche Wirkung zuschreiben, wie der behördlichen, zumal beide im § 7 gleichberechtigt nebeneinander gestellt sind. Kommt der Tarifvertrag nicht in freier Vereinbarung, sondern im Schlichtungsverfahren zustande, so haben die Schlichtungsbehörden bei Abgabe und Verbindlichkeitserklärung des Schiedsspruchs die Zulässigkeitsvoraussetzungen des § 7 für die Mehrarbeit zu prüfen, entscheiden dann aber gleichfalls mit bindender Wirkung. In allen Fällen haben daher die Gerichte nur zu untersuchen, ob von der maßgebenden Stelle die allgemeine Dringlichkeit oder Unbedenklichkeit der Mehrarbeit, nicht ob sie zu Recht bejaht worden ist. Nur wenn sich die Tarifparteien oder die zuständige Behörde einer allgemeinen Entscheidung enthalten und den Arbeitgeber lediglich ermächtigt haben, im Einzelfalle aus dringenden

Gründen des Gemeinwohls Mehrarbeit anzuordnen — was zulässig sein dürfte —, muß sich der Arbeitgeber eine Nachprüfung gefallen lassen.

Die vorstehende Auffassung entspricht allein dem Bedürfnis nach Rechtssicherheit. Sie ist auch im Ergebnis für die Arbeitnehmer nicht bedenklich. Gegen unangemessene Entscheidungen der Behörde hilft das Beschwerderecht nach § 6 Abs. 2, gegen eine zu weitherzige Regelung des Tarifvertrags das Beanstandungsrecht nach § 5 Abs. 2. Es soll nach der amtlichen Begründung zu § 7 in diesen Fällen besonders sorgfältig gehandhabt werden. Seine Hervorhebung an dieser Stelle wäre überflüssig, wenn jedes beliebige Gericht jederzeit die Gültigkeit des Tarifvertrags nachprüfen und sie wegen Nichtvorhandenseins von dringenden Gründen des Gemeinwohls verneinen könnte. Vgl. Rohmer, S. 41, der zutreffend im § 7 eine Anweisung an die zur Beanstandung von Mehrarbeit zuständigen Behörden findet.

4 Liegen die Voraussetzungen vor, unter denen die Arbeitszeit nach § 7 tarifvertraglich oder behördlich verlängert werden kann, so bestehen folgende obere Grenzen.

a) Fehlt es an dringenden Gründen des Gemeinwohls, so darf die tägliche Arbeitszeit um eine halbe Stunde länger sein als die im Rahmen des § 1 Satz 2 und 3 festgesetzte Arbeitszeit. Bei ungleicher Verteilung der 48 Wochenstunden darf also die Arbeitszeit an einzelnen Tagen auch über $8^1/_2$ Stunden, im allgemeinen aber nicht über 10 Stunden hinausgehen (vgl. § 9).

b) Ist die Mehrarbeit aus Gründen des Gemeinwohls dringend erforderlich, so darf der Tarifvertrag bis zu 10 Stunden täglich zulassen, und zwar auch als dauernde Regelung. Eine Überschreitung der Zehnstundengrenze ist nur in den im § 9 genannten Ausnahmefällen zulässig. Die Behörde selbst kann Mehrarbeit bis zu 10 Stunden täglich, in Ausnahmefällen auch eine längere Arbeitszeit befristet zulassen. Näheres bei § 9.

5 Außerhalb der AZVO. bestehende Arbeitszeitschutzbestimmungen werden durch diese Regelung nicht berührt. Es kommen besonders in Betracht die auf Grund der §§ 120e und f GO. erlassenen Verordnungen (s. die Übersicht bei Klehmet I, S. 60), sowie die §§ 135f. GO.

§ 8

Im Bergbau unter Tage ist für Betriebspunkte mit einer Wärme über 28 Grad Celsius durch Tarifvertrag eine Verkürzung der Arbeitszeit zu vereinbaren. Kommt eine derartige Vereinbarung nicht zustande, so ordnet die zuständige Bergbehörde nach Anhörung der beteiligten wirtschaftlichen Vereinigungen der Arbeitgeber und Arbeitnehmer die Verkürzung an. Weitergehende bergpolizeiliche Bestimmungen bleiben unberührt[1].

Im Steinkohlenbergbau gilt als regelmäßige tägliche Arbeitszeit die Schichtzeit; sie wird gerechnet vom Beginne der Seilfahrt bei der Einfahrt bis zum Wiederbeginne bei der Ausfahrt oder vom Eintritt des

einzelnen Arbeiters in das Stollenmundloch bis zu seinem Wiederaustritt[2].

[1] Abs. 1 der Vorschrift, die den §§ 1 und 4 des durch die AZVO. aufgehobenen Gesetzes über die Arbeitszeit im Bergbau unter Tage vom 17. 7. 1922 (RGBl. I., S. 628) entnommen ist, schreibt für den Bergbau unter Tage, und zwar für jede Art von Bergbau (Kohle, Erz, Kali, Salz usw.), eine Verkürzung der Arbeitszeit vor, soweit es sich um Betriebspunkte mit einer Wärme über 28 Grad Celsius handelt. Die Verkürzung ist durch Tarifvertrag oder behördliche Anordnung festzusetzen. Auch hier hat der Tarifvertrag den Vorrang. Nur wenn eine tarifliche Regelung nicht zustande kommt, hat die zuständige Bergbehörde die erforderliche Anordnung zu treffen, nach Anhörung der wirtschaftlichen Vereinigungen der Arbeitgeber und Arbeitnehmer. Daraus wird man schließen dürfen, daß die behördliche Regelung — entsprechend § 6 Abs. 4 AZVO. — durch eine spätere tarifliche Vereinbarung außer Kraft gesetzt wird (so mit Recht Potthoff, 2c zu § 8). Wieweit die Verkürzung zu gehen hat, ist in der Verordnung nicht gesagt. Wo landesrechtlich bereits eine kürzere Arbeitszeit vorgeschrieben ist, darf das dort festgesetzte Maß nicht überschritten, wohl aber unterschritten werden. Bei Tarifverträgen kommt das behördliche Beanstandungsrecht nach § 5 Abs. 2 in Frage. Im Gegensatz zu den die Verlängerung der Arbeitszeit regelnden Bestimmungen der Verordnung ist im § 8 Abs. 1 nicht gesagt, daß die Arbeitszeit gegenüber der regelmäßigen Arbeitszeit im Sinne des § 1 Satz 2 und 3 verkürzt sein müsse. Man hat die Vorschrift deshalb so auszulegen, daß von der für den Gesamtbetrieb unter Tage zulässigen Arbeitszeit auszugehen ist und die Verkürzung dieser gegenüber einzutreten hat (so auch AusfBest. zu § 8 Abs. 1).

[2] Abs. 2 enthält eine auf den Steinkohlenbergbau beschränkte Vorschrift über die Berechnung der regelmäßigen täglichen Arbeitszeit (vgl. dazu AusfBest. zu § 8 Abs. 2).

§ 9

Die Arbeitszeit darf bei Anwendung der in den §§ 3 bis 7 bezeichneten Ausnahmen 10 Stunden täglich nicht überschreiten[1 2]; eine Überschreitung dieser Grenze[3 4] ist nur in Ausnahmefällen aus dringenden Gründen des Gemeinwohls mit befristeter Genehmigung der im § 6 Abs. 1 bezeichneten Behörden[5] oder dann zulässig, wenn es sich um Vorbereitungs- und Ergänzungsarbeiten handelt, die nicht unter § 7 fallen und bei denen eine Vertretung des Arbeitnehmers durch andere Arbeitnehmer des Betriebes nicht möglich ist und die Heranziehung betriebsfremder Arbeitnehmer dem Arbeitgeber nicht zugemutet werden kann[6—9]. Der Reichsarbeitsminister erläßt nach Anhörung der wirtschaftlichen Vereinigungen der Arbeitgeber und der Arbeitnehmer Bestimmungen darüber, welche Arbeiten als Vorbereitungs- und Ergänzungsarbeiten anzusehen sind.

Die sonstigen gesetzlichen Vorschriften über den Schutz der Arbeitnehmer, insbesondere der weiblichen und jugendlichen Arbeitnehmer, bleiben unberührt[10].

Weibliche Arbeitnehmer sind auf ihren Wunsch während der Schwangerschaft und der Stillzeit von einer die Grenzen des § 1 Satz 2 überschreitenden Arbeit zu befreien[11].

[1] Der § 9 enthält eine ergänzende Vorschrift zu den voraufgehenden Bestimmungen der §§ 3 bis 6, die unter gewissen Voraussetzungen eine Verlängerung der in § 1 festgesetzten Regelarbeitszeit gestatten. Die §§ 5 und 6 enthalten überhaupt keine obere Grenze für die durch Tarifvertrag oder behördliche Genehmigung zugelassene Ausdehnung der Arbeitszeit. Die §§ 3 und 4 beschränken zwar die zulässige Mehrarbeit auf zwei bzw. — im Falle des § 4 bei weiblichen und jugendlichen Arbeitnehmern — auf eine Stunde. Doch treten diese Mehrarbeitsstunden nach § 3 zu der in § 1 Satz 2 und 3 vorgeschriebenen Höchstarbeitszeit, die infolge des Ausgleichs für ausgefallene Arbeitsstunden den Achtstundentag in verschiedenem Umfange überschreiten kann, nach § 4 zu der für den Gesamtbetrieb geltenden Arbeitszeit hinzu, ergeben also kein festes und absolutes Maß für die Gesamtdauer der Arbeitszeit in diesen Ausnahmefällen. Hier greift nun § 9 ein mit der Bestimmung, daß die Arbeitszeit bei Anwendung der genannten Mehrarbeitsmöglichkeiten 10 Stunden täglich nicht überschreiten dürfe. Hieraus ergibt sich:

a) auch wenn die Mehrarbeit durch die Vorschriften der §§ 3 bis 6 an sich gedeckt wäre, ist sie unzulässig, soweit dabei die Zehnstundengrenze überschritten wird und nicht eine der noch zu besprechenden Ausnahmen vorliegt. Der Arbeitgeber kann also unter Umständen die ihm durch die AZVO., durch Tarifvertrag oder behördliche Genehmigung eingeräumte Mehrarbeitsmöglichkeit nicht voll ausnutzen;

b) die Anführung des § 7 in § 9 Abs. 1 Halbsatz 1 war überflüssig, da § 7 gar keine neue Mehrarbeitsmöglichkeit enthält, deren Anwendung durch § 9 hätte eingeschränkt werden müssen, sondern seinerseits die Mehrarbeitsmöglichkeiten nach §§ 5 und 6 einschränkt (richtig Potthoff II, 1 f zu § 9);

c) die Zehnstundengrenze gilt nicht für die in § 9 nicht genannten Fälle zulässiger Mehrarbeit, also für den Ausgleich ausgefallener Arbeitsstunden nach § 1 Satz 3 und für die Arbeitsbereitschaft nach § 2, erst recht natürlich nicht für die Fälle, in denen die Beschränkungen der AZVO. nach § 10 überhaupt keine Anwendung finden. Zweifel in dieser Hinsicht sollten durch Streichung des Wortes „auch", das früher hinter „darf" stand, im Arbeitszeitnotgesetz beseitigt werden.

Indem man, von den zu c genannten Fällen abgesehen, die Arbeitszeit auch bei Anwendung der gesetzlichen Ausnahmen vom Achtstundentage grundsätzlich auf 10 Stunden täglich beschränkte, wollte man verhüten, daß die Arbeitszeit durch gehäufte oder zu ausgedehnte Anwendung dieser Ausnahmen über das aus Rücksichten des Arbeitnehmerschutzes zulässige Maß hinaus verlängert würde. Dabei ist die Dauer der Arbeitszeit auch hier unter Ausschluß der Pausen zu errechnen (amtl. Begründung zu § 9 alte Fassung).

[2] Im Hinblick auf die einzelnen Mehrarbeitsfälle der §§ 3 bis 6 ist hiernach, wenn man von den Ausnahmen absieht, bei denen die Zehnstundengrenze überschritten werden darf, folgende Rechtslage festzustellen:

a) Nach § 3 darf der Arbeitgeber an 30 Tagen im Jahre die in § 1 Satz 2 und 3 vorgeschriebene Arbeitszeit um 2 Stunden täglich überschreiten. Beträgt die tägliche Arbeitszeit 8 Stunden, so kommt eine Überschreitung der Zehnstundengrenze infolge der Mehrarbeit ohnedies nicht in Frage. Ist jedoch die Arbeitszeit im Wege des Ausgleichs ungleichmäßig auf die einzelnen Werktage verteilt worden — wird z. B. Montags bis Freitags je $8^1/_2$ Stunden, Sonnabends aber nur $5^1/_2$ Stunden gearbeitet — so würden die beiden Mehrarbeitsstunden des § 3 an den ersten 5 Wochentagen eine Gesamtarbeitszeit von $10^1/_2$ Stunden ergeben. Hier darf zufolge der Vorschrift in § 9 Abs. 1 Halbsatz 1 der Arbeitgeber also von der Mehrarbeitsmöglichkeit des § 3 nur beschränkten Gebrauch machen und die Arbeitszeit an den genannten Tagen nur um $1^1/_2$ Stunden bis auf 10 Stunden verlängern;

b) nach § 4 dürfen männliche Arbeitnehmer über 16 Jahren mit Vorbereitungs- und Ergänzungsarbeiten täglich 2 Stunden über die für den Gesamtbetrieb zulässige Arbeitsdauer hinaus beschäftigt werden. Ist die betriebliche Arbeitszeit, etwa auf Grund behördlicher Genehmigung nach § 6, auf 9 Stunden täglich festgesetzt, so darf sie mit Rücksicht auf die Zehnstundengrenze in diesem Falle nur noch um eine weitere Stunde überschritten werden, so daß der Arbeitgeber an der vollen Ausnutzung der Mehrarbeitsmöglichkeit des § 4 gehindert ist;

c) würde ein Tarifvertrag die zulässige Dauer der regelmäßigen täglichen Arbeitszeit auf 11 Stunden festsetzen, so könnten die beteiligten Arbeitgeber gleichwohl nur eine Arbeitsleistung von höchstens 10stündiger Dauer verlangen, eine darüber hinausgehende Anordnung wäre unwirksam, weil sie gegen ein gesetzliches Verbot (§ 9 Abs. 1 Halbsatz 1) verstieße. Entsprechendes gilt, wenn der Tarifvertrag die regelmäßige Arbeitszeit etwa auf 9 Stunden bemißt, daneben aber noch Überstunden zuläßt, die mit der Betriebsvertretung zu vereinbaren sind. Auch durch eine solche Betriebsvereinbarung könnte der Arbeitnehmer nicht zu Arbeit von mehr als 10 Stunden täglich verpflichtet, der Arbeitgeber von der strafrechtlichen Verantwortung bei Überschreitung der Zehnstundengrenze nicht befreit werden;

d) wenn die zuständige Behörde gemäß § 6 Mehrarbeit gestattet, so wird sie in der Regel die Höchstdauer selbst vorschreiben, wobei sie gleichfalls an die Zehnstundengrenze gebunden ist — immer abgesehen von den Ausnahmen (unten Anm. 3 f.). Aber auch, wenn sie die zulässige Höchstdauer nicht ausdrücklich bestimmt haben sollte, ist der Arbeitgeber auch auf Grund der Genehmigung nicht in der Lage, die tägliche Arbeitszeit über 10 Stunden hinaus auszudehnen.

[3] Von dem in Anm. 1 und 2 entwickelten Grundsatze bestehen jedoch Ausnahmen. Die Zehnstundengrenze gilt nicht unbedingt. Sie darf überschritten werden

a) in Ausnahmefällen, wenn die nach § 6 Abs. 1 zuständige Behörde die Überschreitung der 10 Stunden aus dringenden Gründen des Gemeinwohls gestattet;

b) unter bestimmten Voraussetzungen dann, wenn es sich um Vorbereitungs- oder Ergänzungsarbeiten handelt.

Diese Bestimmung des § 9 Abs. 1 Halbsatz 2 darf nicht so verstanden werden, als ob durch sie den bereits in §§ 1 bis 6 enthaltenen Mehrarbeitsmöglichkeiten eine weitere hinzugefügt werden sollte. „Der § 9 gibt keine selbständige Ausnahmemöglichkeit, sondern regelt lediglich für die auf den sonstigen Bestimmungen beruhenden Ausnahmefälle das Ausmaß der Arbeitszeitverlängerung" (Ausf-

Best. zu § 9). In welchen Fällen der Achtstundentag überschritten werden darf, bestimmt die AZVO. in §§ 1 bis 7 und 10. In einigen dieser Fälle (§§ 3 bis 6 bzw. 7) muß die Überschreitung grundsätzlich bei der Zehnstundengrenze haltmachen. Ausnahmsweise darf aber auch in diesen Fällen länger als 10 Stunden gearbeitet werden. Damit diese Ausnahmen Bedeutung erlangen können, muß also zunächst einmal feststehen, daß die Mehrarbeit überhaupt nach einer der sonstigen Bestimmungen der AZVO. zulässig ist (richtig Syrup II, S. 59, 62). Die Ausnahmen von der Beobachtung der Zehnstundengrenze, die § 9 vorsieht, sollen also lediglich den Arbeitgeber in die Lage setzen, die ihm durch §§ 3 bis 6 eingeräumten Mehrarbeitsmöglichkeiten voll auszunutzen, soweit er hieran durch die Zehnstundengrenze verhindert wäre (vgl. oben Anm. 2). Es genügt also nicht, daß die Arbeitszeit nach den §§ 3 bis 7 bis zu 10 Stunden verlängert werden darf, damit die weitere Verlängerung nach § 9 Abs. 1 Halbsatz 2 hierauf „aufbauen" dürfe (so Erdmann, Anm. 3, 8 zu § 9). Sondern die Möglichkeit, über 10 Stunden täglich zu arbeiten, muß bereits nach einer der Vorschriften in §§ 3 bis 7 vorhanden und nur infolge der nach § 9 Abs. 1 Halbsatz 1 geltenden Zehnstundengrenze nicht voll ausnutzbar sein, damit nun geprüft werden kann, ob dennoch ausnahmsweise eine Überschreitung der Zehnstundengrenze zulässig ist. Nur so wird man der Vorschrift, die „keine neue Ausnahmemöglichkeit geben soll", gerecht. Vgl. auch amtl. Begründung zu § 9 neuer Fassung Abs. 4: „Im übrigen handelt es sich auch bei den Vorbereitungs- und Ergänzungsarbeiten nicht um eine selbständige neue Ausnahme, die der Arbeitgeber etwa auf Grund des Gesetzes ohne weiteres in Anspruch nehmen könnte. Vielmehr stellt die Vorschrift auch in diesen Fällen lediglich die Zulässigkeit der Überschreitung der Zehnstundengrenze für den Fall fest, daß auf einem der sonst in der Verordnung vorgesehenen Wege, insbesondere im Wege des Tarifvertrags oder der Genehmigung, eine entsprechende Verlängerung der Arbeitszeit herbeigeführt ist." Die „entsprechende" Verlängerung ist eben die über 10 Stunden hinausgehende, die nicht ohne weiteres, sondern nur ausnahmsweise nach § 9 Abs. 1 Halbsatz 2 ausgenutzt werden kann.

4 Nach der alten Fassung des § 9 war eine Überschreitung der Zehnstundengrenze bei den durch § 7 besonders geschützten Arbeitergruppen niemals zulässig. Das Arbeitszeitnotgesetz hat diese Einschränkung beseitigt, so daß die Behörde die Überschreitung nunmehr genehmigen kann (s. dazu Abs. 3 der amtl. Begründung zu § 9 neuer Fassung). Dagegen ist in den genannten Fällen Mehrarbeit über 10 Stunden täglich lediglich unter dem Gesichtspunkt der Vorbereitungs- und Ergänzungsarbeiten nach wie vor unzulässig.

5 Kann eine nach §§ 3 bis 7 zulässige Mehrarbeit infolge der Zehnstundengrenze nicht voll ausgenutzt werden, so kann die Überschreitung dieser Grenze von der zuständigen Behörde genehmigt werden.

a) Zuständig ist die Behörde, die nach § 6 Abs. 1 eine von § 1 Satz 2 und 3 AZVO. abweichende Regelung der Arbeitszeit genehmigen kann, also je nachdem das örtlich zuständige Gewerbe- oder Bergaufsichtsamt, die oberste Landesbehörde oder der Reichsarbeitsminister (vgl. oben Anm. 5 zu § 6). Daß die Behörde vor der Entscheidung die Betriebsvertretung oder die beteiligten Vereinigungen der Arbeitgeber und Arbeitnehmer zu hören hätte, ist hier anders als in § 6 nicht vorgeschrieben.

b) Die Genehmigung darf nur in Ausnahmefällen erteilt werden. Eine dauernde Überschreitung des Zehnstundentages darf also nicht genehmigt werden. Es kann sich immer nur um Maßnahmen von vorübergehendem Charakter handeln;

c) die Überschreitung der Zehnstundengrenze muß durch dringende Gründe des Gemeinwohls gerechtfertigt sein. Es muß also ein dringendes allgemeines Interesse an der betreffenden Arbeit bestehen, während das private Interesse des Arbeitgebers allein nicht genügt. Freilich kann bei der heutigen Lage der deutschen Wirtschaft auch das allgemeine Interesse unter Umständen verlangen, daß der einzelne Unternehmer in den Stand versetzt wird, seine Lieferungsverpflichtungen, namentlich dem Ausland gegenüber, pünktlich zu erfüllen (vgl. Rohmer, Anm. 2a zu § 9);

d) die Genehmigung darf nur befristet erteilt werden. Dabei ist die Frist nicht länger zu bemessen, als nach sicherer Voraussicht die Voraussetzungen für eine längere als 10stündige Arbeitszeit gegeben sein werden (Abs. 3 der AusfBest. zu § 9). Daß sich die Behörde außerdem den jederzeitigen Widerruf vorbehalten kann, ist ohne weiteres anzunehmen (Syrup II, S. 59).

e) Inhaltlich ist die Genehmigung von vornherein durch die Mehrarbeitsmöglichkeit, auf die sie sich bezieht, beschränkt. Ist die Überschreitung des Zehnstundentags nicht schon durch eine der Vorschriften in §§ 3 bis 7 begründet, so ist die Genehmigung abzulehnen. Im anderen Falle darf sie nicht weitergehen als die zugrundeliegende Mehrarbeitsmöglichkeit. Im Falle des § 3 dürfen also nicht mehr als 2 Stunden über die nach § 1 Satz 2 und 3 zulässige Arbeitszeit, im Falle des § 4 nicht mehr als 2 Stunden über die für den Gesamtbetrieb zulässige Arbeitsdauer genehmigt werden. Besteht eine solche Obergrenze nicht, was namentlich bei Tarifverträgen vorkommt, so ist die Behörde frei, muß aber neben dem Bedürfnis des Arbeitgebers auch die sozialen Gesichtspunkte des Arbeitnehmerschutzes berücksichtigen.

f) Ein formelles Beschwerderecht gegen die Entscheidung der Behörde ist nicht gegeben. Doch kann die vorgesetzte Behörde im Wege der Dienstaufsicht die Entscheidung nachprüfen und zu diesem Zwecke von den Beteiligten angerufen werden (vgl. Syrup II, S. 59f.).

[6] Während im allgemeinen eine Überschreitung der Zehnstundengrenze nur in Ausnahmefällen mit besonderer behördlicher Genehmigung und aus dringenden Gründen des Gemeinwohls zulässig ist, gilt eine Abweichung, falls es sich um sog. Vorbereitungs- oder Ergänzungsarbeiten handelt. Die Verordnung ist von dem unabweisbaren Bedürfnis ausgegangen, einzelnen Arbeitern gewisse Vor- und Nacharbeiten gelegentlich auch über 10 Stunden hinaus zu gestatten und hat mit Recht die Belastung vermeiden wollen, die den Unternehmern wie den Aufsichtsbehörden erwachsen wäre, wenn man jeden derartigen Fall von einer Genehmigung abhängig gemacht hätte (Abs. 4 der amtl. Begründung zu § 9 neuer Fassung). In solchen Fällen bedarf es also keiner besonderen Genehmigung der zuständigen Behörde, um die Überschreitung des Zehnstundentags zulässig zu machen. Ebensowenig gilt hier die Bestimmung, daß die Überschreitung nur in Ausnahmefällen und aus dringenden Gründen des Gemeinwohls stattfinden dürfe (abw. nur Klehmet II, Anm. 5 zu § 9). Dagegen hat die Verordnung, um einen Mißbrauch zu verhüten, andere einschränkende Erfordernisse aufgestellt.

a) Zunächst gilt die Ausnahme nur für Vorbereitungs- und Ergänzungsarbeiten, „die nicht unter § 7 fallen". Unter § 7 fallen aber nicht bestimmte Arten von Arbeiten, sondern bestimmte Gruppen von Arbeitern in gesundheitsschädlichen Betrieben. Gemeint ist also, daß die Arbeiten nicht von Arbeitern ausgeführt werden dürfen, die als Steinkohlenbergarbeiter unter Tage oder kraft Verordnung des Reichsarbeitsminsters den Schutz des § 7 genießen. In Betrieben, für die der Reichsarbeitsminister gemäß § 7 Abs. 2 besondere Bestimmungen erlassen hat, darf also von der Ausnahme nur Gebrauch gemacht werden, soweit zu den Vorbereitungs- und Ergänzungsarbeiten solche Arbeiter herangezogen werden, die dem Schutz des § 7 nicht unterstellt worden sind (richtig Potthoff III, 2 e, nicht genau Erdmann, Anm. 10 zu § 9). Bei den anderen käme nur eine längere Beschäftigung auf Grund besonderer behördlicher Genehmigung in Frage.

b) Es muß sich um Vorbereitungs- und Ergänzungsarbeiten in dem besonderen Sinne des § 9 handeln. Auch die unter § 4 fallenden Arbeiten sind zum größten Teile als Vorbereitungs- oder Ergänzungsarbeiten anzusehen. In § 9 wird aber der Begriff in einer ganz bestimmten, von § 4 unabhängigen Bedeutung gebraucht (a. M. Potthoff III, 2 a zu § 9, der annimmt, daß die Vorbereitungs- und Ergänzungsarbeiten des § 9 gleichzeitig unter § 4 fallen müßten). Der Reichsarbeitsminister hat die Ermächtigung erhalten, nach Anhörung der wirtschaftlichen Vereinigungen der Arbeitgeber und Arbeitnehmer zu bestimmen, welche Arbeiten als Vorbereitungs- und Ergänzungsarbeiten im Sinne des § 9 anzusehen sind. Das ist geschehen durch die „Ausführungsbestimmungen zu § 9 der Verordnung über die Arbeitszeit" vom 29. 4. 1927 (RGBl. I, S. 114). Dabei hat sich der Reichsarbeitsminister im wesentlichen angelehnt an § 12 des Entwurfs zu einem Arbeitsschutzgesetz. Die Aufzählung der einzelnen Arbeiten in ihrer übertriebenen Kasuistik gibt zu zahlreichen Zweifeln Anlaß. Bedenklich ist ferner die Vorschrift in § 1 Abs. 2, wonach die in Abs. 1 angeführten Arbeiten nur insoweit als Vorbereitungs- und Ergänzungsarbeiten anzusehen sind, als sie insgesamt die Dauer von 1 Stunde täglich oder, sofern es sich um Arbeiten auf Grund der Nummern 1 oder 2 allein oder im Zusammentreffen mit Ausnahmen auf Grund einer der übrigen Nummern handelt, die Dauer von 2 Stunden täglich nicht überschreiten. Damit dürfte der Reichsarbeitsminister über die ihm durch § 9 Abs. 1 Satz 2 erteilte Ermächtigung hinausgegangen sein, die ihm nur die Bestimmung der Art, nicht aber auch der Dauer der Arbeiten übertragen hat (so auch L. Richter, NZfA. 1927, Sp. 335 f., Erdmann, S. 172, Anm. 13 zu § 9).

c) Eine Vertretung des mit diesen Arbeiten beauftragten Arbeitnehmers durch andere Arbeitnehmer des Betriebs darf nicht möglich sein, auch darf dem Arbeitgeber die Heranziehung betriebsfremder Arbeitnehmer nicht zugemutet werden können. Die Nichtzumutbarkeit kann sowohl in technischen Schwierigkeiten als auch in wirtschaftlichen Nachteilen begründet sein. Die Neueinstellung von Arbeitskräften lediglich im Hinblick auf derartige Arbeiten, ohne daß im übrigen eine ausreichende Beschäftigung für sie vorhanden ist, wird häufig untunlich sein. Dagegen kommt eine Vertretung durch andere Arbeitnehmer des Betriebs eher in Frage.

Auch wenn die genannten Voraussetzungen gegeben sind, ist dem Grundgedanken der Vorschrift (oben Anm. 3) gemäß eine Überschreitung des Zehnstundentags mit derartigen Arbeiten nur dann zulässig, wenn eine entsprechende Verlängerung der Arbeitszeit schon nach §§ 3, 4, 5 oder 6 begründet wäre, ihre Durchführung aber zunächst an der Zehnstundengrenze scheitern würde. In diesem Falle gestattet § 9 Abs. 1 Halbsatz 2 die volle Ausnutzung jener Mehrarbeitsmöglichkeiten, wenn von der 11. Stunde ab lediglich Vorbereitungs- und Ergänzungsarbeiten ausgeführt werden und auch die weiteren Bedingungen erfüllt sind. Es genügt also nicht — wie Erdmann, S. 172 meint — daß die Mehrarbeit bis zur Zehnstundengrenze auf Grund der §§ 3 bis 7 zulässig ist.

7 Für die einzelnen Mehrarbeitsfälle der §§ 3 bis 6 ergeben sich hiernach folgende Möglichkeiten einer Überschreitung der Zehnstundengrenze:

a) Reichen die 2 Mehrarbeitsstunden des § 3 infolge ungleichmäßiger Verteilung der Wochenarbeitszeit auf die einzelnen Werktage über die Zehnstundengrenze hinaus, so kann sich der Arbeitgeber die volle Ausnutzung jener beiden Stunden und damit die Überschreitung des Zehnstundentages von der Behörde genehmigen lassen. Der Genehmigung bedarf es nicht, wenn er jenseits der Zehnstundengrenze nur Vorbereitungs- und Ergänzungsarbeiten im Sinne des § 9 vornehmen läßt. In keinem Falle darf der Arbeitgeber aber die nach § 1 Satz 2 und 3 festgesetzte Arbeitszeit um mehr als 2 Stunden überschreiten. Denn nur insoweit ist ihm nach § 3 die Mehrarbeit gestattet.

b) Bei Arbeiten, die unter § 4 fallen, darf die für den Gesamtbetrieb zulässige Arbeitsdauer um 1 bzw. 2 Stunden überschritten werden. Beträgt die betriebliche Arbeitszeit 9 Stunden, so können erwachsene männliche Arbeitnehmer mit solchen Arbeiten bis zu 11 Stunden beschäftigt werden. Für die 11. Stunde bedarf es aber behördlicher Genehmigung. Gehören die Arbeiten zu den Vorbereitungs- oder Ergänzungsarbeiten des § 9 (was z. B. für Bewachungsarbeiten und die Ladearbeiten des § 4 Nr. 3 nicht gilt), so ist die Genehmigung nicht erforderlich, falls auch die sonstigen in Anm. 6 c genannten Bedingungen gegeben sind. Über 11 Stunden hinaus ist in dem genannten Beispiele eine Beschäftigung nicht zulässig, weil diese Mehrarbeit durch § 4 nicht mehr gedeckt wäre und § 9 keine selbständige Ausnahmemöglichkeit gibt.

Betrüge die für den Gesamtbetrieb zulässige Arbeitsdauer 10 Stunden, so ergäbe sich für erwachsene männliche Arbeitnehmer nach § 4 eine Arbeitszeit von höchstens 12 Stunden, die aber nur unter den Voraussetzungen des § 9 ausgenutzt werden dürfen. Will z. B. der Arbeitgeber jenseits der Zehnstundengrenze Vorbereitungs- und Ergänzungsarbeiten im Sinne des § 1 Abs. 1 Nr. 3 oder 4 der AusfBest. zu § 9 vornehmen lassen, so braucht er für die 11. Stunde keine behördliche Genehmigung, wohl aber für die 12. Denn nach der freilich anfechtbaren Bestimmung in § 1 Abs. 2 l. c. sind solche Arbeiten nur bis zur Dauer von 1 Stunde täglich als Vorbereitungs- und Ergänzungsarbeiten anzusehen.

c) Setzt ein Tarifvertrag gemäß § 5 eine zulässige Arbeitszeit von nicht mehr als 10 Stunden täglich fest, so ist für eine Anwendung der Ausnahmen des § 9 Abs. 1 Halbsatz 2 überhaupt kein Raum (sofern nicht daneben noch §§ 3 oder 4 in Betracht kommen). Denn dann fehlt es an der ersten Voraussetzung für eine 10 Stunden überschreitende Mehrarbeit (abw. Erdmann, S. 163, Anm. 7c zu § 9). Gestattet dagegen der Tarifvertrag eine längere als 10stündige Arbeitszeit oder zieht er — was häufig vorkommt — überhaupt keine obere Grenze für die Mehrarbeit, indem z. B. Überstunden schlechthin mit Zustimmung der Betriebsvertretung für zulässig erklärt werden, so darf die Arbeitszeit im Rahmen des Tarifvertrags über 10 Stunden verlängert werden, wenn ein Fall des § 9 Abs. 1

Halbsatz 2 gegeben ist. Dabei ergeben sich wieder für die behördliche Genehmigung folgende Möglichkeiten:

aa) Der Tarifvertrag bestimmt selbst im einzelnen die Voraussetzungen, unter denen die Zehnstundengrenze überschritten werden darf. Sind diese so festgelegt, daß ihre Ausnahmeeigenschaft, ebenso wie ihre Notwendigkeit aus dringenden Gründen des Gemeinwohls klar ersichtlich ist, so kann die zuständige Behörde den Tarifvertrag generell genehmigen. Im Einzelfalle braucht dann die Mehrarbeit über 10 Stunden nicht mehr besonders genehmigt zu werden. Fehlt es an den tariflich festgesetzten Voraussetzungen, so kommt auch eine Genehmigung im Einzelfalle nicht in Frage, weil dann die Mehrarbeit schon nach § 5 nicht zulässig ist.

bb) Wenn der Tarifvertrag selbst nichts darüber bestimmt, wann die Zehnstundengrenze überschritten werden darf, so hat die Behörde im Einzelfalle die Überschreitung zu genehmigen, nachdem sie sich überzeugt hat, daß es sich um einen Ausnahmefall handelt und dringende Gründe des Gemeinwohls vorliegen. Statt dessen kann sie aber auch hier eine generelle Genehmigung erteilen, wobei sie dann selbst die Voraussetzungen genau festzulegen hat, unter denen im einzelnen Falle von der Genehmigung Gebrauch gemacht werden darf. So Abs. 2 der AusfBest. zu § 9.

d) Beruht die Mehrarbeit auf behördlicher Zulassung nach § 6, so wird die nach § 6 Abs. 1 zuständige Behörde, die gleichzeitig über eine Überschreitung der Zehnstundengrenze nach § 9 zu befinden hat, prüfen müssen, ob sie Mehrarbeit über 10 Stunden hinaus zulassen will oder nicht. Tut sie das, so wird sie entweder die Genehmigung nach § 9 gleichzeitig aussprechen (Abs. 1 der AusfBest. zu § 9) oder sich diese Genehmigung von Fall zu Fall vorbehalten. Im ersteren Falle hat die Behörde die Voraussetzungen zu bezeichnen, unter denen die Mehrarbeit zugelassen wird.

[8] Für die Frage, inwieweit die Zulässigkeit einer Überschreitung der Zehnstundengrenze gerichtlich nachgeprüft werden kann, lassen sich folgende Grundsätze aufstellen. Soweit die Überschreitung behördlich genehmigt wurde und die zuständige Behörde den Einzelfall geprüft hat, ist auch für das Gericht bindend festgestellt, daß die Arbeitszeit über 10 Stunden hinaus verlängert werden durfte. Der Arbeitgeber kann also nicht wegen Zuwiderhandlung gegen die AZVO. nach § 11 verurteilt werden, wenn das Gericht etwa der Ansicht ist, daß dringende Gründe des Gemeinwohls für die Überschreitung nicht vorlagen. Die Tatsache der Genehmigung genügt (ebenso Syrup II, S. 60; a. M. Erdmann, S. 161, Anm. 4, Potthoff IV, 9 zu § 9). Hat die Behörde dagegen die Genehmigung nur allgemein für eine unbestimmte Zahl von Einzelfällen erteilt, bei denen gewisse Voraussetzungen gegeben sind, was möglich ist (vgl. oben Anm. 7c, d), so bleibt immer noch nachzuprüfen, ob auch wirklich einer der Fälle vorliegt, für den die Genehmigung berechnet war. Wird endlich die Zehnstundengrenze mit Vorbereitungs- und Ergänzungsarbeiten überschritten, so handelt der Arbeitgeber auf eigene Gefahr. Er muß sich also eine Nachprüfung gefallen lassen, ob sämtliche hierfür in der Verordnung und in den AusfBest. des Reichsarbeitsministers zu § 9 angegebenen Voraussetzungen (vgl. oben Anm. 6) tatsächlich vorliegen.

Soweit die Überschreitung der Zehnstundengrenze zulässig ist, ist der Arbeitnehmer zu der entsprechenden Mehrarbeit auch verpflichtet, falls nicht der Anstellungsvertrag oder ein für ihn maßgebender Tarifvertrag besondere Einschränkungen enthalten. Das ergibt sich aus den früher entwickelten allgemeinen Grundsätzen. Der Umfang des Prüfungsrechts des Zivilrichters deckt sich insoweit mit dem des Strafrichters.

9 Die Bezahlung der über 10 Stunden täglich hinausgehenden Arbeitszeit richtet sich nach den Vorschriften des § 6a, wo ausdrücklich bestimmt ist, daß in den Fällen zuschlagspflichtiger Mehrarbeit der Zuschlag auch dann zu bezahlen ist, wenn gemäß § 9 länger als 10 Stunden gearbeitet wird. Es kommt also darauf an, ob Mehrarbeit nach §§ 3, 5, 6 oder nach § 4 in Frage steht. Stützt sich die Befugnis des Arbeitgebers, Mehrarbeit zu verlangen, auf einen der drei ersten Fälle, so ist der gesetzliche Zuschlag fällig, stützt sie sich auf § 4, so ist die Mehrarbeit zuschlagsfrei. Das müßte streng genommen auch dann gelten, wenn bei Mehrarbeit nach §§ 3, 5 oder 6 die Zehnstundengrenze mit Vorbereitungs und Ergänzungsarbeiten im Sinne von § 9 überschritten wird. Eine sinngemäße Auslegung des § 6a Abs. 1 führt jedoch zu einem anderen Ergebnis. Denn darnach entfällt die gesetzliche Zuschlagspflicht, wenn die Mehrarbeit zwar formell auf einen zuschlagspflichtigen Tatbestand gegründet wird, daneben aber auch nach § 4 zulässig wäre. § 4 behandelt die Vorbereitungs- und Ergänzungsarbeiten im weiteren Sinne. Bei solchen nicht eigentlich produktiven Arbeiten soll der Zuschlag wegfallen, auch wenn der Arbeitgeber sie auf Grund einer anderen Vorschrift verlangt. Der Charakter der Arbeit soll über die Zuschlagspflicht entscheiden. Den gleichen Gedanken wird man auf die Vorbereitungs- und Ergänzungsarbeiten im engeren Sinne des § 9 anwenden dürfen. Auch bei ihnen besteht keine Zuschlagspflicht kraft Verordnung, selbst wenn die Mehrarbeit auf die §§ 3, 5 oder 6 gestützt wird. Die Begründung zu § 6 scheint das übrigens als selbstverständlich anzunehmen. Im Ergebnis wie hier Erdmann, Anm. 12 zu § 9, Anthes, AR. 1927, Sp. 997f., und jetzt auch Meissinger, AR. 1927, Sp. 969f. Zu beachten ist freilich, daß sich der Anspruch auf den Zuschlag auch in solchen Fällen aus dem Tarifvertrag ergeben kann.

10 Während § 9 Abs. 1 die allgemeinen Grenzen festsetzt, bis zu denen die Arbeitszeit bei Anwendung der Ausnahmen vom Achtstundentag ausgedehnt werden darf, bestimmt § 9 Abs. 2, daß die besonderen, außerhalb der Arbeitszeitverordnung vorhandenen Vorschriften über den Schutz der Arbeitnehmer, namentlich der weiblichen und jugendlichen Arbeitnehmer, durch die Arbeitszeitregelung der Verordnung nicht berührt werden. Solche Schutzvorschriften sind namentlich in §§ 135f. GO. sowie in den auf Grund der §§ 120e, 120f GO. erlassenen Verordnungen, bei diesen auch in bezug auf erwachsene männliche Arbeiter, enthalten. Diese Bestimmungen müssen also auch dann beachtet werden, wenn nach der Arbeitszeitverordnung selbst eine längere Arbeitszeit an sich zulässig wäre. Insbesondere ist bei den jugendlichen und weiblichen Arbeitnehmern, für die §§ 135f. GO. gelten, die im § 135 Abs. 3, § 137 Abs. 2 GO. vorgeschriebene Zehnstundengrenze auch dann einzuhalten, wenn sie nach § 9 Abs. 1 AZVO. überschritten werden dürfte. Ferner finden jene besonderen Schutzvorschriften auch Anwendung auf Mehrarbeit, für welche die Zehnstundengrenze des § 9 Abs. 1 nicht gilt (§ 1 Satz 3, §§ 2 und 10 AZVO.). Soweit Ausnahmen von den Schutzvorschriften

der Gewerbeordnung bewilligt werden können (vgl. §§ 138a, 139, 139a GO.), hat die zuständige Behörde die Bestimmungen der Arbeitszeitverordnung zu beachten, die bei Mehrarbeit nach §§ 3 bis 6 eine Überschreitung des Zehnstundentags nur unter den eng begrenzten Voraussetzungen des § 9 Abs. 1 gestatten. Arbeitszeitverlängerungen auf Grund von Ziffer VII, Abs. 3 ArbAZAO. und § 10 AngAZVO. können überhaupt nicht mehr bewilligt werden, nachdem das Arbeitszeitnotgesetz im Art. II diese Vorschriften entsprechend geändert hat.

11 § 9 Abs. 3 gibt den werdenden und stillenden Müttern einen besonderen Arbeitszeitschutz. Weibliche Arbeitnehmer (auch unverheiratete) sind auf ihren Wunsch während der ganzen Dauer der Schwangerschaft und der Stillzeit von einer die Grenzen des § 1 Satz 2 überschreitenden Arbeit zu befreien. Sie können also in dieser Schonzeit für ihre Person die strenge Einhaltung des Achtstundentags verlangen. Selbst zur Nachholung ausgefallener Arbeitsstunden im Rahmen der 48 Stundenwoche oder der 96 stündigen Doppelwoche sind sie nicht verpflichtet, da der Satz 3 des § 1 nicht mit angeführt ist. Die Vorschrift geht einerseits weiter als die Schutzbestimmungen des Gesetzes über die Beschäftigung vor und nach der Niederkunft vom 16. 7. 1927 (RGBl. I, S. 184), indem dort die Schutzfrist auf 6 Wochen vor und 6 evtl. 12 Wochen nach der Niederkunft beschränkt ist, sie bleibt andererseits hinter jenem Gesetz zurück, da sich das Leistungsverweigerungsrecht dort auf die gesamte Arbeitspflicht, hier nur auf jede Art von Mehrarbeit erstreckt.

Im übrigen handelt es sich bei § 9 Abs. 3 um eine Bestimmung des öffentlichrechtlichen Arbeitnehmerschutzes, deren Übertretung unter die Strafdrohung des § 11 fällt (a. M. Potthoff V, 1a, 7 zu § 9; wie hier Syrup II, S. 63). Die Besonderheit besteht nur darin, daß das Beschäftigungsverbot erst wirksam wird, wenn die Arbeitnehmerin einen entsprechenden Wunsch geäußert hat. Man hat diese Regelung im eigenen Interesse der Arbeitnehmerinnen gewählt, die durch ein unbedingtes Beschäftigungsverbot leicht hätten benachteiligt werden können. Das ist aber kein Grund, die Vorschrift rein privatrechtlich aufzufassen. Auch die Stillpausen sind nach § 3 des Ges. vom 16. 7. 1927 nur „auf Verlangen“ zu gewähren, und doch ist ihre Nichtbewilligung nach § 5 Abs. 1 mit Strafe bedroht. Daß die Arbeitnehmerin, wenn sie den Schutz des § 9 Abs. 3 für sich in Anspruch nimmt, auch privatrechtlich nicht zur Mehrarbeit verpflichtet ist, versteht sich von selbst, da die Leistung der Arbeit gegen ein gesetzliches Verbot verstoßen würde.

§ 10

[1] Die nach dieser Verordnung sich ergebenden Beschränkungen der Arbeitszeit finden keine Anwendung[2] auf vorübergehende[7] Arbeiten in Notfällen und in außergewöhnlichen Fällen[3], die unabhängig vom Willen des Betroffenen eintreten[4] und deren Folgen nicht auf andere Weise zu beseitigen sind[5], besonders, wenn Rohstoffe oder Lebensmittel zu verderben oder Arbeitserzeugnisse zu mißlingen drohen[6].

Das gleiche gilt[8], wenn eine geringe Zahl von Arbeitnehmern über 16 Jahren[10] an einzelnen Tagen[11] mit Arbeiten beschäftigt wird, deren

Nichterledigung das Ergebnis der Arbeit gefährden oder einen unverhältnismäßigen wirtschaftlichen Schaden zur Folge haben würde[9], und wenn dem Arbeitgeber andere Vorkehrungen nicht zugemutet werden können[12—16].

1 Der Arbeitszeitschutz legt dem Arbeitgeber im Interesse der Erhaltung der Arbeitskraft Beschränkungen auf, die er zu beachten hat, wenn er von dem ihm vertraglich eingeräumten Recht, über die Arbeitskraft des Arbeitnehmers zu verfügen, Gebrauch macht. Es können aber Fälle eintreten, in denen die Rücksicht auf den Arbeitnehmer zurücktreten muß hinter besonders dringlichen Forderungen des Betriebes. Handelt es sich dabei um Erscheinungen nur vorübergehender Art, so ist eine solche Durchbrechung des Arbeitnehmerschutzes auch vom Standpunkte der Sozialpolitik aus unbedenklich. Schon unter der Herrschaft der Demobilmachungsverordnungen, die den Grundsatz des Achtstundentags streng durchführten, waren deshalb für Notfälle Ausnahmen vorgesehen (Art. VI ArbAZAO., § 4 AngAZVO.). Die AZVO. vom 21. 12. 1923 hat diese Ausnahmen in ihrem § 10 übernommen und weiter ausgestaltet. Schließlich hat das Arbeitszeitnotgesetz vom 14. 4. 1927 dem § 10 eine völlig neue Fassung gegeben und die Fälle nicht unerheblich vermehrt, in denen die Beschränkungen fortfallen, die dem Arbeitgeber bei der Verwendung der von ihm angestellten Arbeitskräfte durch die Arbeitszeitverordnung auferlegt sind. Damit wollte man in gewissem Umfange den Bedenken Rechnung tragen, die gegen die Aufhebung des § 11 Abs. 3 AZVO. durch das gleiche Gesetz erhoben worden waren. Während nach dem früheren § 11 Abs. 3 Überschreitungen der zulässigen Arbeitszeit unter bestimmten Voraussetzungen straffrei waren, obwohl sie unerlaubt blieben, sieht § 10 in der neuen Fassung für einige praktisch besonders wichtige Fälle, in denen von der Vorschrift des § 11 Abs. 3 Gebrauch gemacht zu werden pflegte, eine erlaubte Mehrarbeit vor.

2 Liegen die im § 10 genannten Tatbestände vor, so finden die nach der AZVO. geltenden Beschränkungen der Arbeitszeit keine Anwendung. Das auf dem Anstellungsvertrag beruhende Recht des Arbeitgebers, über die Arbeitskraft des Arbeitnehmers zu verfügen, kann also in diesen Fällen unbehindert durch die sonst vorhandenen, auf der AZVO. beruhenden gesetzlichen Verbote ausgeübt werden. Soweit dagegen die Beschäftigung der Arbeitnehmer in zeitlicher Beziehung durch Vorschriften außerhalb der Arbeitszeitverordnung beschränkt ist, werden diese Beschränkungen durch § 10 nicht berührt. In Betracht kommen hierbei namentlich die Vorschriften der Gewerbeordnung über die zulässige Arbeitszeit bei Kindern, Jugendlichen, Frauen und in gesundheitsschädlichen Betrieben, erst recht natürlich jene Vorschriften, die sich nicht auf die Länge, sondern auf die zeitliche Lage der Arbeitszeit (Sonntags- und Nachtruhe, Pausen, Ladenschluß usw.) beziehen. Alle diese Bestimmungen, die freilich vielfach ihrerseits wieder Ausnahmen in Notfällen zulassen, sind auch im Falle des § 10 zu beachten (ebenso Erdmann, Anm. 1, Potthoff II, 2 zu § 10; Abs. 1 der AusfBest. zu § 10). Keinesfalls kann man annehmen, daß die genannten Arbeitszeitbeschränkungen durch § 9 Abs. 2 AZVO., wonach sie „unberührt bleiben", zum Bestandteil der Arbeitszeitverordnung geworden seien und infolgedessen in den Fällen des § 10 gleichfalls keine Anwendung finden (so Meissinger, AR. 1927, Sp. 465f.).

Aber auch etwaige vertragliche Bestimmungen, die dem Arbeitgeber in der Verfügung über die Arbeitskraft des Arbeitnehmers Schranken auferlegen, sind zu beachten. Denn § 10 beseitigt nur die gesetzlichen Beschränkungen, soweit sie sich aus der Arbeitszeitverordnung ergeben. Freilich werden solche vertraglichen Beschränkungen in den einzelnen Anstellungsverträgen nur sehr selten vorkommen. Regelmäßig verpflichtet sich der Arbeitnehmer, dem Arbeitgeber seine Arbeitskraft grundsätzlich unbeschränkt zur Verfügung zu stellen. Bei Wegfall der gesetzlichen Beschränkungen kann dann der Arbeitgeber von seinem Rechte Gebrauch machen. Auch wird die Auslegung solcher vertraglicher Abmachungen nach Treu und Glauben meistens ergeben, daß sie nur für die Regel, nicht aber in Notfällen gelten sollen (vgl. Potthoff II, 4d zu § 10). Das kann besonders bei der Auslegung von Tarifverträgen wichtig werden, die nicht selten bei wörtlicher Auslegung eine absolute Höchstgrenze für die Arbeitszeit zu enthalten scheinen.

3 Während § 10 alter Fassung nur von vorübergehenden Arbeiten sprach, die in Notfällen oder zur Verhütung des Verderbens von Rohstoffen oder des Mißlingens von Arbeitserzeugnissen unverzüglich vorgenommen werden müssen, umfaßt die Ausnahmevorschrift jetzt alle außergewöhnlichen Fälle, die unabhängig vom Willen des Betroffenen eintreten und deren Folgen nicht auf andere Weise zu beseitigen sind. Damit lehnt sich die neue Fassung eng an die Vorschrift im § 15 Entwurf an. Die Hervorhebung der „außergewöhnlichen Fälle" neben den „Notfällen" soll offenbar einer zu engherzigen Auslegung vorbeugen; das Außergewöhnliche des Falles soll die Ausnahme rechtfertigen, auch wenn man darüber streiten kann, ob ein eigentlicher Notfall vorliegt. Im übrigen ist es müßig, eine Abgrenzung zwischen Notfällen und außergewöhnlichen Fällen zu versuchen. § 15 Entwurf, der als Vorbild gedient hat, trägt die Überschrift „Außergewöhnliche Fälle", versteht darunter also auch die Notfälle. Beiden ist gemeinsam, daß ein unvorhergesehenes und unvorhersehbares Ereignis vorliegen muß, dessen bereits eingetretene oder zu erwartende nachteilige Folgen sich nur beseitigen oder abwenden lassen, wenn ohne Rücksicht auf die sonst geltenden Beschränkungen der Arbeitszeitverordnung Mehrarbeit geleistet wird. Der Begriff des Notfalls ist im Anschluß an § 105c GO., der eine Durchbrechung der Sonntagsruhe in Notfällen zuläßt, von jeher nicht auf eigentliche Notstände, wie sie etwa durch Explosionen, Feuers- und Wassersnot usw. hervorgerufen werden, beschränkt, sondern auch auf sonstige dringende Arbeiten angewandt worden, die durch Todesfälle, Erkrankungen, unvorhergesehene geschäftliche Zwischenfälle usw. erforderlich werden (vgl. v. Landmann-Rohmer, Anm. 2 zu § 105c GO.; Preuß. AusfAnw. zu § 105c vom 1. 5. 1904 Ziff. 149). Bei den Reichstagsberatungen zu § 105c GO. wurde bemerkt, daß eine ganze Anzahl von Fällen gedacht werden könne, wo nicht ein eigentlicher Notstand, aber doch ein so dringendes Bedürfnis vorliegt, am Sonntag Arbeiten vorzunehmen, daß man unbillig und gegen die Interessen des Landes handeln würde, wollte man die Arbeit auch in diesen Fällen ausschließen (v. Landmann-Rohmer II, S. 237). Diese Auslegung, die der § 105c GO. gefunden hat, kann für die Auslegung des § 10 AZVO. herangezogen werden, wie dies die Begründung zu § 15 Entwurf für die entsprechende Vorschrift des Arbeitsschutzgesetzes ausdrücklich anerkennt. Damit hat aber der Begriff des Notfalls eine Ausdehnung erfahren, die schon in das Gebiet des „außergewöhn-

lichen Falls" übergreift (vgl. Potthoff IV, 5d zu § 10) und eine scharfe Unterscheidung unmöglich macht. Daraus ergibt sich weiter, daß die von der Verordnung rein sprachlich nur an die außergewöhnlichen Fälle geknüpften weiteren Bedingungen, daß der Fall unabhängig vom Willen des Betroffenen eingetreten sein muß und seine Folgen nicht auf andere Weise zu beseitigen sind, sinngemäß auch auf die Notfälle zu beziehen sind (ebenso Potthoff IV, A 2 zu § 10; a. M. Syrup II, S. 67). Das muß umso mehr gelten, als Ereignisse, die der „Betroffene" vorsätzlich herbeigeführt hat oder deren Folgen auch ohne Mehrarbeit beseitigt werden können, schon von vornherein nicht als Notfälle in Betracht kommen (vgl. Syrup II, S. 66, Klehmet II, Anm. 2). Auch im Hinblick auf die praktische Rechtsanwendung besteht deshalb kein Anlaß, eine genaue Abgrenzung zwischen Notfällen und außergewöhnlichen Fällen zu versuchen. Das gilt mindestens, soweit lediglich die Vorschrift des § 10 in Frage steht. Dagegen scheint allerdings die Regelung des Mehrarbeitszuschlags nach § 6a eine schärfere Unterscheidung notwendig zu machen. Denn der gesetzliche Anspruch auf den Zuschlag, der grundsätzlich auch bei Mehrarbeit, die auf Grund von § 10 geleistet wird, besteht, entfällt, wenn die Mehrarbeit „infolge von Notfällen, Naturereignissen, Unglücksfällen oder anderen unvermeidlichen Störungen erforderlich ist". Die „außergewöhnlichen Fälle" sind also an dieser Stelle nicht besonders erwähnt, woraus man schließen muß, daß sie im Gegensatz zu den eigentlichen Notfällen den Zuschlagsanspruch entstehen lassen. Die Terminologie der Arbeitszeitverordnung ist gewiß nicht glücklich. Jedenfalls geht es nicht an, aus der verschiedenen Regelung der Zuschlagsfrage weitgehende Schlüsse auf die materielle Bedeutung der einzelnen Begriffe zu ziehen und mit Erdmann (Anm. 4 zu § 10, S. 180) anzunehmen, daß die Mehrarbeit in Notfällen auf technischen Notwendigkeiten beruhe und deshalb zuschlagsfrei sei, während es sich in den außergewöhnlichen Fällen um produktive Mehrarbeit handle, die der Zuschlagspflicht unterliegt. Denn es sind sehr wohl auch außergewöhnliche Fälle denkbar, die nicht zu den Notfällen im strengen Sinne rechnen und dennoch Mehrarbeit nicht produktiver Art nötig machen. Umgekehrt gibt es zweifellose Notfälle, deren Folgen nur durch produktive Mehrarbeit zu beseitigen sind, wie z. B. die Reparatur eines durch den Sturm beschädigten Dampfers (vgl. das Beispiel bei Erdmann, S. 182).

Will man dem Gedanken des § 6a, der mit dem Lohnzuschlag grundsätzlich nur die produktive Mehrarbeit treffen will, gerecht werden, so muß man die zuschlagsfreien Notfälle des § 6a auf solche Fälle beschränken, in denen der Betrieb selbst, in dem die Mehrarbeit zu leisten ist, von derartigen Ereignissen betroffen wird, die eine „unvermeidliche Störung" hervorrufen. Hier ist die Mehrarbeit erforderlich, um diese Störung zu beseitigen, was stets außerhalb der eigentlichen Produktion geschieht. Die Produktionsfähigkeit des Betriebs soll ja gerade erst wiederhergestellt werden. Damit rechtfertigt sich der Wegfall des Mehrarbeitszuschlags. Im Falle des § 10 dagegen handelt es sich nicht um Produktivität oder Unproduktivität, sondern um die Befriedigung dringender Bedürfnisse, die eine Mehrarbeit erforderlich machen, bei deren Vorliegen deshalb die Beschränkungen der Arbeitszeitverordnung wegfallen müssen, wenn man nicht „unbillig und gegen die Interessen des Landes" verfahren will. Hier kann es also vorkommen, daß nicht der Betrieb, in dem die Mehrarbeit geleistet werden soll, von dem Notfall oder der Störung betroffen wird, sondern ein anderer, der zur Behebung seines Notstandes oder zur Abwendung einer ihm drohenden Gefahr die Hilfe des Betriebes in Anspruch nimmt. In Fällen dieser Art, die neben die Bedürfnisse des eigenen Betriebs treten, wird sich regelmäßig die Mehrarbeit vom Standpunkte des Betriebs aus als **produktiv** darstellen, wobei es nichts ausmacht, ob man es mit einem Notfall oder nur mit einem „außergewöhnlichen" Fall zu tun hat.

4 Aus den Erläuterungen in Anm. 3 am Ende ergibt sich bereits, wie die Bestimmung auszulegen ist, daß der Fall, der die Mehrarbeit veranlaßt, „**unabhängig vom Willen des Betroffenen**" eingetreten sein muß. Die Verordnung sagt nicht, **wer** der Betroffene sein soll, insbesondere, daß es etwa nur der Arbeitgeber sein könne, in dessen Betrieb die Mehrarbeit geleistet wird. Daraus muß man schließen, daß die Bestimmung überall anwendbar ist, wo **irgend jemand** von einem unvorhergesehenen Ereignis betroffen wird, das ohne sein Zutun eingetreten ist und dessen Folgen nur durch Mehrarbeit beseitigt werden können (ebenso **Erdmann**, Anm. 4 zu § 10, S. 181f., **Potthoff** IV, A 5f, cc). Betroffen kann zunächst der Arbeitgeber selbst sein. Hier wird es sich meist um Störungen des Betriebs handeln, deren Beseitigung Mehrarbeit nötig macht, die ihrerseits dann als unproduktive, zuschlagsfreie Arbeit erscheint (s. oben Anm. 3). Der außergewöhnliche Fall, von dem der Arbeitgeber betroffen wird, kann aber auch Anlaß zu **produktiver** Mehrarbeit geben. Die Begründung zu § 15 Entwurf erwähnt in diesem Zusammenhang die unbedingte Notwendigkeit, bestimmte seltene Beförderungsmöglichkeiten, namentlich zur See, auszunutzen. Wird beispielsweise die Abfahrt eines Dampfers, mit dem die bestellte Ware befördert werden muß, damit der Lieferungstermin eingehalten werde, unvorhergesehenerweise vorverlegt, so kann der Arbeitgeber genötigt sein, zur Beschleunigung der Fertigstellung produktive Mehrarbeit unter Berufung auf § 10 zu verlangen. Ferner werden meistens die Fälle hierher gehören, in denen Rohstoffe oder Lebensmittel zu verderben oder Arbeitserzeugnisse zu mißlingen drohen (s. unten Anm. 6). Dagegen gehören bloße **Eilfälle**, wie sie durch Erteilung eiliger, an kurze Lieferfristen gebundener Aufträge entstehen, im allgemeinen **nicht** hierher (ebenso Preuß. AusfAnw. zu § 105c GO. Ziff. 149; Bayr. ObLG. vom 26. 6. 1922, JW. 52, S. 55, **Erdmann**, Anm. 3, **Potthoff** IV, A 4b zu § 10). Durch einen Lieferungsauftrag, auch wenn er eilig ist, wird der Unternehmer nicht unabhängig von seinem Willen „betroffen", da er ja im Gegenteil bemüht sein muß, Aufträge hereinzubekommen.

Wenn also die Tatsache, daß ein eiliger Auftrag vorliegt, **für sich allein** die Anwendung des § 10 noch nicht rechtfertigt, so kann doch die **Erteilung** des Auftrags geschehen sein, um die Folgen eines außergewöhnlichen Ereignisses **beim Auftraggeber** zu beseitigen. Hier ist dann der Auftraggeber der „Betroffene". Ist also der eilige Auftrag ursächlich auf einen solchen Notfall oder außergewöhnlichen Fall zurückzuführen, der sich beim Besteller ereignet hat, so kann sich der Arbeitgeber auf § 10 berufen, wenn er zur Beseitigung der Folgen Mehrarbeit verlangen will. Als Beispiel ist an die Reparatur eines beschädigten Dampfers zu denken oder an Aufträge, die erteilt werden, weil unvorhersehbarerweise etwa infolge einer großen Festlichkeit oder eines Unglücks verstärkter Bedarf an bestimmten Waren eintritt (vgl. die Beispiele bei **Erdmann**, S. 182f., **Klehmet** II, Anm. 2 zu § 10). In solchen Fällen wird es sich in der Regel um **produktive** Mehrarbeit handeln.

5 Damit Mehrarbeit nach § 10 zulässig sei, ist aber weiter nötig, daß die Folgen des außergewöhnlichen Ereignisses sich nicht auf andere Weise beseitigen lassen. Und zwar ist diese Frage zunächst vom Standpunkt dessen zu entscheiden, der von dem Ereignis betroffen worden ist. Ist also der Besteller oder Auftraggeber der „Betroffene", so handelt es sich darum, ob er nicht in der Lage ist, die Folgen auf anderem Wege zu beseitigen als durch einen Auftrag, der zur Mehrarbeit nötigt. Wenn jemand durch einen Todesfall zur sofortigen Beschaffung von Trauerkleidern gezwungen ist, so ist deshalb noch nicht jeder beliebige Schneider berechtigt, Mehrarbeit machen zu lassen, solange die „Folgen" des außergewöhnlichen Falls durch den Kauf fertiger Kleider zu beseitigen sind (m. E. unrichtig Erdmann, S. 183). Mehrarbeit zur Herstellung dringend und unerwarteterweise benötigter Massenartikel ist unzulässig, solange der Bedarf durch Verteilung des Auftrags auf mehrere Lieferanten gedeckt werden kann. Natürlich ist dabei zu berücksichtigen, was dem Betroffenen nach Lage der Sache billigerweise zugemutet werden kann.

Im übrigen muß in jedem Falle geprüft werden, ob der Arbeitgeber die Mehrarbeit durch zweckmäßige Disposition oder Einstellung weiterer Arbeitskräfte vermeiden konnte (OLG. Dresden vom 7. 2. 1923. NZfA. 1923 Sp. 699, Erdmann, Anm. 5 zu § 10). Die Mehrarbeit soll nur das letzte Auskunftsmittel sein. Auch ist sie auf das erforderliche Mindestmaß zu beschränken, so daß unter Umständen eine größere Zahl von Arbeitnehmern verwendet werden muß, um so die Dauer der Mehrarbeit für den einzelnen Arbeitnehmer zu beschränken (Bayr. Ob.LG. vom 25. 11. 1926, LZ. 1927, Sp. 254 Nr. 1 = NZfA. 1927, Sp. 315).

6 Als besondere Beispiele für außergewöhnliche Fälle nennt die Verordnung die Gefahr, daß Rohstoffe oder Lebensmittel verderben oder Arbeitserzeugnisse mißlingen. Diese Fälle beziehen sich nicht notwendig, aber häufig auf Ereignisse im eigenen Betriebe des Arbeitgebers und führen regelmäßig zu produktiver Mehrarbeit, so, wenn plötzlich eintreffende Sendungen leicht verderblicher Lebensmittel sofort verarbeitet werden oder wenn ein begonnener chemischer Prozeß zu Ende geführt werden muß (vgl. Erdmann, Anm. 6, Potthoff IV, A 5 f zu § 10). Die bezeichnete Gefahr ist schon dann vorhanden, wenn eine erhebliche Verschlechterung der Rohstoffe oder Arbeitserzeugnisse einzutreten droht (Syrup II, S. 67, Erdmann a. a. O.).

7 Stets darf es sich nur um vorübergehende Arbeiten handeln. Nimmt die Beseitigung der Folgen des außergewöhnlichen Falles längere Zeit in Anspruch, so muß durch entsprechende Disposition Vorsorge getroffen werden. Bei Arbeiten die zu bestimmten Jahreszeiten regelmäßig wiederkehren und dann monatelang betrieben werden müssen, kommt es nicht auf die Dauer des einzelnen Tätigkeitsaktes, sondern auf die Gesamtdauer der wirtschaftlich sich als Einheit darstellenden Arbeitsleistung an (OLG. Kiel vom 31. 10. 1925, JW. 1927, S. 286). Die Mehrarbeit nach § 10 darf nur eine Ausnahmeerscheinung sein.

8 Während eine dem jetzigen § 10 Abs. 1 entsprechende Vorschrift schon in der Arbeitszeitverordnung vom 21. 12. 1923 enthalten war und das Arbeitszeitnotgesetz nur die Ausnahme von den eigentlichen Notfällen auf alle außergewöhnlichen Fälle erstreckt hat, stellt der jetzige § 10 Abs. 2 eine völlige Neuerung dar. Seine Einfügung in die Verordnung ist in der Hauptsache darauf zurückzuführen, daß

der nunmehr gestrichene § 11 Abs. 3 teilweise einem nicht abzuleugnenden praktischen Bedürfnis nach Mehrarbeit gedient hatte, dem jetzt mit Hilfe der neuen Vorschrift Rechnung getragen werden soll. Jede verbotene Mehrarbeit ist nach Wegfall des § 11 Abs. 3 auch strafbar. Nach § 10 Abs. 2 ist aber Mehrarbeit erlaubt, wenn eine geringe Zahl von Arbeitnehmern über 16 Jahren an einzelnen Tagen mit Arbeiten beschäftigt wird, deren Nichterledigung das Ergebnis der Arbeit gefährden oder einen unverhältnismäßigen wirtschaftlichen Schaden zur Folge haben würde, und wenn dem Arbeitgeber andere Vorkehrungen nicht zugemutet werden können. Liegt ein Fall dieser Art vor, so finden die nach der Arbeitszeitverordnung geltenden Beschränkungen der Arbeitszeit keine Anwendung. Es gilt also das gleiche wie für die Notfälle und sonstigen außergewöhnlichen Fälle des § 10 Abs. 1. Die auf anderen gesetzlichen und auf vertraglichen Bestimmungen beruhenden Arbeitszeitbeschränkungen sind auch hier nicht ausgeschaltet (vgl. oben Anm. 2). Im übrigen handelt es sich in § 10 Abs. 1 und Abs. 2 um äußerlich völlig getrennte, wenn auch innerlich möglicherweise nahe verwandte Tatbestände (vgl. Erdmann, Anm. 8 zu § 10).

9 Die Mehrarbeit nach Abs. 2 kann nur in Anspruch genommen werden für Arbeiten, deren Nichterledigung das Ergebnis der Arbeit gefährden oder einen unverhältnismäßigen wirtschaftlichen Schaden zur Folge haben würde. Die Formulierung ist dem § 15 Nr. 2 Entwurf entnommen, freilich mit einer praktisch nicht unwichtigen Abweichung: Dort soll die Mehrarbeit nur zugelassen sein zur „Beendigung" bereits begonnener Arbeiten. Aus der Fassung des § 10 Abs. 2 wird man also zu schließen haben, daß zur Abwendung eines wirtschaftlichen Schadens Arbeiten auch neu begonnen werden dürfen. Dagegen liegt es bei der drohenden Gefährdung des Arbeitsergebnisses in der Natur der Sache, daß die Arbeit bereits im Gange sein muß. Bemerkenswert ist übrigens, daß § 15 Nr. 2 Entwurf, wie aus dem Wortlaut (Nr. 3: „in sonstigen Notfällen") und auch aus der Begründung hervorgeht, die hier in Rede stehenden Arbeiten unter die Notfälle rechnet. Damit wären sie eigentlich schon durch § 10 Abs. 1 gedeckt. Man muß daher, da § 10 eine getrennte Behandlung verlangt, die Notfälle des § 10 auf außergewöhnliche, unvorhergesehene Fälle beschränken, damit Abs. 2 seine selbständige Bedeutung erhält. Die Gefahr, daß Arbeitserzeugnisse mißlingen, darf demnach nur dann Veranlassung zu Mehrarbeit nach § 10 Abs. 1 geben, wenn diese Gefahr durch unvorhergesehene, regelwidrige Ereignisse heraufbeschworen wird, während Abs. 2 auch dann Anwendung findet, wenn die gleiche Lage im normalen Verlauf der Dinge eintritt. Die Begründung zu § 15 Entwurf erwähnt als Beispiel den Fall, daß eine Betondecke aus technischen Gründen ohne Unterbrechung der Arbeit fertiggestellt werden muß. Weitere Beispiele bei Erdmann, Anm. 11 zu § 10. Auch hebt die Begründung a. a. O. ausdrücklich hervor, daß die Mehrarbeit in solchen Fällen vorhersehbar, wenn auch nicht vermeidbar sein kann (vgl. Erdmann, Anm. 13 zu § 10, S. 191).

Die Gefahr eines unverhältnismäßigen wirtschaftlichen Schadens braucht gleichfalls im Falle des Abs. 2 nicht durch außergewöhnliche Ereignisse begründet zu sein, da andernfalls der Tatbestand des Abs. 1 vorläge. Dadurch scheint die Ausnahmevorschrift ein außerordentlich weites Anwendungsgebiet zu besitzen. Dies umso mehr, als nicht gesagt ist, daß gerade der Arbeitgeber, der die Mehrarbeit verlangt, von dem wirtschaftlichen Schaden bedroht sein muß. Die

Mehrarbeit muß also auch dann für zulässig gehalten werden, wenn ein anderer die Gefahr einer wirtschaftlichen Schädigung läuft, falls die Mehrarbeit nicht geleistet wird. Die Begründung zu § 15 Entwurf führt den Fall an, daß ein außerhalb seines Betriebs arbeitender Handwerker die beinahe fertiggestellte Arbeit unterbrechen und durch Verschiebung der Fertigstellung auf den nächsten Tag eine unverhältnismäßig lange Zeit für den Weg verbrauchen müßte. Dieses Beispiel wird man auch dann heranziehen dürfen, wenn der „Handwerker", der als unselbständiger Arbeitnehmer zu denken ist, von seinem Meister mit der Ausführung der Arbeit beim Kunden beauftragt worden ist und wenn dem Kunden, wie dies üblich ist, die aufgewandten Weg- und Arbeitsstunden berechnet werden. Hier ist es nicht der Arbeitgeber, sondern der Besteller, der geschädigt würde, wenn die Mehrarbeit nicht geleistet würde. Einer übermäßigen Ausnutzung dieser Mehrarbeitsmöglichkeit beugen die noch zu besprechenden weiteren Beschränkungen vor, außerdem aber die Bestimmung, daß der wirtschaftliche Schaden „unverhältnismäßig", d. h. so erheblich sein muß, daß es der Billigkeit entspricht, wenn zu seiner Abwendung einmal ausnahmsweise der Arbeitszeitschutz zurücktritt. Unter diesem Gesichtspunkt ist auch zu prüfen, ob die Mehrarbeit nach § 10 Abs. 2 zur Erledigung eines eiligen Auftrags, der nicht durch einen Notfall oder sonstigen außergewöhnlichen Fall veranlaßt ist, in Anspruch genommen werden darf. Die Höhe des Objekts, Konkurrenzverhältnisse, aber auch die Aussicht, bei pünktlicher Erledigung des Auftrags weitere wertvolle Aufträge hereinzubekommen und dadurch auch den Arbeitnehmern lohnende Beschäftigung zu sichern, werden hier zu berücksichtigen sein.

10 Zu der Mehrarbeit des § 10 Abs. 2 darf, wenn sie zulässig sein soll, nur eine geringe Zahl von Arbeitnehmern über sechzehn Jahren herangezogen werden. Das Geschlecht der Arbeitnehmer ist gleichgültig. Doch bleiben für Frauen die allgemeinen Schutzvorschriften (s. oben Anm. 2) bestehen, so daß die Ausnahme praktisch für sie an Bedeutung verliert (vgl. Klehmet II, Anm. 3 a). Wann man von einer „geringen Zahl" von Arbeitnehmern sprechen kann, läßt sich allgemein nicht sagen. Aus der amtlichen Begründung zu § 10 neuer Fassung geht hervor, daß in Betrieben, in denen überhaupt nur wenige Arbeitnehmer beschäftigt werden, bei Vorliegen der sonstigen Voraussetzungen sämtliche Arbeitnehmer die Mehrarbeit leisten dürfen. Damit ist also namentlich den Handwerksbetrieben eine Erleichterung gewährt. In größeren Betrieben dagegen wird die Zahl der zur Mehrarbeit herangezogenen Arbeitnehmer an der Gesamtbelegschaft zu messen sein, hier ist also der Ausdruck relativ zu verstehen. Bei der Unsicherheit des Maßstabs ist eine vorsichtige Handhabung der Vorschrift in der Praxis geboten (vgl. Erdmann, Anm. 9, Klehmet II, Anm. 3 b, Potthoff IV, B 3 a zu § 10).

11 Die Mehrarbeit darf ferner nur an einzelnen Tagen geleistet werden, ausgeschlossen ist sie damit als dauernde Einrichtung. Unzulässig wäre daher auch eine Regelung der Arbeitszeit, wonach an bestimmten, von vornherein festgelegten Tagen (etwa jeden Sonnabend) Mehrarbeit nach § 10 Abs. 2 zu leisten wäre (amtl. Begründung zu § 10, Syrup II, S. 69; a. M. Potthoff IV, B 3 b zu § 10). Dagegen findet eine Mehrarbeit auch dann noch „an einzelnen Tagen" statt, wenn gelegentlich an mehreren Tagen hintereinander länger gearbeitet wird (so auch Begründung a. a. O.).

12 Schließlich wird für die Zulässigkeit der Mehrarbeit nach § 10 Abs. 2 vorausgesetzt, daß dem Arbeitgeber andere Vorkehrungen nicht zugemutet werden können. Es ist hiernach, wie Erdmann, Anm. 14 zu § 10 richtig bemerkt, nicht entscheidend, ob es objektiv möglich ist, die Mehrarbeit durch andere Maßnahmen überflüssig zu machen, sondern, ob man etwas Derartiges billigerweise vom Arbeitgeber verlangen kann. Dabei spielen nicht nur technische, sondern auch wirtschaftliche Erwägungen mit. So kann sich die Mehreinstellung von Arbeitskräften aus technisch-räumlichen, aber auch aus wirtschaftlichen Gründen verbieten. Vor allem aber wird es vielfach praktisch unmöglich sein, für derartige vorübergehende Arbeiten neue, noch nicht eingearbeitete Leute zu verwenden, die womöglich erst angelernt werden müßten. Das gilt besonders für die Fertigstellung bereits begonnener Arbeiten. Vgl. im übrigen außer Erdmann a. a. O., Syrup II, S. 70 unter b), Potthoff IV, B 3 d, Klehmet II, Anm. 3 d zu § 10.

13 Auch im Falle des § 10 ist die Frage streitig, ob der Arbeitnehmer rechtlich zur Leistung der Mehrarbeit verpflichtet ist. Der Ansicht, daß eine solche Verpflichtung sich nicht unmittelbar aus der Arbeitszeitverordnung, sondern nur aus dem Arbeitsvertrage ergeben könne, ist auch hier grundsätzlich zuzustimmen. Die Arbeitszeitverordnung setzt in bezug auf den Anstellungsvertrag die Grenzen fest, innerhalb deren der Arbeitgeber von seinem vertraglichen Rechte, über die Arbeitskraft des Arbeitnehmers zu verfügen, Gebrauch machen darf. Anordnungen des Arbeitgebers, die auf eine gesetzlich unzulässige Arbeitsdauer abzielen, sind auch privatrechtlich für den Arbeitnehmer nicht bindend. § 10 AZVO. beseitigt nun für die dort geregelten Fälle die auf der Arbeitszeitverordnung beruhenden Schranken des vertraglichen Verfügungsrechts. Die Arbeitszeitverordnung steht also einer Ausübung dieses Rechts nicht im Wege. Daraus ergibt sich aber für die große Mehrzahl der Fälle, daß der Arbeitnehmer zu dieser Art von Mehrarbeit auch verpflichtet ist. Auf Grund des Anstellungsvertrags hat er dem Arbeitgeber seine Arbeitskraft regelmäßig unbeschränkt zur Verfügung zu stellen. Nur das Gesetz zieht dem Arbeitgeber Schranken für die Ausübung seines Rechts, die Dauer der Arbeitszeit zu bestimmen. Bei Wegfall dieser Schranken kann das Recht seinen vollen ursprünglichen Inhalt entfalten. Allerdings ist es möglich, daß der Arbeitgeber sich vertraglich verpflichtet hat, von seinem Verfügungsrecht nur einen beschränkten Gebrauch zu machen. Dann ist er insoweit, ungeachtet der Freiheit, die ihm das Gesetz einräumt, an seine eigene Vereinbarung gebunden (richtig Potthoff II, 4 b zu § 10). Auch wenn eine solche Vertragsbestimmung vorliegt, was übrigens erfahrungsgemäß selten vorkommt, wird man sie aber nach Treu und Glauben auszulegen und im allgemeinen nur auf die Regelfälle, nicht auf die im § 10 behandelten Ausnahmefälle zu beziehen haben (vgl. Potthoff II, 4d zu § 10).

Es ist hiernach nicht notwendig, in jedem Falle nach einer vertraglichen Bestimmung zu suchen, aus der sich positiv die Verpflichtung des Arbeitnehmers zur Leistung der Mehrarbeit ergibt (a. M. Rohmer, Anm. 2, Potthoff III, 3 zu § 10). Vielmehr folgt diese Verpflichtung ohne weiteres aus dem Inhalt des Anstellungsvertrags, solange dieser nicht ausdrücklich dem Arbeitgeber Beschränkungen auferlegt. Anders ist die Rechtslage freilich, wenn ein Tarifvertrag besteht, der eine Höchstgrenze für die Arbeitsdauer festsetzt. Die sich hieraus ergebende Beschränkung des Verfügungsrechts wird durch die Bestimmung des § 10 keineswegs beseitigt (vgl. oben Anm. 2). Doch wird sinngemäße Auslegung meistens ergeben, daß dem Arbeitgeber mindestens in Notfällen auch durch Tarifvertrag nicht das Recht genommen werden sollte, von der Arbeitskraft seiner Arbeitnehmer über jene Grenze hinaus Gebrauch zu machen.

14 Wegen der Bezahlung des Mehrarbeitszuschlags in den Fällen des § 10, vgl. oben Anm. 3 zu § 10, Anm. 3b zu § 6a. (s. auch Potthoff IV zu § 10).

15 Die Voraussetzungen, unter denen die Mehrarbeit nach § 10 zulässig ist, sind in der Arbeitszeitverordnung selbst festgelegt. Es schiebt sich nicht, wie in §§ 2 und 6, eine behördliche oder tarifliche Instanz dazwischen, die das Vorliegen der Voraussetzungen zu prüfen hat und damit dem Arbeitgeber die eigene Verantwortung für die Richtigkeit seiner Beurteilung abnimmt. Das ist angesichts der Unklarheit der Vorschrift und der Dehnbarkeit der von ihr verwendeten Begriffe für den Arbeitgeber nicht ungefährlich. Ob die Mehrarbeit zulässig war, entscheidet daher im Streitfalle das Gericht, sei es das Strafgericht, wenn es zu einem Strafverfahren nach § 11 AZVO. kommt, sei es das Zivilgericht, wenn die Verpflichtung des Arbeitnehmers zur Leistung der Mehrarbeit in Frage steht (vgl. Erdmann, Anm. 7, S. 186, Potthoff III, 1 zu § 10, Syrup II, S. 70).

16 Der Arbeitgeber hat ein Verzeichnis zu führen, in das die Zahl der gemäß § 10 über die regelmäßige Arbeitszeit hinaus beschäftigten Arbeitnehmer unter besonderer Angabe der Zahl der weiblichen und der jugendlichen, die Dauer ihrer Beschäftigung, sowie die Art der vorgenommenen Arbeiten einzutragen sind. Das Verzeichnis ist den Aufsichtsbeamten auf Verlangen vorzulegen (Abs. 2 der AusfBest. zu § 10).

§ 11

[1]Wer den Vorschriften dieser Verordnung oder den in Kraft bleibenden Bestimmungen der im § 1 bezeichneten Verordnungen oder den daraufhin erlassenen Anordnungen[2] zuwiderhandelt[3] [4], wird mit Geldstrafe bestraft[5].

Wer wegen einer im Abs. 1 unter Strafe gestellten Handlung bestraft worden ist, und darauf vorsätzlich abermals eine dieser Handlungen begeht, wird mit Gefängnis bis zu 6 Monaten und mit Geldstrafe oder mit einer dieser Strafen bestraft[6].

1 Die Vorschriften der Arbeitszeitverordnung enthalten, von wenigen Ausnahmen abgesehen (vgl. oben Anm. 5 zu § 6a), öffentlich-rechtliches Arbeitnehmerschutzrecht. Dem entspricht es, daß die Übertretung dieser Bestimmungen mit Strafe bedroht wird. Schon die Demobilmachungsverordnungen enthielten solche Strafandrohungen (Ziffer X ArbAZAO. vom 23. 11. 1918, § 18 AngAZVO.) deren Rechtsgültigkeit freilich zweifelhaft war, sodaß in die AZVO. vom 21. 12. 1923 eine neue Strafbestimmung aufgenommen wurde. Der maßgebende § 11 ist durch das sog. Arbeitszeitnotgesetz vom 14. 4. 1927 insofern geändert worden, als man den Abs. 3 gestrichen und damit die Straffreiheit bei an sich unzulässiger, aber freiwillig geleisteter Mehrarbeit beseitigt hat (vgl. dazu die amtl. Begründung zu § 11 neuer Fassung).

[2] Die Strafsanktion erstreckt sich auf die Vorschriften der Arbeitszeitverordnung selbst, daneben aber auch auf die nach § 1 wieder in Kraft gesetzten Demobilmachungsverordnungen, soweit sie nicht nach § 14 aufgehoben bleiben, und schließlich auf die auf Grund dieser Verordnungen erlassenen Anordnungen. Strafbar ist hiernach nicht nur die Verletzung der öffentlich-rechtlichen Vorschriften über die Arbeitsdauer, sondern auch der sonstigen dem Arbeitsschutz dienenden, in den Demobilmachungsverordnungen enthaltenen Vorschriften über Pausen, Ruhezeiten, Sonntagsruhe und Ladenschluß (Ziffer V ArbAZAO., §§ 2, 8, 9 AngAZVO.), über den Aushang der betrieblich vereinbarten Bestimmungen über Beginn und Ende der Arbeitszeit. (Ziffer VIII ArbAZAO., § 3 AngAZVO.) und über die Mitteilung statistischer Angaben gemäß § 17 Abs. 3 AngAZVO.

Unter den auf Grund der AZVO. erlassenen Anordnungen sind die gemäß § 15 vom Reichsarbeitsminister erlassenen Ausführungsbestimmungen zu verstehen. Soweit also darin dem Arbeitgeber bestimmte Verpflichtungen auferlegt werden, wie z. B. Aushang der die Arbeitszeit regelnden Bestimmungen eines Tarifvertrags oder einer behördlichen Mehrarbeitsbewilligung (AusfBest. zu §§ 5 und 6 AZVO.), Führung von Verzeichnissen über die mit Mehrarbeit beschäftigten Arbeitnehmer (AusfBest. zu §§ 3, 4, 10), ist ihre Nichterfüllung gleichfalls strafbar. Dagegen gehören nicht hierher die behördlichen Anordnungen, durch die dem Arbeitgeber eine längere Arbeitszeit gestattet wird (vgl. §§ 2, 6, 9 AZVO.). Denn sie enthalten begrifflich keine Gebote oder Verbote, durch deren Verletzung sich der Arbeitgeber strafbar machen könnte, sondern im Gegenteil Ausnahmebewilligungen von den Verboten der Arbeitszeitverordnung. Falls der Arbeitgeber die ausnahmsweise zugelassene Arbeitsdauer überschreitet, verletzt er nicht die behördliche Anordnung, sondern die Arbeitszeitverordnung selbst (richtig Potthoff I, 1c zu § 11; abw. Rohmer, S. 52).

Zu den Vorschriften der Arbeitszeitverordnung gehört auch die Bestimmung über den Mehrarbeitszuschlag im § 6a. Nach dem Wortlaut wäre also auch die Nichtbezahlung dieses Zuschlags strafbar (so L. Richter, NZfA. 1927, Sp. 334; 1928, Sp. 2). Es kann jedoch kaum angenommen werden, daß das Gesetz wirklich dem unbestreitbar privatrechtlichen Anspruch auf den Zuschlag noch diese strafrechtliche Sicherung hat geben wollen. Das Ergebnis wäre im höchsten Maße unerfreulich. Man wird die Strafandrohung daher nur auf die öffentlich-rechtlichen Vorschriften beziehen dürfen. So auch die herrschende Meinung (vgl. Kaskel: Arbeitsrecht, 3. Aufl., S. 122, Anm. 1, Erdmann, Anm. 5 zu § 6a, Potthoff I, 4b zu § 11, Rohmer, S. 36). Zweifelhaft ist die Frage bei der Mutterschutzbestimmung des § 9 Abs. 3. Doch dürften hier überwiegende Gründe für die Anwendbarkeit der Strafvorschrift sprechen (vgl. oben Anm. 11 zu § 9).

[3] Die Strafdrohung richtet sich gegen den Arbeitgeber, nicht gegen den Arbeitnehmer. Die Frage war früher streitig, wird aber jetzt wohl allgemein in diesem Sinne beantwortet (so vor allem RG. vom 6. 7. 1920, RGStr. 55, S. 70). Dem Wesen des Arbeitnehmerschutzrechts gemäß richtet sich das Verbot, bestimmte Höchstarbeitszeiten zu überschreiten, ausschließlich an den Arbeitgeber. Er soll den Arbeitnehmer nicht länger als zulässig beschäftigen. Sein Verfügungsrecht über die fremde Arbeitskraft wird beschränkt. Infolgedessen kann auch nur er durch Nichtbeobachtung dieser Beschränkungen das Verbot verletzen. Vgl.

Syrup I, S. 145, Anm. 2, u. NZfA. 1921, Sp. 369f., Potthoff II, 1 zu § 11, Klehmet I, S. 72, Rohmer, S. 52.

Arbeitgeber ist derjenige, dem das Recht auf die Arbeitsleistung zusteht, beim Anstellungsvertrag derjenige, der über die Arbeitskraft des Arbeitnehmers zu verfügen berechtigt ist. Hat eine juristische Person den Vertrag geschlossen, so trifft die strafrechtliche Verantwortung nach allgemeinen Grundsätzen den gesetzlichen Vertreter (RG. vom 3. 5. 1900, RGStr. 33, S. 26; vgl. v. Landmann-Rohmer, Anm. 2a zu § 151 GO.), bei Aktiengesellschaften also z. B. den Vorstand. Haben auf Arbeitgeberseite mehrere Personen den Vertrag geschlossen, so wird in der Regel ein Verschulden nur einen von ihnen treffen, nämlich denjenigen, zu dessen Obliegenheiten die Regelung der Arbeitszeit gehört. Dasselbe gilt, wenn z. B. der Vorstand einer juristischen Person aus mehreren Einzelpersonen besteht (vgl. Kaskel: Arbeitsrecht, 3. Aufl., S. 265, Syrup I, S. 146, Anm. 3, Erdmann, S. 198). Als Täter kommen aber neben dem Arbeitgeber auch noch diejenigen Personen in Frage, die der Arbeitgeber zur Leitung des Betriebs oder eines Betriebsteils oder zur Beaufsichtigung bestellt hat. Dies ergibt sich aus § 151 GO., der zwar nicht ausdrücklich für anwendbar erklärt ist, aber nach herrschender Ansicht an dieser Stelle herangezogen werden muß. Betriebsleiter und Aufsichtspersonen machen sich darnach strafbar, wenn sie ihrerseits schuldhaft gegen die Bestimmungen der Arbeitszeitverordnung verstoßen. Der Arbeitgeber haftet neben ihnen nur, wenn die Übertretung mit seinem Vorwissen begangen ist oder wenn er bei der nach den Verhältnissen möglichen eigenen Beaufsichtigung des Betriebs oder bei der Auswahl oder der Beaufsichtigung der Betriebsleiter oder Aufsichtspersonen die nötige Sorgfalt außer acht gelassen hat (§ 151 GO.). Näheres bei v. Landmann-Rohmer, Anm. 3 zu § 151 GO., Syrup I, S. 147f., Anm. 5.

4 Die Bestrafung setzt ein Verschulden des Täters voraus, und zwar ist nicht nur die vorsätzliche, sondern auch die fahrlässige Zuwiderhandlung strafbar. Bei der Unbestimmtheit zahlreicher Tatbestandsmerkmale, deren sich die Arbeitszeitverordnung bedient, und bei den mannigfachen Auslegungsschwierigkeiten, die sie bereitet, ist die Bedeutung des Irrtums für die Strafbarkeit von großer praktischer Wichtigkeit. Wo die Verordnung die Mehrarbeit nicht unmittelbar zuläßt, sondern eine tarifliche Regelung oder behördliche Genehmigung verlangt (§§ 2, 5, 6, 7, 8, 9), hat sie den Arbeitgeber der eigenen Verantwortung enthoben und seine Anordnungen damit auch der gerichtlichen Nachprüfung wenigstens insoweit entrückt, als sie durch den Tarifvertrag oder die behördliche Zulassung gedeckt sind (vgl. oben Anm. 4 zu § 2, Anm. 13 zu § 6, Anm. 3 zu § 7, Anm. 8 zu § 9; ferner Mannheim: NZfA. 1925, Sp. 571). Dagegen ist der Arbeitgeber in den übrigen Fällen der Gefahr ausgesetzt, daß die von ihm für zulässig gehaltene Mehrarbeit nachträglich beanstandet und für strafbar erklärt wird. Es fragt sich, inwieweit ihn sein Irrtum vor Bestrafung schützt. Nach § 59 StrGB. sind dem Täter solche Tatumstände nicht zuzurechnen, deren Vorhandensein er bei Begehung der strafbaren Handlung nicht kannte. Doch schließt die auf Fahrlässigkeit beruhende Unkenntnis die Bestrafung wegen fahrlässiger Zuwiderhandlung nicht aus. Nur eine Anwendung des Grundgedankens dieser Vorschrift ist es, wenn man weiter annimmt, daß der Vorsatz fehlt, wenn jemand irrtümlich das Vorhandensein von Tatumständen annimmt, die die Strafbarkeit ausschließen (z. B. daß Lebensmittel zu verderben

drohen), und daß Bestrafung wegen Fahrlässigkeit in solchen Fällen nur möglich ist, wenn der Irrtum auf Fahrlässigkeit beruht. Nach der Rechtsprechung des Reichsgerichts hilft jedoch der Irrtum dem Täter nur dann, wenn er sich auf Tatsachen oder außerstrafrechtliche Rechtssätze bezieht. Legt also der Arbeitgeber den Begriff des „Notfalls", des „außergewöhnlichen Falls" (§ 10) oder die in § 4 Nr. 1 bis 4 verwendeten Begriffe unrichtig aus (sog. Subsumtionsirrtum), so ist dieser Irrtum unbeachtlich, weil er sich auf den Inhalt des Strafrechtssatzes bezieht. Daß hierin unter Umständen eine schwere Unbilligkeit liegen kann, dürfte klar sein. Könnte man auf solche Fälle die sog. Irrtumsverordnung vom 18. 1. 1917/12. 2. 1920 anwenden, so wäre die Schwierigkeit behoben, da sie dem Beschuldigten den unverschuldeten Irrtum über das Bestehen oder die Anwendbarkeit der übertretenen Vorschrift zugute hält. Aber die Frage der Anwendbarkeit dieser Verordnung auf die nach der AZVO. vom 21. 12. 1923 zu beurteilenden Straffälle ist mindestens zweifelhaft und wird von den Gerichten verschieden beantwortet. Vgl. für die Anwendung Kammergericht vom 8. 10. 1925, 3 S. 320/25 u. vom 2. 12. 1925, JW. 1927, S. 1627 zust. Wassermann: Anm. zu dieser Entsch.; OLG. Karlsruhe vom 11. 1. 1926, NZfA. 1927, Sp. 250 = JW. 1927, S. 1528, zustimmend Kaskel: Anm. zu dieser Entsch.; OLG. Düsseldorf in ständiger Rechtsprechung, vgl. Urt. vom 6. 7. 1927, JW. 1927, S. 2726, zust. Oppermann: Anm. zu dieser Entsch.; OLG. Breslau vom 10. 12. 1927, Bl. f. ArbR. Nr. 13/1928; Erdmann, Anm. 5 zu § 11; dagegen OLG. Oldenburg vom 12. 11. 1926, NZfA. 1927, Sp. 245; Bayr. ObLG. vom 13. 1. 1927, JW. 1927, S. 2381; Kammergericht vom 28. 10. 1927, Samml. arbeitsrechtl. Entsch. 1928, S. 15; OLG. Dresden vom 22. 6. 1927, 1 OSt 91/27; Kaskel: Arbeitsrecht, 3. Aufl., S. 265, Anm. 1, Mannheim, NZfA. 1925, Sp. 573, Rohmer, S. 52, Klehmet I, S. 72. Die Gefahr für den Arbeitgeber, sich einer Bestrafung auszusetzen, ist hiernach nicht gering. Sie würde auf ein erträgliches Maß zurückgeführt, wenn die Gerichte sich entschließen könnten, jeden entschuldbaren Irrtum als Strafausschließungsgrund gelten zu lassen (vgl. Mannheim a. a. O., Sp. 578f.). In jedem Falle empfiehlt es sich, daß der Arbeitgeber in allen Zweifelsfällen Erkundigungen über die einschlägigen Vorschriften einholt, und zwar nicht nur bei seiner Interessenvertretung, sondern möglichst bei der zuständigen Behörde (Gewerbeaufsichtsamt usw.). Unterläßt er das, so kann sein Irrtum nicht als unverschuldet gelten (OLG. Karlsruhe vom 11. 11. 1926, NZfA. 1927, Sp. 250, Erdmann, S. 202).

5 Die Strafe für das einfache Delikt nach § 11 Abs. 1 besteht in einer Geldstrafe. Ihre Höhe kann von 3 bis zu 10000 Goldmark, bei Gewinnsucht bis zu 100000 Goldmark betragen. (VerOrdng. über Vermögensstrafen und Bußen vom 6. 2. 1924, RGBl. I, S. 44). Damit kennzeichnet sich das Delikt als Vergehen im Sinne von § 1 StrGB. Die Strafverfolgung verjährt in drei Jahren (§ 67 Abs. 2 StrGB.). In verschiedenen Fällen, namentlich bei der Beschäftigung weiblicher und jugendlicher Arbeitnehmer, kann die Zuwiderhandlung gegen die Arbeitszeitverordnung gleichzeitig einen Verstoß gegen die Vorschriften der GO (vgl. §§ 135 Abs. 3, 137 Abs. 2, 146 Abs. 1 Nr. 2) enthalten. Es liegt dann Idealkonkurrenz vor, wobei § 11 AZVO., weil die schwerere Strafe androhend, allein anzuwenden ist (vgl. OLG. Kiel vom 31. 10. 1925, JW. 1927, S. 286).

6 § 11 Abs. 2 sieht eine verschärfte Strafe für den Rückfall vor. Wer wegen einer nach Abs. 1 strafbaren Handlung rechtskräftig verurteilt worden ist (vgl.

Syrup I, S. 150, Anm. 10) und darauf abermals eine dieser Handlungen (nicht notwendig die gleiche) vorsätzlich begeht, wird mit Gefängnis bis zu 6 Monaten und mit Geldstrafe oder mit einer dieser Strafen bestraft. Bei nur fahrlässiger Begehung kann lediglich nach § 11 Abs. 1 bestraft werden. Anders als nach § 149 Abs. 2 GO. ist es dagegen für die Rückfallstrafen des § 11 Abs. 2 unerheblich, wieviel Jahre seit der Rechtskraft der letzten Verurteilung bis zur Begehung der neuen Straftat vergangen sind. Das Rückfallsdelikt verjährt in fünf Jahren (§ 67 Abs. 2 StrGB.).

§ 12

Gestrichen durch das Gesetz zur Änderung der Arbeitszeitverordnung vom 14. 4. 1927.

§ 13

[1]Für Betriebe und Verwaltungen des Reichs (auch der Reichsbank) und der Länder, sowie für Verwaltungen der Gemeinden und Gemeindeverbände[2] steht die Ausübung der durch dieses Gesetz dem Reichsarbeitsminister oder anderen Behörden übertragenen Befugnisse[3] den diesen Betrieben oder Verwaltungen vorgesetzten Dienstbehörden[4] zu. Diese können die für Beamte gültigen Dienstvorschriften über die Arbeitszeit auf die übrigen Arbeitnehmer der genannten Betriebe und Verwaltungen übertragen[5] [6].

1 Der erste Satz sieht eine Sonderregelung für Reichs-, Länder- und Gemeindebetriebe hinsichtlich der Behördenzuständigkeit vor. Soweit die Arbeitszeitverordnung (die Vorschrift nennt sie unrichtigerweise „dieses Gesetz") dem Reichsarbeitsminister oder anderen Behörden bestimmte Befugnisse einräumt, werden diese hier von der vorgesetzten Dienstbehörde ausgeübt (vgl. § 155 Abs. 3 GO.).

2 Betroffen werden von der Bestimmung die Betriebe und Verwaltungen des Reichs und der Länder, Reichsbank und Reichsbahngesellschaft (vgl. § 16 Reichsbahnges. vom 30. 8. 1924) sowie die Verwaltungen der Gemeinden und Gemeindeverbände. Die gemeindlichen Betriebe (z. B. Gas-, Wasser- und Elektrizitätswerke, Schlachthäuser, Sparkassen) fallen nicht darunter (vgl. Syrup I, S. 139, Anm. 4). Ferner ist zu beachten, daß das Anwendungsgebiet der Vorschrift sich mit dem Geltungsbereich der Arbeitszeitverordnung deckt. Dieser umfaßt aber die gewerblichen Arbeiter nur in den Betrieben (nicht Verwaltungen) des Reichs, der Länder, der Gemeinden und Gemeindeverbände (Ziffer I, ArbAZAO.), so daß für die Verwaltungen nur die Angestellten verbleiben (Potthoff I, 1 zu § 13). Ob es sich um einen Betrieb der genannten öffentlichen Körperschaften handelt, bestimmt sich nicht darnach, wer Eigentümer der sächlichen Betriebsmittel ist, sondern wer die Betriebsmittel zur fortgesetzten Verfolgung des Betriebszwecks organisatorisch vereinigt hat. Daher fallen zwar die von Reich, Ländern oder Gemeinden gepachteten, nicht aber die von ihnen verpachteten Betriebe unter die Vorschrift (Syrup I, S. 139, Anm. 3).

[3] Die allgemeine Fassung der Verordnung hat durch die AusfBest. zu § 13 die erforderliche Einschränkung erfahren. Darnach bezieht sich der Satz 1 nur auf die Befugnisse der §§ 2, 6 und 9 Abs. 1 Satz 1, während die Befugnisse des § 5, des § 6a Abs. 3 und 5, des § 7 Abs. 2 und des § 9 Abs. 1 Satz 2 nach Art und Zweck für eine Übertragung nicht in Betracht kommen. Es handelt sich bei der zweiten Gruppe teils um rechtssetzende Befugnisse, teils um die Oberaufsicht oder um die Entscheidung von Streitigkeiten, wie in § 6a Abs. 3 (vgl. Klehmet I, Anm. 1 zu § 13). Der vorgesetzten Dienstbehörde bleibt also die Genehmigung von Mehrarbeit nach § 6, die Genehmigung einer Überschreitung der Zehnstundengrenze nach § 9 Abs. 1 Halbsatz 2 und die Regelung der Arbeitsbereitschaft nach § 2, selbstverständlich immer nur mit Wirkung für die unterstellten Betriebe und Verwaltungen.

[4] Wer im einzelnen Falle vorgesetzte Dienstbehörde ist, bestimmt sich nach dem verwaltungsrechtlichen Behördenaufbau. Mit Recht warnt Klehmet I, S. 78, vor einer Verwechslung mit der Aufsichts- oder Beschwerdebehörde.

[5] Satz 2 des § 13 gibt der vorgesetzten Dienstbehörde ferner das Recht, die für die Beamten gültigen Dienstvorschriften über die Arbeitszeit auf die übrigen Arbeitnehmer (Arbeiter und Angestellte) der genannten Betriebe und Verwaltungen zu übertragen. Der Inhalt dieser oft mißverstandenen Bestimmung besagt weiter nichts, als daß für die von ihr betroffenen Arbeitnehmer neben den sonstigen in der Arbeitszeitverordnung enthaltenen Ausnahmen vom Achtstundentag noch eine weitere gilt: Die Beschäftigung dieser Arbeitnehmer ist auch insoweit zulässig, als sie dem Dienste der öffentlichen Beamten entspricht (vgl. Potthoff III, 1f zu § 13). Ob die betreffenden Arbeitnehmer auch privatrechtlich verpflichtet sind, die sich hieraus ergebende Arbeitszeit zu leisten, bestimmt sich nach ihrem Anstellungsvertrage. Enthält dieser keine ausdrückliche Beschränkung — und das ist, wenn kein Tarifvertrag besteht, weitaus die Regel — so kann der Arbeitgeber die Arbeitsdauer innerhalb der gesetzlichen Grenzen mit bindender Wirkung für den Arbeitnehmer einseitig festsetzen, in diesem Falle also auch anordnen, daß die Arbeitszeit der Beamten für die Arbeitnehmer maßgebend sein soll. Einer besonderen Vereinbarung mit den Arbeitnehmern bedarf es also regelmäßig nicht (a. M. Potthoff III, 2 zu § 13). Wenn dagegen ein Tarifvertrag der Arbeitsdauer Schranken zieht, so müssen diese auch in öffentlichen Betrieben und Verwaltungen beachtet werden. Der Arbeitgeber kann dann unter Umständen von der Befugnis des § 13 Satz 2 keinen Gebrauch machen. Das gleiche gilt, wenn ausnahmsweise der Anstellungsvertrag solche Beschränkungen enthält. Die in der AZVO. vom 21. 12. 1923 enthaltene, aber nur als Übergangsvorschrift gemeinte Bestimmung, wonach die Befugnis auch sollte ausgeübt werden können, „soweit laufende Verträge dem entgegenstehen", ist durch das Gesetz vom 14. 4. 1927 gestrichen worden.

Die nur für Angestellte geltende Vorschrift in § 14 AngAZVO. ist neben § 13 Satz 2 auch heute noch in Gültigkeit.

[6] Ob der Arbeitnehmer, wenn die Mehrarbeit lediglich auf § 13 Satz 2 gestützt wird, Anspruch auf den Mehrarbeitszuschlag nach § 6a besitzt, kann zweifelhaft sein, ist aber im Hinblick auf den Zweck des § 6a wohl zu bejahen (ebenso Pott-

hoff IV zu § 13). Selbstverständlich gilt auch hier die Ausnahme nach § 6a Abs. 1 Satz 2 (Fortfall des Zuschlags, wenn die Mehrarbeit auch nach §§ 2 oder 4 zulässig wäre oder durch Notfälle usw. veranlaßt ist).

§ 14

Die Ziffern II, VI, VII Abs. 1, 2 und X der Anordnung über die Regelung der Arbeitszeit gewerblicher Arbeiter vom $\frac{\text{23. November 1918}}{\text{17. Dezember 1918}}$, die §§ 1, 4, 5, 6, 7 und 18 der Verordnung über die Regelung der Arbeitszeit der Angestellten während der Zeit der wirtschaftlichen Demobilmachung vom 18. März 1919 bleiben aufgehoben[1]. Das Gesetz über die Arbeitszeit im Bergbau unter Tage vom 17. Juli 1922 (RGBl. I, S. 628) tritt außer Kraft[2].

An die Stelle der in den vorbezeichneten Verordnungen genannten Demobilmachungskommissare treten die obersten Landesbehörden[3].

Die im § 12 Nr. 2 der Verordnung vom 18. März 1919 festgesetzte Grenze von 7000 Mark wird durch die im Versicherungsgesetze für Angestellte für die Versicherungspflicht jeweils bestimmte Höchstgrenze des Jahresarbeitsverdienstes ersetzt[4].

Für die Bäckereien und Konditoreien und die ihnen gleichgestellten Anlagen bewendet es bei der Verordnung über die Arbeitszeit in den Bäckereien und Konditoreien vom 23. November 1918 (RGBl. S. 1329)[5].

1 Die Demobilmachungsverordnungen über die Arbeitszeit (ArbAZAO., AngAZVO.) waren am 17. 11. 1923 außer Kraft getreten. Durch § 1 der AZVO. vom 21. 12. 1923 wurden sie mit Wirkung vom 1. 1. 1924 wieder in Geltung gesetzt mit den aus der Arbeitszeitsverordnung hervorgehenden Änderungen und Ergänzungen. Ein Teil der früheren Bestimmungen wurde durch die Neuregelung überholt und mußte deshalb aufgehoben bleiben. Welche Vorschriften das sind, ist in § 14 Abs. 1 Satz 1 angegeben. Unter den aufgehobenen Bestimmungen befindet sich auch die Vorschrift in § 4 AngAZVO., durch welche die Arbeitszeitbeschränkungen für Angestellte bei Arbeiten, die im öffentlichen Interesse unverzüglich vorgenommen werden müssen, beseitigt wurden (vgl. dazu die amtl. Begründung zu § 14 alter Fassung). Eine entsprechende Vorschrift fehlt in der Arbeitszeitverordnung, doch wird in derartigen Fällen häufig der § 10 anzuwenden sein. Die wieder in Kraft gesetzten Bestimmungen der Demobilmachungsverordnungen sind im Anhang abgedruckt.

Zu ihnen gehören auch Ziffer IV Abs. 3 ArbAZAO. und § 10 AngAZVO., wonach die obersten Landesbehörden befugt sind, in gewissen Fällen weitergehende Ausnahmen von den Beschäftigungsbeschränkungen zu genehmigen. Durch das Gesetz zur Änderung der AZVO. vom 14. 4. 1927 (RGBl. I, S. 109) ist diese Befugnis insofern eingeengt worden, als Arbeitszeitverlängerungen über die in der Arbeitszeitverordnung selbst zugelassenen Fälle hinaus auf Grund dieser

Bestimmungen nicht genehmigt werden dürfen. Für alle sonstigen Beschäftigungsbeschränkungen bleiben die genannten Vorschriften anwendbar, insbesondere für die Bewilligung von Ausnahmen von der gesetzlichen Pausenregelung bei Arbeiterinnen und jugendlichen Arbeitern. Die AusfBest. zu § 14 geben hierfür ausführliche Richtlinien.

[2] Mit Rücksicht auf § 8 AZVO. ist das Gesetz über die Arbeitszeit im Bergbau unter Tage vom 17. 7. 1922 (RGBl. I, S. 628) entbehrlich geworden und aufgehoben worden. Auf den Bergbau findet daher jetzt lediglich die Arbeitszeitverordnung Anwendung.

[3] Die Zuständigkeit der früheren Demobilmachungskommissare ist durch § 14 Abs. 2 auf die obersten Landesbehörden übergegangen, die ihrerseits wieder die Befugnisse auf nachgeordnete Stellen übertragen können (§ 15 Abs. 2).

[4] Nach § 14 Abs. 3 stimmt die Gehaltsgrenze, bei deren Überschreitung der Angestellte nicht mehr unter den Arbeitszeitschutz der Verordnung fällt, mit der für die Versicherungspflicht nach dem Angestelltenversicherungsgesetz maßgebenden Grenze überein, beträgt also zur Zeit 8400 M.

[5] Für Bäckereien, Konditoreien und die ihnen gleichgestellten Anlagen gilt nicht die Arbeitszeitverordnung, sondern die Verordnung über die Arbeitszeit in den Bäckereien und Konditoreien vom 23. 11. 1918 (RGBl. S. 1329), die durch Gesetz vom 16. 7. 1927 (RGBl. S. 183) der Arbeitszeitverordnung in einigen Punkten angepaßt worden ist. Für Krankenpflegeanstalten ist eine besondere Verordnung vom 13. 2. 1924 (RGBl. I, S. 66) erlassen worden.

§ 15

Ausführungsbestimmungen zu dieser Verordnung erläßt der Reichsarbeitsminister nach Anhörung der wirtschaftlichen Vereinigungen der Arbeitgeber und Arbeitnehmer[1].

Der Reichsarbeitsminister ist ferner ermächtigt, die sonstigen ihm durch diese Verordnung übertragenen Befugnisse auf eine andere Stelle zu übertragen. Das gleiche gilt für die oberste Landesbehörde hinsichtlich der ihr übertragenen Befugnisse[2].

Der Reichsarbeitsminister kann die im § 1 Satz 1 bezeichneten und die in der Reichsgewerbeordnung enthaltenen Vorschriften über die Arbeitszeit mit den aus dieser Verordnung sich ergebenden Änderungen in einheitlicher Fassung als „Arbeitszeitverordnung" veröffentlichen[3].

[1] Die Befugnis zum Erlaß von Ausführungsbestimmungen war dem Reichsarbeitsminister schon durch § 15 Abs. 1 der AZVO. in ihrer alten Fassung übertragen worden. Er hatte daraufhin die „Ausführungsbestimmungen zur Verordnung über die Arbeitszeit" vom 17. 4. 1924 (RGBl. I, S. 416) erlassen. Das Arbeitszeitnotgesetz hat es dabei belassen und lediglich vorgeschrieben, daß vor dem Erlaß die wirtschaftlichen Vereinigungen der Arbeitgeber und Arbeitnehmer an-

zuhören sind. Da es sich dabei um allgemeine Vorschriften für den gesamten Geltungsbereich der Arbeitszeitverordnung handelt, können damit nur die Spitzenverbände gemeint sein. Den im Arbeitszeitnotgesetz enthaltenen Änderungen ist durch die „Ergänzung der Ausführungsbestimmungen vom 17. 4. 1924 zur Verordnung über die Arbeitszeit" vom 29. 4. 1927 (RGBl. I, S. 114) Rechnung getragen worden. In den einleitenden Worten zu dieser Verordnung wird auffallenderweise zwar die Zustimmung des Reichsrats, nicht aber die Anhörung der wirtschaftlichen Vereinigungen der Arbeitgeber und Arbeitnehmer bescheinigt. Die älteren Ausführungsbestimmungen vom 17. 4. 1924 sind bestehen geblieben bis auf die Bestimmungen zu den §§ 10, 12, 13 und 14. Beide Verordnungen sind in der jetzt gültigen Fassung im Anhang unter Nr. 3 und 4 abgedruckt.

[2] Der Reichsarbeitsminister hatte auf Grund der Ermächtigung des § 15 Abs. 2 seine Befugnisse aus § 5 Abs. 4 AZVO., Ziffer VII ArbAZAO. und §§ 10, 17 Abs. 3 AngAZVO. auf die Reichsarbeitsverwaltung übertragen. Nach deren Auflösung werden diese Aufgaben wieder vom Reichsarbeitsminister selbst wahrgenommen (Anordnung vom 8. 8. 1927, RABl. 1927 I, S. 361). Die obersten Landesbehörden haben von dem Delegationsrecht verschiedentlich Gebrauch gemacht. Für Preußen Erlaß des Ministers für Handel und Gewerbe vom 26. 4. 1927, für Bayern VO. vom 31. 1. 1924 (Staatsanzeiger Nr. 26).

[3] Die bei Erlaß der Arbeitszeitverordnung in Aussicht genommene Zusammenfassung aller auf die Arbeitszeit bezüglichen Bestimmungen, einschließlich der in der Gewerbeordnung enthaltenen, in einer einheitlichen Arbeitszeitverordnung hat sich ohne Gesetzesänderung als nicht durchführbar erwiesen. Hier wird erst das Arbeitsschutzgesetz die dringend wünschenswerte größere Übersichtlichkeit bringen können. In ihrer durch das Arbeitszeitnotgesetz veränderten Fassung ist die Arbeitszeitverordnung unter dem 14. 4. 1927 neu bekanntgemacht worden (RGBl. I, S. 110).

§ 16

Diese Verordnung tritt mit dem 1. Mai 1927 in Kraft.

In ihrer ursprünglichen Fassung vom 21. 12. 1923 war die Arbeitszeitverordnung am 1. 1. 1924 in Kraft getreten.

Anhang

I

Anordnung über die Regelung der Arbeitszeit gewerblicher Arbeiter

vom 23. November 1918/17. Dezember 1918 (RGBl. S. 1334/1436).

Auf Grund des Erlasses des Rates der Volksbeauftragten über die Errichtung des Reichsamts für die wirtschaftliche Demobilmachung (Demobilmachungsamt) vom 12. November 1918 (RGBl. S. 1304) ergeht hiermit folgende Anordnung über die Regelung der Arbeitszeit gewerblicher Arbeiter:

I

Die Regelung umfaßt die gewerblichen Arbeiter in allen gewerblichen Betrieben einschließlich des Bergbaus, in den Betrieben des Reichs, des Staates, der Gemeinden und Gemeindeverbände, auch wenn sie nicht zur Gewinnerzielung betrieben werden, sowie in landwirtschaftlichen Nebenbetrieben gewerblicher Art.

II

(Bleibt aufgehoben.)

III

Für die in Verkehrsgewerben, einschließlich der Eisenbahn-, Post- und Telegraphenverwaltung erforderlichen, durch die Zeitverhältnisse bedingten, allgemeinen Ausnahmen von vorstehenden Vorschriften sind alsbald Vereinbarungen zwischen Betriebsleitungen und den Arbeitnehmerverbänden zu treffen. Sollten die Vereinbarungen nicht innerhalb zweier Wochen zustandekommen, bleiben weitere Anordnungen vorbehalten.

IV

In Betrieben, deren Natur eine Unterbrechung nicht gestattet oder bei denen eine ununterbrochene Sonntagsarbeit zur Zeit im öffentlichen Interesse nötig ist, dürfen zur Herbeiführung eines regelmäßigen wöchentlichen Schichtwechsels männliche Arbeiter über 16 Jahre innerhalb eines Zeitraums von 3 Wochen einmal zu einer Arbeit von höchstens 16stündiger Dauer einschließlich der Pausen herangezogen werden, sofern ihnen in diesen 3 Wochen zweimal eine ununterbrochene Ruhezeit von je 24 Stunden gewährt wird.

V

Abweichend von den allgemein gültigen Vorschriften der Gewerbeordnung dürfen Arbeiterinnen über 16 Jahre in zwei- oder mehrschichtigen Betrieben bis 10 Uhr abends beschäftigt werden, wenn ihnen nach Beendigung der Arbeitszeit eine ununterbrochene Ruhepause von mindestens 16 Stunden gewährt wird.

In diesen Fällen können an Stelle der 1stündigen Mittagspause eine halbstündige oder zwei viertelstündige Pausen treten, die auf die Dauer der Arbeitszeit anzurechnen sind.

Arbeiterinnen und jugendlichen Arbeitern, die höchstens 4 Stunden täglich beschäftigt werden, braucht keine Pause gewährt zu werden. Bei einer täglichen Beschäftigungszeit von mehr als 4, aber nicht mehr als 6 Stunden ist eine viertelstündige Pause, bei einer täglichen Beschäftigungszeit von mehr als 6, aber nicht mehr als 8 Stunden sind eine halbstündige oder zwei viertelstündige Pausen, und bei längerer Beschäftigung sind die in den §§ 136 und 137 der Gewerbeordnung vorgesehenen Pausen zu gewähren.

VI

(Bleibt aufgehoben.)

VII

(Abs. 1 und 2 bleiben aufgehoben.)

Abs. 3. Die obersten Landesbehörden sind befugt, nach Anhörung der Gewerbeaufsichts- oder Bergrevierbeamten widerruflich weitergehende Ausnahmen von den Beschäftigungsbeschränkungen gewerblicher Arbeiter, abgesehen von Arbeitszeitverlängerungen, zu erteilen, wenn diese Ausnahmen im öffentlichen Interesse, insbesondere zur Durchführung der geordneten Demobilmachung, zur Verhinderung der Arbeitslosigkeit oder zur Sicherstellung der Volksernährung dringend nötig werden. Abschriften der erteilten Genehmigung sind binnen 2 Tagen dem Reichsarbeitsminister vorzulegen.

VIII

Beginn und Ende der Arbeitszeit und Pausen sind, sofern keine tarifliche Regelung erfolgt, vom Arbeitgeber im Einverständnisse mit dem Arbeiterausschuß oder, wenn ein solcher nicht besteht, mit der Arbeiterschaft des Betriebes entsprechend den vorstehenden Bestimmungen festzulegen und durch Aushang in den Betrieben zu veröffentlichen.

IX

Die Aufsicht über die Ausführung der vorstehenden Bestimmungen wird den Gewerbeaufsichts- bzw. Bergrevierbeamten übertragen. Zu diesem Zwecke sind sie befugt, mit den Arbeiterausschüssen im Beisein des Arbeitgebers oder mit beiden Teilen allein zu verhandeln und zu diesem Zwecke die Arbeiterausschüsse einzuberufen.

X

(Bleibt aufgehoben.)

XI

Im übrigen finden die in Reichs- und Landesgesetzen und die auf Grund dieser Gesetze erlassenen Vorschriften im bisherigen Umfang soweit Anwendung, als sie nicht den vorstehenden Bestimmungen zuwiderlaufen.

XII

Diese Anordnung tritt mit dem Tage ihrer Verkündung in Kraft.

II

Verordnung über die Regelung der Arbeitszeit der Angestellten während der Zeit der wirtschaftlichen Demobilmachung

vom 18. März 1919 (RGBl. S. 315)

Auf Grund der Verordnung des Bundesrats über die wirtschaftliche Demobilmachung vom 7. November 1918 (RGBl. S. 1292) und des Erlasses des Rates der Volksbeauftragten über die Errichtung eines Reichsamts für die wirtschaftliche Demobilmachung (Demobilmachungsamt) vom 12. November 1918 (RGBl. S. 1304), ergeht hiermit folgende Verordnung über die Regelung der Arbeitszeit der Angestellten während der Zeit der wirtschaftlichen Demobilmachung.

§ 1

(Bleibt aufgehoben.)

§ 2

Sofern die tägliche Arbeitszeit mehr als 6 Stunden beträgt, ist den Angestellten innerhalb der Arbeitszeit eine mindestens halbstündige Pause zu gewähren. Fällt das Ende der Arbeitszeit in die Zeit nach 4 Uhr nachmittags, so muß die Pause für die Angestellten, die ihre Hauptmahlzeit außerhalb des die Arbeitsstätte enthaltenden Gebäudes einnehmen, auf mindestens $1^1/_2$ Stunde verlängert werden.

Nach Beendigung der täglichen Arbeitszeit ist den Angestellten eine ununterbrochene Ruhezeit von mindestens 11 Stunden zu gewähren.

§ 3

Beginn und Ende der Arbeitszeit und der Pausen sind, sofern keine tarifliche Regelung erfolgt ist, vom Arbeitgeber im Einverständnisse mit dem Angestelltenausschuß oder, wenn ein solcher nicht besteht, mit der Angestelltenschaft des Betriebs oder des Bureaus entsprechend den Bestimmungen dieser Verordnung für den Gesamtbetrieb oder einzelne Abteilungen gesondert festzulegen und durch Aushang bekanntzumachen.

§ 4

(Bleibt aufgehoben.)

§ 5

(Bleibt aufgehoben.)

§ 6

(Bleibt aufgehoben.)

§ 7

(Bleibt aufgehoben.)

§ 8

Die Vorschriften des § 105 b Abs. 2 und 3 der GO. finden auf alle Angestellten im Sinne dieser Verordnung Anwendung.

Die Ausnahme- und Sonderbestimmungen über die Sonntagsruhe der Angestellten im Handelsgewerbe gelten auch für die sonstigen Angestellten im Sinne dieser Verordnung.

Die hiernach für Sonn- und Festtage zugelassenen Überstunden sind auf die in den §§ 5 und 7 dieser Verordnung festgelegte Höchstzahl nicht anzurechnen.

§ 9

Von 7 Uhr abends bis 7 Uhr morgens müssen offene Verkaufsstellen mit Ausnahme der Apotheken für den geschäftlichen Verkehr geschlossen sein. Die beim Ladenschlusse schon anwesenden Kunden dürfen noch bedient werden.

Nach 7 Uhr abends, jedoch bis spätestens 9 Uhr, dürfen Verkaufsstellen an jährlich höchstens 20 von der Ortspolizei zu bestimmenden Tagen für den geschäftlichen Verkehr geöffnet sein.

Von 7 Uhr, jedoch nicht vor 5 Uhr morgens, dürfen Lebensmittelgeschäfte nach näherer Bestimmung der Ortspolizeibehörde geöffnet sein.

Die Ortspolizeibehörden haben vor der Genehmigung der Ausnahmen die Äußerung des zuständigen Aufsichtsbeamten (§ 16) einzuholen und diesem die erteilte Ausnahmegenehmigung in Abschrift mitzuteilen. Glaubt der Aufsichtsbeamte, daß die Ausnahmegenehmigung mit dem Schutze der Angestellten nicht zu vereinbaren ist, so hat er unverzüglich die Entscheidung der höheren Verwaltungsbehörde herbeizuführen.

§ 10

Die obersten Landesbehörden sind befugt, nach Anhörung der Aufsichtsbeamten oder Aufsichtsbehörden (§ 16) widerruflich weitergehende Ausnahmen, als in den vorstehenden Bestimmungen vorgesehen sind, abgesehen von Arbeitszeitverlängerungen, zu erteilen, wenn diese Ausnahmen im öffentlichen Interesse, insbesondere zur Durchführung der geordneten Demobilmachung, zur Verhinderung der Arbeitslosigkeit oder zur Sicherstellung der Volksernährung dringend nötig werden. Abschriften der erteilten Genehmigung sind binnen 2 Tagen dem Reichsarbeitsminister vorzulegen.

§ 11

Die vorstehende Regelung umfaßt diejenigen Angestellten, die

1. mit kaufmännischen Diensten beschäftigt werden, insbesondere Handlungsgehilfen,
2. mit technischen Diensten beschäftigt werden, mit Ausnahme derjenigen technischen Angestellten (Betriebsbeamte, Werkmeister, Techniker), die hinsichtlich der Regelung ihrer Arbeitszeit der Anordnung über die Regelung der Arbeitszeit gewerblicher Arbeiter vom 23. November 1918 (RGBl. S. 1334) unterliegen,
3. mit Schreib-, Rechen- oder ähnlichen Arbeiten beschäftigt werden (Bureauangestellte) einschließlich derjenigen, die für Bureaus niedere oder lediglich mechanische Dienste leisten,
4. sich als Lehrling in einer geregelten Ausbildung zu einer der vorgenannten Beschäftigungen befinden.

§ 12

Die Bestimmungen finden keine Anwendung auf:

1. Generalbevollmächtigte und die im Handelsregister oder Genossenschaftsregister eingetragenen Vertreter eines Unternehmens,
2. auf sonstige Angestellte in leitender Stellung, die Vorgesetzte von in der Regel mindestens 20 Angestellten oder 50 Arbeitnehmern sind oder deren Jahresarbeitsverdienst die im Versicherungsgesetz für Angestellte für die Versicherungspflicht jeweils bestimmte Höchstgrenze des Jahresarbeitsverdienstes übersteigt,
3. Angestellte, die in Betrieben der Land- und Forstwirtschaft einschließlich ihrer Nebenbetriebe beschäftigt sind,
4. Gehilfen und Lehrlinge in Apotheken.

§ 13

Die Regelung gilt für alle Arbeitgeber einschließlich der Körperschaften des öffentlichen Rechtes. Es macht keinen Unterschied, ob der Arbeitgeber seinen Betrieb oder sein Bureau mit der Absicht der Gewinnerzielung führt oder nicht.

§ 14

Soweit von Körperschaften des öffentlichen Rechtes Angestellte gemeinsam mit Beamten beschäftigt werden, sind für die Regelung der Beschäftigung dieser Angestellten mangels abweichender Vereinbarungen die für die Beamten gültigen Dienstvorschriften maßgebend.

§ 15

Für die in Verkehrsgewerben erforderlichen allgemeinen Ausnahmen von vorstehenden Vorschriften, sind alsbald Vereinbarungen zwischen Betriebsleitungen und den Arbeitnehmerverbänden zu treffen. Solange derartige Vereinbarungen nicht zustandegekommen sind, bleiben weitere Anordnungen den zuständigen obersten Landesbehörden vorbehalten.

§ 16

Die Aufsicht über die Ausführung der vorstehenden Bestimmungen ist von den Landeszentralbehörden ausschließlich oder neben den ordentlichen Polizeibehörden den Gewerbeaufsichtsbeamten oder besonderen Beamten zu übertragen. An die Stelle der Gewerbeaufsichtsbeamten treten bei bergbaulichen Betrieben die Bergrevierbeamten. Die Aufsichtsbeamten sind befugt, mit den Angestelltenausschüssen im Beisein des Arbeitgebers oder mit beiden Teilen allein zu verhandeln und zu diesem Zwecke die Angestelltenausschüsse einzuberufen.

Die Aufsicht über Betriebe und Bureaus der Körperschaften des öffentlichen Rechtes fällt den die allgemeine Dienstaufsicht ausübenden Behörden zu.

§ 17

Den Aufsichtsbeamten stehen bei Ausübung dieser Aufsicht alle amtlichen Befugnisse der Ortspolizeibehörden zu, insbesondere das Recht zur jederzeitigen Besichtigung der Betriebe und Bureaus. Sie sind, vorbehaltlich der Anzeige von Gesetzwidrigkeiten, zur Geheimhaltung der amtlich zu ihrer Kenntnis gelangenden Geschäfts- und Betriebsverhältnisse der ihrer Aufsicht unterliegenden Betriebe und Bureaus verpflichtet.

Die auf Grund der vorstehenden Bestimmungen auszuführenden amtlichen Besichtigungen müssen die Arbeitgeber zu jeder Zeit, namentlich auch in der Nacht, während des Betriebs gestatten.

Die Arbeitgeber sind ferner verpflichtet, dem genannten Beamten oder der Polizeibehörde diejenigen statistischen Mitteilungen über die Verhältnisse ihrer Angestellten zu machen, welche vom Reichsarbeitsminister oder von den Landeszentralbehörden unter Festsetzung der dabei zu beobachtenden Fristen und Formen vorgeschrieben werden.

§ 18

(Bleibt aufgehoben.)

§ 19

Im übrigen finden die in Reichs- und Landesgesetzen und die auf Grund dieser Gesetze erlassenen Vorschriften im bisherigen Umfang soweit Anwendung, als sie nicht den vorstehenden Bestimmungen zuwiderlaufen.

§ 20

Diese Verordnung tritt am 1. April 1919 in Kraft, den Zeitpunkt ihres Außerkrafttretens bestimmt das Reichsministerium für die wirtschaftliche Demobilmachung.

III

Ausführungsbestimmungen zur Verordnung über die Arbeitszeit

vom 17. April 1924 (RGBl. I, S. 416)

Auf Grund des § 15 Abs. 1 der Verordnung über die Arbeitszeit vom 21. Dezember 1923 (RGBl. I, S. 1249) wird bestimmt:

Zu § 1 Satz 3. Eine Höchstdauer der täglichen Arbeitszeit im Rahmen der 48stündigen Arbeitswoche oder der 96stündigen Doppelarbeitswoche ist für männliche Arbeiter über 16 Jahre und für Angestellte im allgemeinen in der Verordnung nicht festgesetzt; für jugendliche Arbeiter zwischen 14 und 16 Jahren und für Arbeiterinnen in Betrieben mit in der Regel mindestens 10 Arbeitern und in den diesen Betrieben gleichgestellten Anlagen ist nach § 9 Abs. 2 hier, wie bei den übrigen durch die Verordnung zugelassenen Überschreitungen der durch § 1 Satz 2 festgesetzten Arbeitszeit, die durch die §§ 135 Abs. 3 und 137 Abs. 2 der Gewerbeordnung festgesetzte Höchstdauer von 10 Stunden, für Arbeiterinnen an den Vorabenden der Sonn- und Festtage von 8 Stunden, als maßgeblich anzusehen, wie auch für erwachsene männliche Arbeiter die auf Grund des § 120e der Gewerbeordnung festgesetzten Höchstarbeitszeiten weiterhin in Kraft sind. Soweit hiernach eine Höchstgrenze nicht besteht, ist es Aufgabe der Aufsichtsbehörden, darauf zu achten, daß überlange Arbeitszeiten infolge des zugelassenen Ausgleichs ausgefallener Arbeitsstunden nicht eintreten. Der Ausgleich ist nur für den ganzen Betrieb oder eine ganze Betriebsabteilung, nicht auch für einzelne Arbeitnehmer zugelassen.

Die Bestimmung der Ziffer VIII der Anordnung vom 23. November 1918 und des § 3 der Verordnung vom 18. März 1919 über die Bekanntgabe von Beginn und Ende der Arbeitszeit und der Pausen durch Aushang sind wieder in Kraft.

Zu § 2. Eine Obergrenze für eine Ausdehnung der Beschäftigungsdauer gemäß § 2 ist vorbehaltlich der bereits zum § 1 Satz 3 bezeichneten Beschränkungen in der Verordnung nicht vorgeschrieben. Das im § 5 Abs. 2 der Verordnung festgesetzte Beanstandungsrecht findet auf eine tarifliche Regelung Anwendung.

Zu § 3. Die Anwendung des § 3 ist nur für den ganzen Betrieb oder für eine ganze Betriebsabteilung zulässig; will der Arbeitgeber einzelne Arbeitnehmer länger arbeiten lassen, so kann er sich nicht auf den § 3 berufen. Die zulässige Obergrenze ergibt sich aus § 9 der Verordnung. Auf die Schutzbedürftigkeit der weiblichen und jugendlichen Arbeitnehmer ist bei Anwendung des § 3 besondere Rücksicht zu nehmen.

Der Arbeitgeber hat über die nach § 3 in Anspruch genommenen Mehrarbeitstage ein Verzeichnis zu führen, in das die Zahl der an den einzelnen Mehrarbeitstagen beschäftigten Arbeitnehmer, unter besonderer Angabe der Zahl der weiblichen und jugendlichen, und die Dauer ihrer Beschäftigung einzutragen sind. Das Verzeichnis ist den Aufsichtsbeamten auf Verlangen vorzulegen.

Der § 3 entspricht dem nunmehr aufgehobenen § 5 der Verordnung vom 18. März 1919. Nach § 8 Abs. 3 dieser Verordnung, der durch die Aufhebung der in ihm angeführten §§ 5 und 7 gegenstandslos geworden ist, war die nach § 8 Abs. 1 und 2 zulässige Sonntagsarbeit auf die 20 nach § 5 zulässigen Mehrarbeitstage nicht anzurechnen. Das gleiche hat sinngemäß auch für die 30 Mehrarbeitstage des § 3 zu gelten; für den dem § 7 der Verordnung vom 18. März 1919 entsprechenden § 5 der Arbeitszeitverordnung kommt eine Anrechnung ohnedies nicht in Frage, da die tarifliche Festsetzung an eine Höchstzahl von Mehrarbeitstagen nicht mehr gebunden ist.

Zu § 4. Die für den Gesamtbetrieb zulässige Dauer der Arbeitszeit regelt sich nach § 1 oder nach den sonstigen Bestimmungen der Verordnung; auch bei Anwendung der Ausnahmen des § 4 darf jedoch die im § 9 festgesetzte Höchstgrenze nicht überschritten werden.

Der Arbeitgeber hat ein Verzeichnis zu führen, in das die Zahl der gemäß § 4 beschäftigten Arbeitnehmer, unter besonderer Angabe der Zahl der weiblichen und jugendlichen, die Dauer ihrer Beschäftigung und die Art der vorgenommenen Arbeiten einzutragen sind. Das Verzeichnis ist den Aufsichtsbeamten auf Verlangen vorzulegen.

Als jugendliche Arbeitnehmer sind Arbeitnehmer zwischen 14 und 16 Jahren anzusehen.

Zu § 5. Der § 5 gibt, vorbehaltlich des in Abs. 2 festgesetzten Beanstandungsrechts und der durch § 9 bestimmten Höchstgrenzen, den Tarifverträgen (Verordnung über Tarifverträge usw. vom 23. Dezember 1918 — RGBl. S. 1456 —) Freiheit in der Regelung der Arbeitszeit. Für Betriebsvereinbarungen gilt der § 5 nicht, es sei denn, daß in einem Tarifvertrage die Regelung der Arbeitszeit nach betrieblichen Sonderbedürfnissen durch Betriebsvereinbarung ausdrücklich vorgesehen ist. Die bisher im allgemeinen erforderliche behördliche Genehmigung ist für tariflich vereinbarte Überschreitungen nicht mehr erforderlich. Der Tarifvertrag kann verbindlich sein im Sinne sowohl des § 1 als auch des § 2 der Verordnung über Tarifverträge usw. vom 23. Dezember 1918.

Der Arbeitgeber hat eine Abschrift der die Arbeitszeit regelnden Bestimmungen des Tarifvertrags an einer in die Augen fallenden Stelle im Betriebe auszuhängen (Ziffer VIII der Anordnung vom 23. November 1918, § 3 der Verordnung vom 18. März 1919) und eine zweite Abschrift alsbald dem zuständigen Gewerbeaufsichtsbeamten oder Bergaufsichtsbeamten einzusenden; dies gilt auch für Tarifverträge, die in der Zeit vom 18. November bis 31. Dezember 1923 abgeschlossen sind. Durch Einsendung von anderer Seite, z. B. auf Grund des § 6 Abs. 2 der Verordnung über Tarifverträge usw. vom 23. Dezember 1918/31. Mai 1920 (RGBl. S. 1456-1128) wird er von seiner Verpflichtung befreit.

Die Innehaltung der tariflich über die im § 1 Satz 2 und 3 bestimmten Grenzen hinaus festgesetzten Arbeitszeiten unterliegt der Aufsicht durch die Aufsichtsbeamten und ist unter den Strafschutz des § 11 gestellt.

Von den nach § 5 Abs. 2 ausgesprochenen Beanstandungen ist der Reichsarbeitsminister durch die oberste Landesbehörde in Kenntnis zu setzen. Die nach § 2 und 3 behördlich festgesetzten Arbeitszeiten haben lediglich die Bedeutung einer gesetzlich zugelassenen Höchstarbeitszeit.

Zu § 6. Nach den einleitenden Worten des § 6 geht die tarifvertragliche Regelung der behördlichen vor. Der § 6 ist daher nur anwendbar, soweit eine tarifliche Regelung der Arbeitszeit überhaupt nicht oder nicht für alle Beteiligten besteht, oder soweit eine bestehende tarifliche Regelung die Fragen, für die der § 6 Vorsorge treffen will, offen gelassen hat. Die Entscheidung darüber, ob der § 6 anwendbar ist, steht der zur Bewilligung der Ausnahme befugten Behörde zu.

Abgesehen von besonderen Fällen, in denen die Entscheidung über Mehrarbeit für einzelne Betriebe nicht hinausgeschoben werden kann oder in denen zweifellos feststeht, daß die Wirtschaft eine sofortige allgemein gültige Regelung verlangt, ist der § 6 bei Fehlen einer tariflichen Regelung erst anzuwenden, nachdem zuvor alle Möglichkeiten, auch die, welche die Verordnung über das Schlichtungswesen vom 30. Oktober 1923 (RGBl. I, S. 1043) gibt, um eine tarifliche Vereinbarung zustandezubringen, versucht worden sind. Bei der Prüfung der Anträge ist ferner unter möglichster Wahrung der sozialpolitischen Belange auf die bei der heutigen wirtschaftlichen Lage erforderliche Steigerung und Verbilligung der Gütererzeugung gebührend Rücksicht zu nehmen.

Für die Dauer der Arbeitszeit sind die Höchstgrenzen des § 9 maßgebend. Das Verfahren bei den Mehrarbeitsbewilligungen bleibt zweckmäßig das gleiche, wie bei den bisher von den Demobilmachungskommissaren auf Grund der Ziffer VII Abs. 3 der Anordnung vom 23. November 1918/17. Dezember 1918 und des § 10 der Verordnung vom 18. März 1919 erteilten Bewilligungen. Insbesondere können die Behörden die Bewilligungen in geeigneten Fällen durch besondere Bedingungen einschränken, die mit dem Schutze der Arbeitnehmer gegen Gefährdung durch die Dauer der Arbeitszeit in unmittelbarem Zusammenhange stehen (z. B. Bestimmungen über die Lage der Arbeitsstunden, die Dauer der Pausen, den Ausschluß oder die besondere Berücksichtigung der jugendlichen Arbeitnehmer), und angemessen befristen. Eine Abschrift der Bewilligung ist im Betriebe auszuhängen. Die allgemeinen Voraussetzungen für die Bewilligungen sind im § 6 Abs. 1 erschöpfend geregelt, die Gewerbeaufsichtsbeamten oder Bergaufsichtsbeamten können daher nicht, etwa durch landesrechtliche Vorschriften, auf die Erfüllung weiterer allgemeiner Voraussetzungen verpflichtet werden; das schließt jedoch die Anhörung auch anderer als der im § 6 Abs. 1 bezeichneten Stellen, z. B. der zuständigen amtlichen Berufsvertretungen, in einzelnen besonderen Fällen nicht aus.

Eine Abschrift der nach § 6 Abs. 1 Satz 2 erteilten Bewilligungen ist dem Reichsarbeitsminister zu übersenden.

Zu § 8. Abs. 1 ist aus § 4 des Gesetzes über die Arbeitszeit im Bergbau unter Tage vom 17. Juli 1822 (RGBl. I, S. 628) übernommen. Bei der Verkürzung ist von der für den Gesamtbetrieb unter Tage zulässigen Arbeitszeit auszugehen.

Abs. 2 ist nur auf den Steinkohlenbergbau unter Tage anzuwenden (vgl. I 1 des Gesetzes vom 17. Juli 1922). Es ist darauf zu achten, daß nicht die außerhalb der Schichtzeit stattfindende Ausfahrt der Belegschaft durch die Vornahme etwa erforderlicher Vorarbeiten für die Ausfahrt (Kontrolle des Schachtes, Herrichtung des Förderkorbes u. dgl.) verzögert und dadurch der Aufenthalt der Belegschaft unter Tage unnötig verlängert wird.

IV

Ergänzung der Ausführungsbestimmungen vom 17. April 1924 zur Verordnung über die Arbeitszeit

vom 29. April 1927 (RGBl. I, S. 114)

Auf Grund des § 15 Abs. 1 der Verordnung über die Arbeitszeit in der Fassung der Bekanntmachung vom 14. April 1927 (RGBl. I, S. 110), wird hiermit nach Zustimmung des Reichsrats folgendes bestimmt:

Artikel I

Zu § 6a. In dem Verfahren zur Entscheidung von Streitigkeiten über die Vergütung nach Abs. 3 sind die Beteiligten stets zu hören. In geeigneten Fällen kann die Anhörung auch durch den Vorsitzenden des Schlichtungsausschusses, den Gewerbeaufsichtsbeamten oder andere behördliche Stellen erfolgen. Bei der Anhörung ist zu versuchen, eine Vereinbarung unter den Parteien herbeizuführen.

Die Regelung durch den Schlichter schließt eine spätere abweichende Vereinbarung der am Streite beteiligt gewesenen Parteien nicht aus. Auch der Schlichter selbst kann auf Antrag seine Entscheidung über die Vergütung ändern, wenn eine wesentliche Veränderung der maßgebenden Verhältnisse dies notwendig macht.

Die Entscheidung des Schlichters nach Abs. 3 ist in einem Rechtsstreit der Beteiligten über die Vergütung auch das für Gericht (gegebenenfalls das Gewerbe- oder das Kaufmannsgericht, vom 1. Juli ab das Arbeitsgericht) bindend. Liegt eine Gesamtvereinbarung oder eine bindende Regelung durch den Schlichter nicht vor, und kommt eine Vereinbarung unter den Beteiligten nicht zustande, so hat das Gericht in einem derartigen Rechtsstreit auch über die Form, die Höhe und die Art der Berechnung der Vergütung selbständig zu entscheiden.

Die Anordnung des Reichsarbeitsministers nach Abs. 5 setzt voraus, daß der Ausgleich der Arbeitszeit durch bindende Vereinbarung für die Dauer der Anordnung rechtlich gesichert ist. Tarifvereinbarungen oder sonstige Unterlagen, die dies dartun, und Nachweise über die Zahl der Beschäftigten in den verschiedenen Zeiten des Jahres sind dem Antrage beizufügen.

Zu § 9. Der § 9 gibt keine selbständige Ausnahmemöglichkeit, sondern regelt lediglich für die auf den sonstigen Bestimmungen beruhenden Ausnahmefälle das Ausmaß der Arbeitszeitverlängerung. Sobald die Arbeit über 10 Stunden ausgedehnt werden soll, erfordert die Verlängerung, abgesehen von den Vorbereitungs- und Ergänzungsarbeiten, eine besondere Genehmigung. Dabei hat die für die Genehmigung zuständige Behörde zu prüfen, ob die Mehrarbeit nach den §§ 3—7 zulässig ist. Beruht die Mehrarbeit auf § 6, so kann die Genehmigung zur Überschreitung der Zehnstundengrenze nach § 9 mit der Genehmigung zur Mehrarbeit nach § 6 verbunden werden.

Auch wenn die Mehrarbeit tarifvertraglich vereinbart ist, so ist eine Genehmigung zur Überschreitung der Zehnstundengrenze nur möglich, wenn die Einhaltung der Voraussetzungen des § 9 feststeht. Der Tarifvertrag muß also die Fälle, in denen die Zehnstundengrenze überschritten werden kann, so umschreiben, daß ihre Ausnahmeeigenschaft und ihre Notwendigkeit aus dringenden Gründen des Gemeinwohls klar ersichtlich sind. In allen anderen Fällen kann die Überschreitung stets nur für bestimmte einzelne Arbeiter zugelassen werden, oder die Genehmigung muß die erforderlichen Einschränkungen ihrerseits festsetzen.

Das Gesetz schreibt die befristete Genehmigung vor. Die Frist ist nicht länger zu bemessen, als nach sicherer Voraussicht die gesetzlichen Voraussetzungen zur Mehrarbeit gegeben sein werden.

Die Ausführungsbestimmungen darüber, welche Arbeiten als Vorbereitungs- und Ergänzungsarbeiten anzusehen sind, sind besonders ergangen. Auch bei Arbeiten, die unter diese Bestimmungen fallen, ist eine Überschreitung der 10stündigen täglichen Arbeitszeit nur zulässig, wenn auch die übrigen Voraussetzungen des § 9 erfüllt sind. Es darf sich also nicht um Gewerbezweige oder Gruppen von Arbeitern handeln, für die die Beschränkungen des § 7 Platz greifen, und die Verhältnisse müssen so liegen, daß weder die Vertretung des Arbeitnehmers durch andere Arbeitnehmer des Betriebs möglich ist, noch dem Arbeitgeber die Heranziehung betriebsfremder Arbeitnehmer zugemutet werden kann.

Zu § 10. In den Fällen des § 10 entfallen lediglich die Beschränkungen nach der Arbeitszeitverordnung; dagegen bleiben die Schutzvorschriften sonstiger Gesetze, insbesondere die Vorschriften der Gewerbeordnung und des Kinderschutzgesetzes über die Beschäftigung der Frauen, der Jugendlichen und der Kinder unberührt.

Der Arbeitgeber hat ein Verzeichnis zu führen, in das die Zahl der gemäß § 10 über die regelmäßige Arbeitszeit hinaus beschäftigten Arbeitnehmer, unter besonderer Angabe der Zahl der weiblichen und der jugendlichen, die Dauer ihrer Beschäftigung, sowie die Art der vorgenommenen Arbeiten einzutragen sind. Das Verzeichnis ist den Aufsichtsbeamten auf Verlangen vorzulegen.

Zu § 13. Auf Betriebe der Gemeinden und Gemeindeverbände ist § 13 nicht anwendbar. Im übrigen bezieht sich der Satz 1 nur auf die Befugnisse der §§ 2, 6 und 9 Abs. 1 Satz 1, während die Befugnisse des § 5, des § 6a Abs. 3 und 5, des § 7 Abs. 2 und des § 9 Abs. 1 Satz 2 nach Art und Zweck für eine Übertragung nicht in Betracht kommen.

Der für alle Körperschaften des öffentlichen Rechtes geltende § 14 der Verordnung vom 18. März 1919, der die für die Beamten gültigen Dienstvorschriften für die gemeinsam mit den Beamten beschäftigten Angestellten mangels abweichender Vereinbarungen ohne weiteres maßgebend macht, ist neben der Kannvorschrift des § 13 Satz 2 der Verordnung über die Arbeitszeit bestehen geblieben; die Voraussetzung der gemeinsamen Beschäftigung mit Beamten ist in der letzteren Bestimmung nicht mehr vorgeschrieben. Die Dienstvorschriften über die Arbeitszeit können unter Umständen die Vorschriften über die Entlohnung mitumfassen.

Zu § 14. Die Bestimmungen der Ziffer VII der Anordnung vom 23. November 1918/17. Dezember 1918 und des § 10 der Verordnung vom 18. März 1919 sind gemäß Artikel II des Gesetzes vom 14. April 1927 nicht mehr auf Arbeitszeitverlängerungen anwendbar. Mit dem Inkrafttreten dieser Gesetzesänderung verlieren daher auch die auf Grund jener Bestimmungen bereits erteilten Genehmigungen zu Arbeitszeitverlängerungen ihre Gültigkeit. Die genannten Bestimmungen können künftig nur noch für sonstige Beschäftigungsbeschränkungen in Betracht kommen. Insbesondere werden sie für die Abkürzung der in der GO. für Arbeiterinnen und jugendliche Arbeiter bei mehr als 8stündiger Beschäftigung vorgeschriebenen Pausen in Betracht kommen. In solchen Fällen soll für die zur Genehmigung zuständigen Stellen Richtlinie sein, daß den Anträgen auf Pausenverkürzung im allgemeinen nur stattzugeben ist, wenn

1. die Belange der Gesamtarbeiterschaft (große Entfernung der Wohnungen von der Arbeitsstelle, günstige Zugverbindungen, unvermeidliches Zusammenarbeiten der verschiedenen Arbeitergruppen,

Heimgartenarbeiten u. dgl.) es als besonders wünschenswert erscheinen lassen;
2. die Art der Beschäftigung der Arbeiterinnen und jugendlichen Arbeiter eine verhältnismäßig leichte und nicht gesundheitsgefährdende ist;
3. hygienisch einwandfreie Arbeitsräume, sowie für die Mittagspause ein genügender, im Winter erwärmter Aufenthaltsraum vorhanden sind;
4. bei der Verkürzung der Mittagspause auf $^1/_2$ Stunde unter gleichzeitigem teilweisen oder auch völligen Wegfall der Vor- und Nachmittagspausen für die Arbeiterinnen und jugendlichen Arbeiter, deren Gesamtarbeitszeit ohne Einrechnung der Pausen täglich nicht über $8^1/_2$ Stunden, an den Tagen vor Sonn- und Festtagen ohne jede Pause nicht über $5^1/_2$ Stunden beträgt.

Artikel 2

In den Ausführungsbestimmungen vom 17. April 1924 zur Verordnung über die Arbeitszeit (RGBl. § S. 416) fallen die Bestimmungen zu den §§ 10, 12, 13 und 14 weg. Im übrigen bleiben die bisherigen Ausführungsbestimmungen unberührt.

Artikel 3

Diese Bestimmungen treten am 1. Mai 1927 in Kraft.

V

Ausführungsbestimmungen zu § 9 der Verordnung über die Arbeitszeit

vom 29. April 1927 (RGBl. I, S. 114)

Auf Grund des § 9 Abs. 1 Satz 2 der Verordnung über die Arbeitszeit in der Fassung der Bekanntmachung vom 14. April 1927 (RGBl. I, S. 110) wird hiermit nach Zustimmung des Reichsrats bestimmt:

§ 1. Als Vorbereitungs- und Ergänzungsarbeiten im Sinne des § 9 Abs. 1 der Verordnung über die Arbeitszeit sind anzusehen:

1. Bedienung von Kraft-, Beleuchtungs-, Heizungs- und Aufzugsanlagen, Öfen und ähnlichen Betriebseinrichtungen, sowie Pflege von Arbeitstieren, soweit die Arbeit außerhalb der in dem Betrieb oder der Betriebsabteilung allgemein bestehenden Arbeitszeit er-

forderlich ist, um den vollen Betrieb in der nächsten Schicht aufzunehmen, einschließlich der Beaufsichtigung dieser Arbeiten;

2. Vorbereitung von Hilfsstoffen und Instandsetzung von Hilfsgeräten und sonstigen Betriebseinrichtungen, soweit sich die Arbeit während des regelmäßigen Betriebs nicht ohne Unterbrechung oder erhebliche Störung ausführen läßt, und soweit sie erforderlich ist, um den vollen Betrieb in der nächsten Schicht aufzunehmen, einschließlich der Beaufsichtigung dieser Arbeiten;
3. Reinigung und Instandhaltung von Betriebsräumen, Maschinen, Öfen und anderen Betriebseinrichtungen, soweit sich die Arbeit während des regelmäßigen Betriebs nicht ohne Unterbrechung oder erhebliche Störung ausführen läßt, einschließlich der Beaufsichtigung dieser Arbeiten;
4. Arbeiten von Vorarbeitern, Werkführern und sonst bei Beaufsichtigung der Arbeitnehmer oder des Arbeitsvorganges Beteiligten, soweit ihre Tätigkeit unerläßlich ist, um die Arbeiten vorzubereiten oder abzuschließen oder die Arbeit zweier unmittelbar aufeinanderfolgenden Schichten zu verbinden.

Die unter Nr. 1—4 angeführten Arbeiten sind nur insoweit als Vorbereitungs- und Ergänzungsarbeiten anzusehen, als sie insgesamt die Dauer von 1 Stunde täglich oder, sofern es sich um Arbeiten auf Grund der Nr. 1 oder 2 allein oder im Zusammentreffen mit Ausnahmen auf Grund einer der übrigen Nummern handelt, die Dauer von 2 Stunden täglich nicht überschreiten.

§ 2. Diese Bestimmungen treten am 1. Mai 1927 in Kraft.

VI

Verordnung über die Arbeitszeit in Kokereien und Hochofenwerken

vom 20. Januar 1925 (RGBl. I, S. 5, 8)

Auf Grund des § 7 Abs. 2 in Verbindung mit § 15 Abs. 1 der Verordnung über die Arbeitszeit vom 21. Dezember 1923 (RGBl. I S. 1249) wird hiermit verordnet:

Artikel 1. Die Beschränkung des § 7 Abs. 1 der Arbeitsverordnung findet Anwendung

1. in Kokereien (Zechen-, Hütten- und selbständigen Kokereien) auf diejenigen Arbeiter, die mit Arbeiten an den Koksöfen beschäftigt sind einschließlich der unmittelbaren Zufuhr der Kohle zu den Öfen

und einschließlich der unmittelbaren Abfuhr des fertigen Kokses von den Öfen;

2. in Hochofenwerken auf diejenigen Arbeiter, die mit Arbeiten an den Hochöfen beschäftigt sind einschließlich der unmittelbarem Zufuhr des Kokses, der Erze und der Zuschläge zu den Hochöfen und einschließlich der Abfuhr des flüssigen Roheisens von den Hochöfen oder der Entfernung des gegossenen Roheisens aus der Gießhalle.

Die Beschränkung des § 7 Abs. 1 greift für Arbeiter, die in den bezeichneten Betrieben nur während eines Teiles ihrer Arbeitszeit beschäftigt sind, nur an denjenigen Tagen Platz, an denen der einzelne Arbeiter mit den genannten Arbeiten während des überwiegenden Teiles seiner täglichen Arbeitszeit beschäftigt ist.

Artikel 2. Die vorstehenden Bestimmungen treten am 1. April 1925 in Kraft.

Soweit infolge besonderer Umstände in einem Teile des Reichsgebiets die wirtschaftliche Lage das Inkrafttreten zu diesem Zeitpunkt ohne schwere Gefährdung der bezeichneten Gewerbezweige nicht gestattet, kann die oberste Landesbehörde mit Zustimmung des Reichsarbeitsministers den Zeitpunkt des Inkrafttretens hinausschieben.

VII

Verordnung über die Arbeitszeit in Gaswerken

vom 9. Februar 1927 (RGBl. I, S. 59)

Auf Grund des § 7 Abs. 2 und des § 15 Abs. 1 der Verordnung über die Arbeitszeit vom 21. Dezember 1923 (RGBl. I, S. 1249) wird hiermit verordnet:

Artikel 1. In Gaswerken, in denen Leuchtgas hergestellt wird, findet die Beschränkung des § 7 Abs. 1 der Arbeitszeitverordnung auf diejenigen Arbeiter Anwendung, die im Ofenhaus mit dem Bedienen oder Ausbessern der Gasöfen und mit dem Abschlacken der Generatoren beschäftigt sind.

Für Kokereien im Sinne der Verordnung über die Arbeitszeit in Kokereien und Hochofenwerken vom 20. Januar 1925 (RGBl. I, S. 5) gilt die vorgenannte Verordnung.

Übt ein Arbeiter eine der im Abs. 1 bezeichneten Tätigkeiten nur während eines Teiles seiner Arbeitszeit aus, so greift die Beschränkung des § 7 nur an denjenigen Tagen Platz, an denen er mindestens 4 Stunden damit beschäftigt wird.

Artikel 2. In Betrieben, die durch Artikel 1 Abs. 1 betroffen werden, ist der Arbeitgeber verpflichtet, einen Abdruck dieser Verordnung im Betrieb an sichtbarer Stelle auszuhängen.

Artikel 3. Die Verordnung tritt am 1. April 1927 in Kraft.

VIII

Verordnung über die Arbeitszeit in Metallhütten

vom 9. Februar 1927 (RGBl. I, S. 59)

Auf Grund des § 7 Abs. 2 und des § 15 Abs. 1 der Verordnung über die Arbeitszeit vom 21. Dezember 1923 (RGBl. I, S. 1249) wird hiermit verordnet:

Artikel 1. In Metallhütten findet die Beschränkung des § 7 Abs. 1 der Arbeitszeitverordnung auf folgende Gruppen von Arbeitern Anwendung:

1. in Zinkhütten auf die Arbeiter in Räumen, in denen das Erz zerkleinert und gemischt wird, auf die Arbeiter in der Rösterei, an den Destillationsöfen, in den Zinkstaubsieb- und Zinkstaubverpackungsräumen, auf die Räumaschenlader und Räumaschenfahrer;
2. in Kupferhütten auf die Arbeiter an Schachtöfen, in denen Erze verschmolzen werden, sowie auf die Arbeiter in der Laugerei;
3. in Bleihütten auf die Arbeiter in Räumen, in denen das Erz zerkleinert und gemischt wird, auf die Arbeiter in der Rösterei, an den Hochöfen, an den Raffinieröfen, an den Entsilberungs-, Seigerungs- und Raffinierkesseln, in den Zinkschaumdestillationsräumen und an den Treiböfen, sowie auf die Bleilader;
4. in Aluminiumhütten auf die Ofenhausarbeiter;
5. in Legierungshütten auf die Arbeiter, deren Arbeit in Metallhütten nach den Nummern 1—4 dem Schutze des § 7 unterstehen würde.

Übt ein Arbeiter eine der im Abs. 1 bezeichneten Tätigkeiten nur während eines Teiles seiner Arbeitszeit aus, so greift die Beschränkung des § 7 nur an denjenigen Tagen Platz, an denen er mindestens 4 Stunden damit beschäftigt wird.

Artikel 2. In Betrieben, die durch Artikel 1 Abs. 1 betroffen werden, ist der Arbeitgeber verpflichtet, einen Abdruck dieser Verordnung im Betrieb an sichtbarer Stelle auszuhängen.

Artikel 3. Die Verordnung tritt am 1. April 1927 in Kraft.

IX

Verordnung über die Arbeitszeit in Glashütten und Glasschleifereien

vom 9. Februar 1927 (RGBl. I, S. 60)

Auf Grund des § 7 Abs. 2 und des § 15 Abs. 1 der Verordnung über die Arbeitszeit vom 21. Dezember 1923 (RGBl. I, S. 1249) wird hiermit verordnet:

Artikel 1. In Glashütten und Glasschleifereien findet die Beschränkung des § 7 Abs. 1 der Arbeitszeitverordnung auf folgende Gruppen von Arbeitern Anwendung:

Arbeiter an Kollergängen, sofern diese nicht nach Feststellung des Gewerbeaufsichtsbeamten mit Staubabsaugevorrichtungen versehen sind, die den Anforderungen des Gesundheitsschutzes voll entsprechen,

Arbeiter in Hafen- und Steinstuben, wenn die endgültige Trocknung der Hafen und Steine nicht in einem besonderen Trockenraum erfolgt,

Gemengearbeiter,

Schmelzgehilfen und Einleger, soweit diese nicht an Öfen mit automatischer Beschickung beschäftigt sind,

Schürer,

Glasmacher und Glasbläser einschließlich ihrer Hilfskräfte, soweit sie nicht an vollautomatischen Maschinen beschäftigt sind,

Glaspresser,

Glasgießer an Hafenöfen in der Spiegelglasindustrie, sofern nicht der Hafen durch eine mechanisch angetriebene Vorrichtung ausgehoben und zum Gießtisch befördert wird,

Einträger,

Strecker,

Schleifer,

Ätzer und Säurepolierer,

Arbeiter am Sandstrahlgebläse, sofern diese nicht nach Feststellung des Gewerbeaufsichtsbeamten mit Staubabsaugevorrichtungen versehen sind, die den Anforderungen des Gesundheitsschutzes voll entsprechen.

Übt ein Arbeiter eine der im Abs. 1 bezeichneten Tätigkeiten nur während eines Teiles seiner Arbeitszeit aus, so greift die Beschränkung des § 7 nur an denjenigen Tagen Platz, an denen er mindestens 4 Stunden damit beschäftigt wird.

Artikel 2. In Betrieben, die durch Art. 1 Abs. 1 betroffen werden, ist der Arbeitgeber verpflichtet, einen Abdruck dieser Verordnung im Betrieb an sichtbarer Stelle auszuhängen.

Artikel 3. Die Verordnung tritt am 1. April 1927 in Kraft.

In der Weißhohlglasindustrie bleiben Bestimmungen von Tarifverträgen, die vor dem Inkrafttreten der Verordnung abgeschlossen sind und eine nach der Verordnung nicht mehr zulässige Arbeitszeit vorsehen, nach dem Inkrafttreten noch bis zu dem vereinbarten Ablauf oder bis zu dem Zeitpunkt, zu dem erstmalig die Kündigung zulässig wäre, längstens jedoch bis zum Ende des Jahres 1927, in Geltung.

X

Verordnung über die Arbeitszeit in Stahlwerken, Walzwerken und anderen Anlagen der Großeisenindustrie

vom 16. Juli 1927 (RGBl. I, S. 221)

Auf Grund des § 7 Abs. 2 und des § 15 Abs. 1 der Verordnung über die Arbeitszeit in der Fassung vom 14. April 1927 (RGBl. I, S. 110) wird hiermit verordnet:

Artikel 1

In der Großeisenindustrie findet die Beschränkung des § 7 Abs. 1 der Arbeitszeitverordnung, unbeschadet der Verordnung über die Arbeitszeit in Kokereien und Hochofenwerken vom 20. Janaur 1925 (RGBl. I, S. 5), auf folgende Gruppen von Arbeitern Anwendung:

1. In Hochofengießereien und Röhrengießereien auf die an den Öfen und in der Gießhalle beschäftigten Arbeiter;
2. in Martin-, Thomas-, Bessemer-, Elektro- und Tiegelstahlwerken auf die mit Arbeiten an dem Mischer, den Öfen und den Konvertern beschäftigten Arbeiter, einschließlich der Zufuhr des flüssigen Roheisens zu dem Mischer und des Einbringens des Schmelzgutes in die Öfen und Konverter und einschließlich der Abfuhr des flüssigen oder warmen Erzeugnisses, der Gußformen und der Schlacken;
3. in Puddelwerken auf die Puddler, Ofenarbeiter und Luppenschmiede,
4. in Walzwerken, abgesehen von den Kaltwalzwerken, auf die mit Arbeiten an den Tieföfen, Öfen und Walzenstraßen beschäftigten Arbeiter, einschließlich der Zufuhr des Walzgutes und einschließlich des Beschneidens und Ausrichtens der noch warmen Walzerzeugnisse;
5. in Hammer- und Preßwerken auf die mit Arbeiten an den Öfen sowie mit Schmieden und Pressen beschäftigten Arbeiter, einschließ-

lich der Zufuhr des Eisens und einschließlich der Abfuhr der warmen Erzeugnisse;

6. in den unter den Nummern 1—5 bezeichneten Anlagen auf die Arbeiter an Generatoren, soweit nicht nach Feststellung des Gewerbeaufsichtsbeamten durch die Art der Einrichtung besondere Gefahren für Leben oder Gesundheit der Arbeiter ausgeschlossen sind.

Handwerker und Hilfsarbeiter, die in den im Abs. 1 genannten Anlagen beschäftigt sind, unterliegen der Beschränkung des § 7 Abs. 1 der Arbeitszeitverordnung nur, wenn sie überwiegend mit Arbeiten beschäftigt sind, die unter der unmittelbaren Einwirkung von Hitze, Staub oder giftigen Gasen vorgenommen werden.

Übt ein Arbeiter eine der in den Abs. 1 und 2 bezeichneten Tätigkeiten nur während eines Teiles seiner Arbeitszeit aus, so greift die Beschränkung des § 7 Abs. 1 nur an denjenigen Tagen Platz, an denen er mindestens 4 Stunden damit beschäftigt wird.

Artikel 2

In Betrieben, die durch Artikel 1 betroffen werden, ist der Arbeitgeber verpflichtet, einen Abdruck dieser Verordnung im Betrieb an sichtbarer Stelle auszuhängen.

Artikel 3

Die für das Inkrafttreten der Verordnung erforderlichen Vorbereitungsarbeiten sind bis zum 1. Januar 1928 vorzunehmen. Mit diesem Zeitpunkt tritt die Verordnung in Kraft.

Soweit zu diesem Zeitpunkt die wirtschaftliche Lage das Inkrafttreten in einem Teile des Reichsgebiets oder in einzelnen Betrieben ohne schwere Gefährdung der Industrie oder des Betriebes infolge besonderer Umstände nicht gestattet, kann der Reichsarbeitsminister das Inkrafttreten nach Anhörung der obersten Landesbehörde auf bestimmte Zeit hinausschieben.

GPSR Compliance

The European Union's (EU) General Product Safety Regulation (GPSR) is a set of rules that requires consumer products to be safe and our obligations to ensure this.

If you have any concerns about our products, you can contact us on ProductSafety@springernature.com

In case Publisher is established outside the EU, the EU authorized representative is:

Springer Nature Customer Service Center GmbH
Europaplatz 3
69115 Heidelberg, Germany

Batch number: 10844627

Printed by Printforce, the Netherlands